新时期中国企业
高质量发展问题研究

魏成龙◎等著

XINSHIQI ZHONGGUO QIYE
GAOZHILIANG FAZHAN WENTI YANJIU

图书在版编目（CIP）数据

新时期中国企业高质量发展问题研究/魏成龙著. —北京：企业管理出版社，2021.8

ISBN 978-7-5164-2458-2

Ⅰ. ①新… Ⅱ. ①魏… Ⅲ. ①企业发展—研究—中国 Ⅳ. ①F279.23

中国版本图书馆 CIP 数据核字（2021）第 157560 号

书　　名：	新时期中国企业高质量发展问题研究
作　　者：	魏成龙　等
责任编辑：	刘一玲
书　　号：	ISBN 978-7-5164-2458-2
出版发行：	企业管理出版社
地　　址：	北京市海淀区紫竹院南路 17 号　　邮　　编：100048
网　　址：	http://www.emph.cn
电　　话：	编辑部 68701322　发行部 68414644
电子信箱：	liuyiling0434@163.com
印　　刷：	北京虎彩文化传播有限公司
经　　销：	新华书店
规　　格：	710 毫米×1000 毫米　16 开本　22 印张　300 千字
版　　次：	2021 年 8 月第 1 版　　2021 年 8 月第 1 次印刷
定　　价：	78.00 元

版权所有　翻印必究·印装有误　负责调换

撰稿人：

魏成龙　郭荣荣　吕绚刚
闫夏雨　何雪晴　罗一拓
杜春阳

前　言

党的十九大报告提出要培育具有全球竞争力的世界一流企业，本书主要研究"中国企业家集群、中国企业借壳上市、中国企业控股股东持股比例与资金占用、媒体关注与中国企业治理效率、绿色金融业务与中国商业银行价值和中国Ａ股市场退市机制"等影响中国企业综合质量提升的因素。

1. 中国企业家集群。 通过分析企业家集群的功能价值和企业家集群的运行机制，我们研究发现激发企业家积极加入企业家集群的原因主要分为社会经济发展背景、相似背景经历、个人情感和利益需求三个层面；加入企业家集群的企业家因不同的情感和利益需求推动了企业家社会互动的积极性，包括积极与企业家之间的社会互动和与非企业家之间的社会互动，这些社会互动在很大程度上为企业家成长资源的获取创造了机会，并在一定程度上给企业家带来了成长的动力和成长机会；企业家一系列的社会互动活动，以及企业家成长动力的来源、成长资源的获取、成长机会的提高都是在企业家集群为其提供的环境和平台中实现的。因此，在一个企业家集群中，不同的社会互动方式会导致企业家获取成长所需的不同成长资源及不同的成长机会，从而为企业解决管理问题、资金问题、竞争力问题及持续发展问题等，增加企业家合作的机会，提高企业家声誉。当企业家获得成长时，受助企业家也将通过社会互动分享自身的信息与资源帮助他人，最终使企业家集群、企业家社会互动和企业家成长之间形成良性循环。

2. 中国企业借壳上市。结合中国房地产企业的特殊情况,我们分别从借壳上市的时间分布、地域分布与借壳模式等维度来分析了房地产企业借壳上市的总体概貌。经过对相关数据的统计研究发现,2011年之前是房地产企业借壳上市蓬勃发展的时期,2011年之后,受国内外环境的影响,房地产企业的借壳上市逐渐进入了低迷期。中国房地产企业借壳上市现象多发生于经济发达省份,出现这种情况的主要原因则是这些地区受经济危机的冲击较大,企业对融资的愿望比较强烈,在某一省份扎堆出现了借壳上市的情况。中国房地产企业的借壳模式主要分为股份回购、定向增发与股权置换三种模式,在实际情况中则是以这三种模式的组合出现。由于借壳前期的资本投入与后续的资源整合,借壳上市对企业的短期绩效造成一定程度的下降,但是在中长期来看,华夏幸福的借壳上市对企业的绩效具有积极的影响。因此,房地产企业借壳上市要充分把握借壳时机,选择适合自己的借壳模式,借壳上市后,要重点关注资产的整合问题与企业融资能力的创新,政府要为企业的发展培育良好的法制环境。

3. 中国企业控股股东持股比例与资金占用。借助 Hansen(1999)的"门槛面板回归模型",在考虑公司资本结构差异的情况下,对中国上市公司控股股东持股比例与资金占用之间的关系进行了研究,结果表明,上市公司控股股东持股比例与资金占用之间并不是线性关系,而是存在着区间效应,但并没有呈现预期的"倒U型"关系;二者之间会随着公司资产负债率的高低变化而在不同的区间内呈现出截然不同的关系,出现"U型"关系,具体表现为当资产负债率处在较低的区间内时,上市公司控股股东持股比例越高,资金占用的程度越低,反之当资产负债率处于较高的区间内时,二者正相关。我们从中国上市公司控股股东的资金占用成本和动机方面对上述结果进行了分析,并针对上市公司、主要债权人银行和监管机构三个相关主体提出了一些政策建议。

4. **媒体关注与中国上市公司治理效率**。通过对2010—2013年上海证券交易所主板A股上市的公司进行取样研究，实证检验了媒体关注度、媒体类型与代理成本之间的关系。实证结果表明，媒体关注对上市公司的代理成本有明显降低作用。而不同类型的媒体，作用效果确实各有不同。网络媒体可以显著减低全样本公司的代理成本，但是市场导向媒体和政策导向媒体对于全样本的代理成本并无明显影响。考虑到企业的产权性质不同，我们针对国有企业、民营企业进行了分组检验，实证结果表明政策导向媒体对国有企业代理成本有显著降低作用，市场导向媒体对民营企业代理成本有显著降低作用。因此，媒体可以作为公司治理的一种外部手段降低企业代理成本，并且应该合理利用不同类型的媒体使之充分发挥监督作用，提升公司的治理效率。

5. **绿色金融业务与中国商业银行的价值**。发行绿色金融产品是商业银行积极履行社会责任的表现，商业银行通过推行绿色金融产品可以降低商业银行的环境风险，帮助商业银行拓展新的利润增长点。基于绿色金融产品对商业银行的积极影响，当商业银行发行绿色金融产品时，会使投资者对商业银行的发展前景产生良好预期，市场和投资者会关注和持有商业银行股票，从而对商业银行的股价产生正面效应。利用事件分析法，对六家上市商业银行发行绿色金融产品的股价效应进行实证研究结果显示，商业发行绿色金融产品的确可以对商业银行的股价产生显著的正面影响，证明了商业银行发行绿色金融产品，发展绿色金融是符合经济发展趋势的选择，是市场和投资者认可的行为，商业银行发行绿色金融产品可以产生显著的正面的股价效应，因此商业银行应积极建立完善的绿色金融产品体系，更好的发展绿色金融。

6. 中国 A 股市场退市机制。 中国 A 股上市公司退市机制的发展历程分为萌芽期、探索期、形成期、完善期四个阶段。我们通过考察时间维度、市场发展维度和退市类型维度，衡量了中国 A 股市场发展水平，并与美国退市机制的退市标准、退市程序以及退市实施效果进行对比分析，发现现行退市机制失灵的深层原因在于忽视了信息效率规律和激励相容规律，直接表现为退市机制存在制度缺陷、退市机制执行不严格、股票市场发行制度不合理和地方政府存在行政干预等问题。基于信息效率规律提出了通过完善股市退市标准，优化退市流程对退市机制的制度体系进行完善；基于激励相容规律提出了完善股市退市机制的配套措施，要强化监管和执行力度，提高违法成本；建立证券民事赔偿制度，加强对投资者的保护；完善退市预警机制，建立投资者退出渠道；加大风险观念教育，树立价值投资理念；建立退市保险制度，培育机构投资者；改革股票发行制度，正视壳资源价值；完善多层次资本市场，优化股票退出渠道。

本书是在魏成龙教授统筹指导下，分别由郭荣荣（第一章）、吕绚刚（第二章）、闫夏雨（第三章）、何雪晴（第四章）、罗一拓（第五章）和杜春阳（第六章）等写出初稿，最后，由魏成龙统稿完成。本书参考了众多相关文献资料，在此表示感谢！

作　者

2019 年 5 月 6 日

目 录

第一章　中国企业家集群／1

第一节　绪　论 …………………………………………（2）
一、研究背景 ……………………………………………（2）
二、国内外文献研究综述 ………………………………（4）
三、研究内容与研究方法 ………………………………（8）
四、主要创新点 …………………………………………（10）

第二节　企业家集群的功能价值 ………………………（11）
一、相关概念 ……………………………………………（11）
二、企业家集群的产生机制 ……………………………（17）
三、企业家集群的正负效应分析 ………………………（24）

第三节　企业家集群、社会互动与企业家成长的关系 …（28）
一、企业家集群与企业家社会互动 ……………………（28）
二、企业家社会互动与企业家成长 ……………………（31）
三、企业家集群与企业家成长 …………………………（33）
四、三者的关系模型构建 ………………………………（35）

第四节　案例研究 ………………………………………（36）
一、案例研究方法与案例选取 …………………………（36）
二、数据收集 ……………………………………………（38）
三、案例分析 ……………………………………………（43）
四、案例发现 ……………………………………………（48）

第五节　研究结论与展望 ………………………………（54）

一、研究结论 …………………………………………… (54)
二、研究展望 …………………………………………… (56)

第二章　中国企业借壳上市 / 57

第一节　绪　论 …………………………………………… (58)
一、研究背景 …………………………………………… (58)
二、国内外研究综述 …………………………………… (60)
三、研究内容 …………………………………………… (66)
四、研究方法与路线图 ………………………………… (66)
五、研究的创新点 ……………………………………… (67)

第二节　借壳上市理论 …………………………………… (68)
一、相关概念界定 ……………………………………… (68)
二、与借壳上市相关的并购重组理论 ………………… (71)

第三节　房地产企业借壳上市 …………………………… (74)
一、外部动因分析 ……………………………………… (74)
二、借壳方动因分析 …………………………………… (77)
三、上市公司卖壳动因分析 …………………………… (79)

第四节　房地产企业借壳上市现状 ……………………… (81)
一、房地产企业借壳上市背景 ………………………… (81)
二、房地产企业借壳上市现状 ………………………… (83)
三、房地产企业借壳上市的主要经营模式与
特点比较 ……………………………………………… (85)
四、借壳过程中存在着操纵现象 ……………………… (87)

第五节　案例分析 ………………………………………… (88)
一、借壳双方公司介绍 ………………………………… (88)
二、借壳流程概况 ……………………………………… (91)
三、因子分析的基本原理 ……………………………… (92)
四、华夏幸福借壳ST国祥绩效评价 …………………… (95)

目 录

  五、因子分析综合评价结果 ………………………………… (99)

第六节 结论与建议 …………………………………………… (100)

  一、结论 …………………………………………………… (100)

  二、建议 …………………………………………………… (101)

  三、展望与不足 …………………………………………… (103)

第三章 中国企业控股股东持股比例与资金占用 / 104

第一节 绪 论 ……………………………………………… (105)

  一、研究背景 ……………………………………………… (105)

  二、研究目的及意义 ……………………………………… (106)

  三、研究内容与框架 ……………………………………… (107)

第二节 国内外研究综述 ……………………………………… (110)

  一、国外资金占用研究综述 ……………………………… (110)

  二、国内资金占用研究综述 ……………………………… (111)

第三节 理论分析与研究假设 ………………………………… (114)

  一、控股股东持股比例与资金占用关系 ………………… (115)

  二、不同资本结构下控股股东持股比例与资金占用 …… (116)

第四节 变量定义、数据来源与样本选择 …………………… (118)

  一、变量定义 ……………………………………………… (118)

  二、数据来源与样本选择 ………………………………… (119)

第五节 实证研究设计与结果 ………………………………… (120)

  一、模型设定 ……………………………………………… (120)

  二、实证结果 ……………………………………………… (121)

  三、结果分析 ……………………………………………… (126)

第六节 结论与展望 …………………………………………… (128)

  一、研究结论 ……………………………………………… (128)

  二、启示和建议 …………………………………………… (130)

  三、研究中的不足及未来研究方向 ……………………… (132)

— 3 —

第四章　媒体关注与中国上市公司治理效率 / 134

　　第一节　绪　论 …………………………………………… (135)
　　　　一、选题背景与研究意义 ……………………………… (135)
　　　　二、研究思路与内容 …………………………………… (138)
　　　　三、研究方法 …………………………………………… (140)
　　　　四、创新点 ……………………………………………… (140)
　　第二节　国内外文献综述及简评 ………………………… (141)
　　　　一、媒体报道相关文献综述 …………………………… (141)
　　　　二、代理成本相关文献综述 …………………………… (146)
　　　　三、简　评 ……………………………………………… (150)
　　第三节　媒体关注、媒体类型与代理成本理论分析 …… (151)
　　　　一、相关概念的界定 …………………………………… (151)
　　　　二、媒体关注、媒体类型对代理成本的影响 ………… (154)
　　　　三、研究假设 …………………………………………… (159)
　　第四节　研究设计 ………………………………………… (166)
　　　　一、研究样本 …………………………………………… (166)
　　　　二、变量测量 …………………………………………… (168)
　　　　三、研究模型 …………………………………………… (172)
　　第五节　实证分析 ………………………………………… (173)
　　　　一、描述性分析 ………………………………………… (173)
　　　　二、相关性分析 ………………………………………… (176)
　　　　三、回归结果与分析 …………………………………… (177)
　　　　四、稳健性检验 ………………………………………… (183)
　　第六节　研究结论与展望 ………………………………… (185)
　　　　一、研究的主要结论 …………………………………… (185)
　　　　二、管理启示 …………………………………………… (186)
　　　　三、不足与研究展望 …………………………………… (188)

目 录

第五章 绿色金融业务与中国商业银行的价值 / 189

第一节 绪 论 ………………………………………………（190）
 一、研究背景 ……………………………………………（190）
 二、研究意义 ……………………………………………（191）
 三、国内外研究综述 ……………………………………（193）
 四、研究内容与方法 ……………………………………（198）
 五、创新之处 ……………………………………………（200）

第二节 商业银行绿色金融产品发展现状及其股价效应 ……（201）
 一、商业银行绿色金融产品介绍 ………………………（201）
 二、商业银行绿色金融产品发展现状 …………………（203）
 三、绿色金融产品对商业银行的影响分析 ……………（206）
 四、绿色金融产品对商业银行盈利的影响分析 ………（210）
 五、发行绿色金融产品的股价效应分析 ………………（210）

第三节 商业银行发行绿色金融产品股价效应的实证分析 …（212）
 一、模型建立 ……………………………………………（212）
 二、实证分析 ……………………………………………（216）

第四节 研究结论及政策建议 ………………………………（225）
 一、研究结论 ……………………………………………（225）
 二、政策建议 ……………………………………………（226）
 三、研究展望 ……………………………………………（228）

第六章 中国 A 股市场退市机制 / 229

第一节 绪 论 ………………………………………………（230）
 一、研究背景 ……………………………………………（230）
 二、国内外研究现状 ……………………………………（235）
 三、研究目标与内容 ……………………………………（242）
 四、研究结构与方法 ……………………………………（243）

— 5 —

五、研究创新与不足 ……………………………………………（244）

第二节　股票市场退出机制利益相关者分析 …………………（245）

一、市场退出和退市机制 ………………………………………（245）

二、股票市场功能下的退出机制规制 …………………………（247）

三、退出机制利益相关者的成本收益分析 ……………………（250）

第三节　中国A股市场退市机制的演变及国际比较 …………（260）

一、A股市场退市机制的发展变迁 ……………………………（260）

二、A股市场现行退市机制的国际比较 ………………………（267）

三、A股市场现行退市机制失灵 ………………………………（280）

四、A股市场现行退市机制存在的机制设计问题 ……………（283）

第四节　中国A股市场退市机制运行的成本收益分析 ………（285）

一、A股市场退市机制运行的成本收益分析 …………………（286）

二、退市制度运行的成本构成 …………………………………（288）

三、降低退市机制实施成本的途径 ……………………………（291）

第五节　完善中国A股退市机制的方向及对策建议 …………（293）

一、基于信息效率规律完善股市退市机制制度体系 …………（293）

二、基于激励相容规律完善股市退市机制的配套措施 ………（296）

第六节　结论与展望 ……………………………………………（305）

附表1　上海证券交易所历年退市公司一览表 ……………（308）

附表2　深圳证券交易所历年退市公司一览表 ……………（310）

参考文献／313

第一章　中国企业家集群

集群现象古已有之，且分布广泛，种类繁多，表现形式不一，是中国特有的组织文化现象。企业家集群主要由来自不同行业和领域且具有较大影响力的知名企业家组成，是一个不以营利为目的非正式组织。在信奉"多个朋友多条路"的中国，集群的价值毋庸置疑。有人对企业家集群的价值评论道：企业家们犹如一颗颗珍珠，被各种圈子圈成一串串项链。他们通过一个又一个的"集群"达到培育人脉、拓展商机或慈善的目的，并逐渐形成良性循环。当然，企业家集群的功能也不排除危难时侠义的"江湖救急"之举。由此可见，企业家集群对企业家成长、企业发展的重要性。

在现有的有关企业家集群的研究中，最初只是见诸于报端、媒体等对该现象的介绍，并没有引起学术界的关注。直到最近两年才开始有学术研究者对该现象进行了较浅显的理论探讨，虽有学者从宏观范畴探讨了企业家集群的形成机理，但并未对企业家集群的作用机制展开深入研究。另外，企业家是企业家集群的主要成员，基于此，本章根据非正式组织理论主要探究了以下几方面的内容：①分析了企业家集群的功能价值，主要包括企业家集群的形成基础和发展条件，以及作为非正式组织的企业家集群正负效应分析；②通过对企业家集群运行机制的分析发现，企业家集群作用于企业家成长是通过企业家社会互动实现的，因此构建了企业家集群、企业家社会互动与企业家成长之间的关系模型；③选取中国企业家俱乐部作为主要案例研究对象对模型进行进一步验证。

研究发现：①激发企业家积极加入企业家集群的原因主要分为社会经济发展背景、相似背景经历、个人情感和利益需求三个层面；②加入企业家集群的企业家因不同的情感和利益需求推动了企业家社会互动的积极性，包括积极与企业家之间的社会互动和与非企业家之间的社会互动，这些社会互动在很大程度上为企业家成长资源的获取创造了机会，并在一定程度上给企业家带来了成长的动力和成长机会；③企业家一系列的社会互动活动以及企业家成长动力的来源、成长资源的获取、成长机会的提高都是在企业家集群为其提供的环境和平台中实现的。研究结论明晰了在一个企业家集群中，不同的社会互动方式会导致企业家获取成长所需的不同成长资源以及不同的成长机会，从而为企业解决管理问题、资金问题、竞争力问题以及持续发展问题等，增加企业家合作的机会，提高企业家声誉。当企业家获得成长时，受助企业家也将通过社会互动分享自身的信息与资源帮助他人，最终使企业家集群、企业家社会互动和企业家成长之间形成良性循环。

本章在前人研究成果的基础上，一是从管理学的视角对企业家集群进行了系统的论述，并把企业家集群看成是一个非正式组织，在一定的情况下可以转变成正式组织；二是打破了以往以企业家个人为主体的关系网络对企业家成长的研究，第一次从非正式组织视角研究了企业家关系网络对企业家成长的影响；三是提出了企业家社会互动是企业家集群作用于企业家成长的重要渠道。但是，本章采用案例研究法，侧重于企业家集群与企业家成长相关性的定性研究，缺乏对其定量研究。另外，本章只关注了企业家集群的正向效应却忽略了企业家集群存在的负向效应。

第一节　绪　论

一、研究背景

物以类聚，人以群分。中国的集群文化历史悠久，遍布于各个领域。集群文化作为中国特有的组织文化，构成了中国传统文化的组织基础。集群成员以职业、品味、爱好、品行、收入甚至年龄、性别等的同质性自发形成。交流互动是他们维持情感的主要活动，其封闭性更增加了集群的神秘色彩。但是我们仍然可以从生活的蛛丝马迹中发现一些有趣的结论：普通人与生意人所交流探讨的内容截然不同，一些人利用闲余时间聊聊八卦等无关紧要的闲事，另一些人则时刻把项目、成本、利润、机会等挂在嘴边。对企业家来说，企业家集群成员谈论生意和项目赚取利润或许只是初衷，谈论机会赚取财富是为了企业未来的长久发展，交流奉献将是企业家更高层次的价值追求。对于中国的企业家集群来说，企业家集群是由知名企业家发起，其成员来自不同行业并具有较大影响力，是一个不以营利为目的非正式组织。拥有巨大影响力的企业家们基于共同的兴趣爱好、价值追求、资源需求等聚集在一起形成联盟，无疑会对中国宏观经济、中观企业管理以及微观个人成长等产生重大影响。因此，对企业家集群的研究是十分必要的。

企业家是中国经济转型升级最重要的人才资源之一。改革开放已经有40年的发展历程，企业家的身份和地位也有了显著提高。随着党的十九大胜利召开，中共中央、国务院首次以专门文件的形式明确了企业家精神的地位和价值，足以见得国家为创造企业家健康成长良好生态环境的决心。这份《关于营造企业家健康成长环境弘扬优秀企业家精神更好发挥企业家作用的意见》的文件充分肯定了企业家对我国经济发展做出的巨大贡献，在今后的发展过程中，将进一步为企业家提供更加充足的发挥空间，加快实现企业家成为中国经济主导力量的步伐。企业家对企业的重要责任就是带领企业走向发展前端，增强企业竞争力，最终的目的是实现基业长青；企业家对社会的重要责任就是遵守并维护社会秩序，作为一名优秀的中国公民，有责任和义务为实现中华民族伟大复兴的中国梦而努力做出贡献；对企业家自身来说，不断提高自身的能力和修养，拥有更高的道德水平，实现更高的个人价值，更有利于家庭的和谐。企业家成长是一个不断改进和提升的过程，无论企业家处于何种地位、具备何种能力，都要时刻紧跟时代步伐，不断适应发展变化的环境，不断学习新知识，获取新资源，为企业发展做出最好的决策。企业家成长受到多种因素的影响，对企业家成长的外部性而言，受到制度环境、经济环境、社会文化环境、关系网络环境等方面的影响；对企业家成长的内部性而言，受到企业家个人特质、成长的动机、成长能力、成长资源、成长机会等多方面的影响。外部环境是影响企业家成长的导向因素，内部性是影响企业家成长的决定性因素。在有关关系网络对企业家成长的研究中，企业家成长与否，不仅与企业家积极构建个人关系网络有关，还与企业家加入的企业家集群有关。

任何企业都存在有非正式组织，并对组织产生了不同的影响。非正式组织相对于正式组织同样是组织研究中不可忽略的重要对象。我国对非正式组织的研究始于 20 世纪 80 年代，主要研究了非正式组织内涵、成因、主要特征以及作用等，缺乏系统的理论检验研究。一方面，以往在对企业管理的研究中，着重于研究企业中存在的非正式组织对企业人力资源管理的影响。然而，在企业管理的研究中非正式组织不仅存在于企业员工之间，还存在于企业家之间。本章在把国家比作企业、把企业家比作企业员工的情况下，对非正式组织理论提供了新的研究思路和方向，丰富了非正式组织理论的研究内容。另一方面，利用非正式组织的管理学研究方法研究企业家成长问题，对加强企业家关系网络建设提供了主要依据。

企业家是推动中国经济增长的重要力量，更是企业获取外部信息的重要桥梁。对企业家成长的研究是这个时代研究的热门话题。企业家集群作为一种非正式组织，是中国特有的文化现象。从某种程度上说，企业家集群中企业家联盟既有助于规范市场经济，也可能发生企业家因联盟形成的垄断现象。因此，研究企业家集群有助于为企业家成长创造良好生态环境。

二、国内外文献研究综述

（一）国外相关文献研究综述

Woodward（1988）主要研究了社会网络对企业家创业过程中的影响，研究结论得出了企业家关系网络对建立和发展企业的积极作用。Stevenson&Jarillo（1989）对企业家使用外部网络资源和只关注内部资源的企业进行了对比，并以十年为观察周期，研究发现积极使用企业外部网络资源的公司显得更加活跃。Nahapiet（1988）认为，企业家利用关系网络交换和获取显性和隐性知识，并通过组织学习进行知识整合和创造，交流越有效，知识转移就越多，组织学习能力也就越强。Barney（1991）强调，社会关系资本是很难理解和模仿的，这些资产通常是无形的资源，其产生竞争优势的可能性往往比有形的资产更大。从经济学的角度看，企业家积极建立社会关系网络的目的主要是为了获得既廉价又丰富的信息资源，并以此增强企业的竞争力，超越竞争对手。美国硅谷曾经成立了一个以地区网络为基础的工业体系，这种工业体系的优势在于能够为企业家成长提供集体的学习机会，在系统功能的作用下灵活调整相关技术，最终降低学习成本（Saxenian, 1999）。Bygrave（2000）建立了企业家活动量与个体水平的企业家决策的关系模型，认为通过企业家活动，企业家将会识别和开发新的利润机会。企业家活动提供了企业家开发新市场的便利条件，创造了更多的企业家成长机会。

（二）国内相关文献研究综述

1. 关于企业家成长的相关研究

中国对企业家成长的研究文献已经较多，随着改革开放的发展，对企业家成长的研究呈现指数增长，近两年来数量有所下降。但是企业家成长是一个过程，企业家需要不断地学习才能在激烈的竞争环境中得以生存。不管是处于创业期的企业家还是已经取得优异成绩，具有一定社会地位和影响力的成熟企业家，都要不断地充实自己，不断的学习与创新，实现企业的持续发展。中国有关企业家社会关系与企业家成长的研究稍落后于国外。基于中国特殊的社会文化，与国外又有一定的区别。吴志霞、潘松挺（2005）基于产业集群与企业家互动发展的研究结论认为，企业家成长和企业家队伍的发展壮大积极地影响着集群经济的发展。企业家人力资本和社会资本的获得依靠产业集群提供的便利条件。这表明了产业集群的形成需要企业家的社会互动，企业家互动是企业家获取人力资本和社会资本的重要渠道和方式。吴向鹏、高波（2008）

主要探讨了企业家创业过程的不同发展阶段中企业家关系网络对企业家成长的影响，并认为企业家成长受益于企业家关系网络。但是该研究具有一定的片面性，因为企业家成长是一个持续的过程，只能说明企业家关系网络有助于企业家创业。马文彬（2009）提出，在企业持续成长的不同阶段，企业家社会资本对于把握市场机会、降低经营风险、推动组织创新都起到重要作用，因此建议提升企业家信用水平，扩大企业家关系网络，培育企业家社会资本。刘新民、董啸、丁黎黎（2015）提出经济发展驱动的内核是企业家集群的创新，并把企业家集群定义为企业家在多重正式与非正式有效叠加的基础上，因理念相合或地缘相近等因素形成的，具有合作关系网络的企业家群体网络。企业家在互惠的原则下，对集群的创新资源进行重新选择、调整、配置以弥补个别企业的短板，促进资源交叉、流动，增强资源活性。本章认为，单一行业内企业家集群只是企业家获取资源的优质选择之一，但其稳定性和隐性知识获取却不如多行业的企业家集群平台，且获取的资源种类单一，对企业家成长作用缓慢。

2. 关于企业家集群的文献研究

企业家集群由"圈子"而来，在古代叫作"商帮"，如粤商、晋商、徽商等，现在多以"俱乐部""协会""沙龙"等著称。其中，较知名的企业家集群有泰山会、华夏同学会、中国企业家俱乐部、正和岛、清华企业家协会、接力中国等。与古代商帮不同的是，现代企业家集群打破了传统的地域和行业的限制，更多的是以同学情、校友情、战友情或者有着共同价值追求的一群人。如华夏同学会是由曾经就读于长江商学院 CEO 班的大佬组成；清华企业家协会是由清华校友创办的、倡导创新和创业的组织；中国企业家俱乐部是由柳传志、马云、吴敬琏、张维迎等政界、商界、学术界的领袖人物发起成立的；接力中国主要由民企 500 强企业的后继者以及青年企业家组成。

关于企业家集群的性质，梁钧平（1998）认为，"集群"是介于正式组织和非正式组织之间的一种组织现象。王维奎（2003）认为集群是政府部门中存在的恶性非正式组织，但对其影响只停留在质性研究层面，并未就该组织对正式组织的危害程度进行研究。王如鹏（2009）提出了集群是中国社会的特殊结构，以一定"缘"而自发形成的、有着特殊的关系和规则的社群或团体。罗家德（2012）认为关系和圈子就和法律一样，都是工具，但却是社会治理机制中不可分割的部分。王如鹏和罗家德都认为集群的存在有利有弊。最早对企业家集群现象引起关注的是《中国财经报》，并对几个著名的企业家集群进行了简单的介绍。真正引起学术研究者注意的是始于2015年，李晓敏从制度经济学的视角分析了企业家集群的共同特点，阐述了企业家集群的主要作用和功能。申宇、赵静梅、何欣（2015）探究了校友关系网络对基金业绩的影响，发现校友关系网络存在"小群体"效应。之后，申宇、赵玲、吴风云（2017）又以专利申请为依据，检验了校友关系网络对企业创新的影响。申宇等认为校友关系也是企业家获取社会资本的重要目标，校友社会资本对企业家获取资源、收集信息等方面产生了积极影响。研究结果表明，建立校友关系网络有助于缓解企业面临的融资压力，更有利于形成以信息共享为基础的创新联盟。苏敬勤、张彩悦（2017）采用扎根理论的方法对企业家集群的生成机理进行了详细研究，研究结论认为企业家基于获取信息、识别机会、整合资源、规避风险、拓展关系等的工具型需求，以及基于精神交流、情绪宣泄、兴趣共享、榜样学习、成长指导、地位认同的情感型需求聚集在一起。企业家因层次相近和类别相近的需求契合以及文化价值观、性别年龄、职业收入、兴趣爱好的同质性特征建立情感型关系合约，因优势资源互补、互惠、信任等建立工具型关系合约，最终与企业家集群成员达成利益合作、信息共享、学习成长和情感交换的结果。但是企业家作为企业家集群的重要成员，却忽略了企业家在一系列活动中所起的重要作用。

3. 文献研究述评

根据以上对相关文献的梳理，国外对企业家关系网络与企业家成长的关系关注的比较早，具有一定的借鉴意义。但是中国的社会文化又与国外有所不同，关于企业家关系网络对企业家成长的研究还应该结合中国的文化环境和中国情境，包括中国的传统文化、企业家性格特征、企业的发展现状、国家政策环境特征等。

在国内的相关文献研究中，虽然很多学者都意识到企业家关系网络对企业家成长的重要影响，但却少有学者对其进行深入的探讨。大多数学者都提出了企业家关系网络是影响企业家成长的重要因素之一，却并没有进一步探究如何构建并运行企业家关系网络才能更有助于企业家成长。

另外，对企业家集群的研究还停留在对企业家集群的概念和形成原因的初探阶段。从管理学的角度来看，企业家集群作为一个非正式组织，并没有研究者对其作用机制进行深入研究。考虑到企业家集群是一个特殊的群体，群体成员都具有一定的社会地位和影响力，甚至会对中国的经济产生不可估量的影响，所以有必要引起对企业家集群的重视。本书认为企业家基于各种动机和机会成为企业家集群中的成员，其中情感动机是进一步实现自我价值，利益动机是为了企业竞争力的增强，实现企业的可持续发展。而企业家一系列的行为结果都离不开企业家的互动，因此，根据以上分析提出本书的研究问题，试图从企业家集群组织整体视角以及通过企业家社会互动作用探讨企业家成长机制。

三、研究内容与研究方法

（一）研究内容

基于对中国企业家集群这一特殊企业家群体的关注，本章想要弄清楚企业家集群与企业家成长之间的关系。通过对企业家成长和企业家集群等相关理论的分析，提出了企业家集群作用于企业家成长主要通过企业家社会互动行为实现的。企业家集群是一个非正式组织，因此，本章以非正式组织理论为基础，构建了企业家集群、企业家社会互动与企业家成长的框架模型，试图揭开企业家集群作用于企业家成长的"面纱"。由于企业家集群对企业家成长的影响是一个未被充分理解的现象，所以本章采用案例研究法。按照案例研究方法和案例选取原则，本书选取中国企业家俱乐部为案例研究对象，通过对中国企业家俱乐部相关数据的收集，分析了在企业家集群的约束和激励条件下对企业家成长的作用方式。最后，阐述了企业家集群在企业家社会互动的作用下，企业家集群对企业家成长的作用机制的结论，并说明研究的不足之处以及对未来研究的方向和建议。具体研究内容如下：

第一节绪论，阐述了企业家集群与企业家成长的研究背景和意义、研究综述、研究方法、研究内容和研究框架以及研究的创新点。其中文献综述部分主要从国外和国内两个方面对企业家关系网络、企业家集群和企业家成长三个角度进行总结并分析。

第二节企业家集群的功能价值，对企业家、企业家集群、企业家成长、社会互动等相关概念做出了简要分析。从企业家集群的形成基础和发展条件两个方面阐述企业家集群的产生机制。之后又对企业家集群的正负效应做出简要分析，为后面做出理论基础陈述。

第三节企业家集群、社会互动与企业家成长的关系，基于非正式组织运行机理，从管理学的视角探讨了企业家集群和企业家社会互动的关系、企业家社会互动和企业家成长的关系以及企业家集群和企业家成长之间的关系。最后建立企业家集群、企业家社会互动和企业家成长的框架模型。

第四节案例研究，以中国企业家俱乐部为案例，对选取案例研究法和选取中国企业家俱乐部为案例研究对象的原因做了简要介绍，并从中国知网、权威财经新闻网站、中国企业家俱乐部官方网站、官方微信等多种渠道对企业家社会互动的时间、地点、互动成员、互动类型、互动形式、互动主题等进行资料收集、整理和归类，最后对中国企业家俱乐部中企业家社会互动与企业家成长进行了案例分析。

第五节研究结论与展望，总结企业家集群视角下企业家社会互动与企业家成长的联系。提出了在研究方法、研究内容和研究方向上的未来期望。

(二) 研究方法

1. 文献研究法

文献研究法主要指文献的搜集、筛选与整理。在前人研究成果的基础上进行研究是获取知识的有效途径。本章通过国内外学术期刊、报纸、相关财经新闻等多种方式对相关资料进行搜集、阅读、归纳和整理,对企业家集群和企业家成长有了较为全面的了解。本章认为企业家集群作用于企业家成长主要通过企业家社会互动实现的,因此,在此基础上进一步详细分析了企业家集群、企业家社会互动和企业家成长的相关理论。采用文献研究方法,不仅有助于发现研究的空白点,还有助于充分理解相关理论基础,例如通过对企业家集群、企业家社会互动和企业家成长相关文献的阅读,分析了企业家集群和企业家社会互动与企业家成长之间的关系,构建了企业家集群、企业家社会互动与企业家成长的关系模型。

2. 案例研究法

案例研究法是管理学研究中最基本的研究方法之一。案例研究能够探究新的管理现象,对于探索背后的理论意义和实践意义也更加有效。案例研究主要以案例事实为依据,通过对案例全面的、长期的观察和剖析发现事物的内在本质联系,从而与以往理论形成迭代,最终发现新的理论意义。案例研究主要对以往的研究成果进行归纳和整理,在此基础上发现研究的空白点,提出新的假设以及研究框架,最后选取案例进行验证假设。本章在研究企业家集群对企业家成长的影响研究中,首先梳理了企业家集群、企业家成长的相关理论,由此发现企业家集群的运行机制和企业家成长的关系,从而提出企业家集群的活动对获取企业家成长所需的信息、人脉和资源的影响的分析框架。

四、主要创新点

第一,在前人研究成果的基础上,从管理学的视角对企业家集群进行了系统的论述,并把企业家集群看成是一个非正式组织,在一定的情况下可以转变成正式组织。企业家集群具备了一般"集群"的特点,即有共同的兴趣爱好、特殊情感需求和共鸣、共同的价值观等形成了一个"小群体"。但是企业家集群的成员主要来自不同领域的知名人物,带有情感和利益的混合关系,有更高的价值追求和目标,因此,可以在一定条件下转化成正式组织。

第二，打破了以往以企业家个人为主体的关系网络对企业家成长的研究，第一次从非正式组织视角研究了企业家关系网络对企业家成长的影响。企业家集群是企业家构建个人关系网络的重要渠道，也是企业家获取信息和资源的重要来源，企业家成长离不开企业家关系网络的构建。作为企业家个人来说，必须建立并维护好个人关系网络，积极为企业收集有效信息和资源，为企业做出更好的决策，筹集更多的资金，完善企业各项管理规章制度，增强企业竞争力；另外，作为非正式组织的组织者、领导者的核心领袖，必须不断为该集群创造有利于企业家成长的活力和动力，更好地为企业家集群成员服务。

第三，提出了企业家社会互动是企业家集群作用于企业家成长的重要渠道。企业家成长不仅受到外部宏观社会背景的影响，还受到自身微观生活环境的影响。企业家集群是一个群体，企业家建立、维护、发展企业家社会关系网络主要通过企业家活动实现的，本章把企业家这种活动定义为企业家社会互动行为，该行为成为企业家集群作用于企业家成长的主要方式，使企业家集群得以灵活运转。当周围的企业家都很成功时，会自然而然形成一种积极向上的氛围，激励企业家积极向更好的方向前进，不断挖掘自身的潜力，学习新的知识，或帮助其他成员以体现自己的价值。作为回馈，受助者也会将自身拥有的资源、信息等授予其他企业家。

第二节　企业家集群的功能价值

一、相关概念

（一）企业家

"企业家"一词来源于法语，泛指"从事冒险事业的经营者和组织者"，后经法国经济学家理查德·坎梯龙引入经济学领域中，并被广泛推广和应用。但到目前为止，不同的学者从不同的领域、不同的角度给出了不同的答案，并没有形成统一的定论。从企业家应该具备的能力素质来说，马歇尔认为企业家不仅要对行业经营环境有透彻的认识，还要有一定的领导才能，要具有"果断、机智、谨慎和坚强"以及"自力更生、敏捷并富有进取心"等的精神素养。从企业家的职能角度来说，熊彼特认为企业家是站在生产要素之外，对生产要素进行组合，从而建立新的生产函数创立新企业（或改变原来企业）的人。张维迎（2014）认为企业家就是按照盈利的原则把生产要素组织起来从事经营活动的人。基于中国情境，石秀印（1998）从社会网络的角度提出了企业家作为企业与社会环境的连接点，利用获致性社会关系为企业获取政府与法律资源、生产与经营资源、管理与经营资源、精神文化资源等。罗家德（2012）提出中国企业往往嵌入在商帮、产业网络之中。已有事实表明：企业家与外部主体联系广泛的企业更有能力获取企业高绩效。企业家关系网络的形成是由于政府等组织公共角色缺位的情况下建立起来的，基于特殊信任关系使企业家联结在一起，使企业家有机会获取非规范性的社会资源。

综上各研究者对企业家的定义，本章认为企业家包括三层含义：①就企业家个人来说，企业家应该具备如下素质：对成功的渴求，对创新的意愿、自我内控力、冒险偏好、压力承受力等。企业家的个体特质不仅仅意味着什么样的人才能做企业家，还意味着企业家应该具备的才能和专业素质，例如专业技能、面对环境不确定性或者根据现实的预测能力。②对企业来说，企业家是企业行为决策的主体。就企业家扮演的角色来说，企业家是企业与外界联系的桥梁。就企业获取资源的角度来说，企业家与外部建立良好的关系网络是企业实现持续健康发展、增强企业竞争优势所需资源的重要渠道之一。③对社会来说，具有一定社会地位的企业家还应该承担相应的社会责任。

（二）企业家集群

本章认为"集群"一词是"圈子"的正式表达，集群以中国的传统文化为基础，是中国社会的特殊结构。中国人是"关系主义者"，基于人情根植于我们的文化基因中,形成中国家庭式的小关系网和圈子文化。例如,老乡圈、同学圈、红酒圈、娱乐圈、广告圈等,遍布于社会的各个角落、各个领域。在有关集群定义的研究中,梁钧平(1998)认为集群是介于正式组织和非正式组织之间的一种文化现象。而王如鹏(2009)认为集群是中国社会的特殊结构,以一定"缘"而自发形成的、有着特殊的关系和规则的社群或团体。蔡宁伟(2008)从人力资源管理和组织研究的视角更加全面地将其概括为:集群是相对于正式组织内部而言,在同一个阶层的人有相似志向、趣味、追求、经济、社会地位以及共同的价值观的外部群体。罗家德(2015)主要从社会学角度出发,把第三种利益导向的、边界相对模糊、非对抗性的人际关系结构称之为"集群",认为关系、集群和法律一样都是工具,但却是社会治理机制中不可分割的部分。基于以上学者对集群的定义,本书从管理学的角度认为集群是处在同一个阶层的、有共同的兴趣、志向或价值追求的人,因利益和友谊而自发形成的非正式组织。

企业家集群是一种特殊的关系网络,主要由企业家组成。陈钦约(2009)指出网络的行动者不仅仅是指个人,也指法人,集群中的企业家可以在企业家活动中提高企业家的被信任度。刘新民、董啸、丁黎黎(2015)认为企业家集群是指在企业家之间多重正式或非正式有效叠加的基础上,在不断创新的社会文化环境中,因地理位置、价值观念和共同需求等因素有机形成的。李晓敏(2012)主要从制度经济学的角度揭示了企业家集群的性质,即企业家集群是一种政治、资本和关系的结盟。苏敬勤、张彩悦(2017)基于中国情境对企业家集群的形成机理进行了详细研究,提出企业家集群基于情感型需求和工具型需求联结在一起,因需求契合建立关系合约,最终达成利益合作、信息共享、学习成长和情感交换的目的。

基于以上对企业家集群的研究,本章认为企业家集群由知名企业家发起,基于共同的兴趣爱好、价值追求、资源需求等聚集在一起,以校友会、商会、俱乐部、会所的形式普遍存在,集群成员基于情感和商业利益或公开或私下进行社会互动，全面了解各方动态，寻找商机、进行投资与合作、抱团取暖、互帮互助，实现利益最大化的非正式组织。企业家集群作为一种特殊的非正式组织，具备了非正式组织相似的作用，即企业家集群中企业家之间交流、互助等活动为企业家获取信息、人脉、资源等提供了有效途径，从而为企业家成长创造了优质环境，也为研究企业家集群对企业家成长的作用机制奠定了理论基础。

（三）企业家成长

自 1978 年改革开放以来，经济发展突飞猛进，其发展速度已远超我们的想象，企业家也是在施行改革开放后逐渐被社会所重视的，改革开放为企业家成长提供了良好机遇，经济的进步离不开企业家所作出的重大贡献。从近代纵向时间轴来看，企业家成长从清朝洋务运动开始至今，可以分为四个时期：企业家成长的萌芽期、企业家成长期、企业家沉寂期、企业家成长的黄金期。其中，企业家成长的黄金期以 1978 年实行改革开放为开端，对中国的经济发展做出了重要贡献。刘平青（2002）把中国家族企业家的产生和成长分为三个阶段和三种类型：第一阶段主要指 20 世纪 80 年代农村的"能人"和返城知青为了解决生存问题，以个人产权和家庭产权为主体建立家庭作坊的生产者型企业家。他们大多是农村基层干部和乡镇企业的厂长通过发动乡民和亲友建立起企业。或者是有一技之长的能工巧匠、回乡知识青年与复员退伍军人。第二阶段是 20 世纪 90 年代前期主要由政府机关人员、企业任职人员以及下岗职工组成的"下海型"企业家。他们大多数都接受过高等教育，具备较高的文化素质。随着国企改革的不断推进，国家对私营企业提供了更多的宽松政策，一批有知识的人发展先机，紧紧抓住改革时代的浪潮积极创业，并取得了良好的成就。第三阶段是 20 世纪 90 年代中后期以知识为资本的创业企业家和企业家二代。这类企业家大都具有博士、MBA 等高等学历资本，对行业技术水平、行业发展状况以及企业管理模式都有比较深入的了解，这些无疑都对他们创业的成功增加了重要砝码。根据中国企业家调查系统 20 年的问卷追踪调查显示（2014），当前中国企业家成长在三个方面都取得了巨大进步：企业家能力素质、企业家责任担当以及企业家精神的弘扬和企业文化的孕育。本书认为，在当今经济转型升级的背景下，当前中国企业家正在进入创新成长的活跃期，因此，企业家成长不仅仅在于企业家素质的提高、能力的提升，还要努力提高企业家创新能力。

从哲学原理上讲，事物的变化是内因和外因共同作用的结果，内因起决定所用，外因起影响作用，在一定条件下相互转化促进。企业家成长也是在内因和外因的相互作用下完成的。从组织行为学的角度来说，企业家成长是一系列的动机、行为和结果的组合。企业家成长动机是企业家行为的前提，进而会通过个人努力学习新知识，提高自身能力，达到成长目标。企业家成长的结果则是能够带领企业在激烈的竞争中获得一席之地。经济学角度的企业家成长则是对企业生产要素进行整合，改变原来企业，创建新企业的人，企业家成长的结果从企业的效率和企业的发展体现出来。胡钰（2013）把企业家看作是创新要素的整合者以及创新方向的发现者，企业家是技术进步的主要驱动力，因此，企业家成长是组织创新的社会化过程。李博（2006）认为企业家以经营企业为自己的职业，企业家的主要责任就是为企业筹集资金、获取稀缺资源和信息，降低交易成本和生产成本，进一步提高企业效率，从而达到积累人力、物力、社会资本的过程。创业是企业家成长的一个主要特质，并受个体、组织、环境和企业家行为的影响。吴向鹏、高波（2008）认为企业家成长体现在企业家创业的过程中，关系网络对企业家成长的影响主要通过企业家利用关系网络获取创业所需的资金、技术、信息等资源，以此获得企业家成功。刘平青（2002）以企业家人力资本、物质资本和社会资本为企业家优势，把企业家成长看成是不断获取知识、经验和经营能力、创造财富，建立扩大的社会网络的过程。

基于以上对企业家成长的定义，本书认为，成长意味着从小到大、从弱小到强大。企业家的成长与强大，不仅意味着个人的强大、企业的强大，还意味着国家的强大、国家经济实力的强大、国家国际地位的提高。在非正式组织中企业家集群视角下的企业家成长是基于情感的关系网络中通过企业家社会活动，为企业家提供情感、信息、资金等的帮助和支持，提高企业家人力资本质量、增加企业家物质资本和企业家社会资本，使企业家采取行动进行创新、创业，实现企业可持续发展的过程。

（四）社会互动

社会互动也称社会相互作用或社会交往，它是个体对他人采取社会行动和对方作出反应性社会行为的过程。社会互动以信息传播为基础，互动双方及他们之间的关系产生一定的影响，并有可能对社会环境形成一定的作用。企业家社会互动是发生在企业家社会关系网络中的个体与个体之间、个体与群体之间以及群体与群体之间相互作用，并对企业家行为产生一定影响。关系，泛指人与人之间的互动和交往，是存在于中国特殊社会结构中人际交往的主要特征，企业家的成长总是离不开关系网络的作用和影响。企业家通过与外界的社会互动，建立个人关系网络，进而获取企业家成长以及企业成长的信息、资源和人脉。

组织行为学理论认为社会互动有多种形式和类型，有模仿、同情反射、服从、顺应等自我内在互动，有竞争、冲突、合作、证实、统御、组织、比赛等个人与群体的互动，或个人与个人之间的互动，或群体与群体之间的互动。本章把企业家社会互动分为两种类型：企业家与企业家之间的社会互动、企业家与非企业家的社会互动。企业家与非企业家的社会互动主要是指企业家与政界的社会互动和企业家与学术界的社会互动。

企业家作为一个独立的人具有社会交往的需要，基于共同的兴趣、爱好或某一层次，建立与他人的人际关系。对企业家来说，企业家与企业家之间的互动更能引起共鸣，获得一定的情感归属，满足自身社交的需要。从企业家的职能来说，企业家作为组织的高层决策者，必须要与外界组织保持好联系，有意识地从组织外部接受和收集信息，以便及时了解市场变化、竞争者动态等。企业家积极进行社会互动主要有两种目的：基于情感的社会互动和基于利益的工具型社会互动。此外，在企业家社会互动的过程中会结交一些志同道合的朋友，或形成联盟，或进行合作，或进行单纯的情感交流，本书把这种企业家社会互动称之为混合型社会互动。

二、企业家集群的产生机制

（一）组织理论

非正式组织广泛存在于各种正式组织中，是企业管理的重要研究对象。非正式组织的概念起源于梅奥的霍桑实验，梅奥认为企业中除了正式组织之外，还存在非正式组织。非正式组织有自己特殊的行为规范并对人们的行为起着调节和控制的作用，有助于内部的协调发展，主要反应组织成员的社会关系。罗特利斯伯格和迪克森（F. J. Roethlisberge, W. J. Dickson）在此基础上进一步对非正式组织问题进行了深入探讨，使得非正式组织问题越来越受关注。罗宾斯认为非正式团体是组织内成员为了满足社会交往的需要，在工作环境中出于共同的社会感情自发联结成的"社会关系网络"，它起源于"友谊"（或共同的兴趣）和"利益"（或政治）。巴纳德对非正式组织理论进行了系统的整理，得到大多数管理学家的认同，认为非正式组织是基于共同的生活、情感、兴趣爱好、价值观、经历等为纽带自发形成的人际关系网络群体。根据非正式组织理论以及非正式组织普遍存在于各种正式组织的观点，如果把国家看作一个企业，企业家看作是国家企业的员工，企业家集群则是企业家自发形成的、特殊的非正式组织。企业家集群作为一种特殊的非正式组织，具备了非正式组织相似的作用，即企业家集群中企业家之间交流、互助等活动为企业家获取信息、人脉、资源等提供了有效途径，从而为企业家成长创造了优质环境，也为企业家集群对企业家成长的作用机制奠定了理论基础。

（二）企业家集群的形成基础

企业作为一个正式组织，有其明确的规章制度和法定地位，企业的有效运行必须首先以明确的规章制度为依据。但是并不存在完美无缺的规章制度满足企业所有成员的需求，如人际间的交流、情感归属、价值认同等都为非正式组织的形成和发展提供了作用空间。人脉资源丰富的人，更容易把握时代的精髓，在奋斗的道路上拥有更小的阻力。所以，大多数企业家都注重自身社会关系网络的建设和维护。本书把企业家集群的形成分为三个层次：宏观的社会环境、中观背景相似性、微观个体情感和利益需求。

1. 宏观的社会环境

第一，制度因素。中国特殊的经济环境、特殊的历史条件，再加上中国改革开放的发展，中国社会进步大多数都是在摸索中前进。制度不健全、环境不确定性无疑都成为企业家成长的障碍以及企业发展的障碍。企业家为了寻找更好的资源，为了使企业能够有个健康稳定的环境，或进行抱团取暖，或进行联盟互帮互助，或呼吁政府提供一定的政策支持和扶持，从而形成非正式的规章制度和约束，以期为企业创造良好的生存发展条件。随着企业规模的壮大，经济体制、规章制度等的不断完善，企业取得了较大的发展，形成稳定态势。但是企业家作为企业的领导者、核心人物，又将面临着国际化的严峻挑战，企业要想实现可持续稳定发展，增强企业的竞争优势，企业家需要不断从企业外部寻找资源、信息、技术等。从企业家集群的形成背景来说，李晓敏认为企业家集群的出现和形成是由于中国社会制度不健全造成的。企业家为了寻找融资渠道、规范社会秩序、寻求利益合作等在特定的时机自发形成了以交友和利益合作的平台——企业家集群。

第二，市场现状。当前是一个知识经济社会、信息社会、大数据时代，要真正增强竞争优势，不仅要收集信息资源的数量，还要保证信息资源的质量。企业家通过各种社交网络加入一定的企业家集群，共享平台优质资源和信息，共同合作，增进信任，以此增强企业的竞争力。对企业家个人来说，知识更新换代也会让企业家自身能力面临极大的挑战，跟不上时代的步伐就意味着要被社会淘汰，将会有更加优秀的专业化管理人才代替已有的位置。企业家将会寻找新的学习途径进行进修，或进入高校 EMBA 高级总裁研修班进行学习，或进入企业家集群，向优秀的企业、优秀的企业家学习经验，转变思维方式，提高自己的管理能力、决策能力。企业家集群成立之初也与当时市场商业信用环境有关，只有在信任的基础上才能有效降低各种监督成本，提高合作的效益。企业集群成立之初或许是为了寻找政府支持、筹措资金，随着经济的发展和企业的逐渐壮大，企业家的动机又转为寻找市场，开拓市场，以求得稀缺资源，寻找新的合作方式，形成联盟，增强竞争优势，甚至是增强国际竞争优势。因此，企业家集群逐渐成为实现企业可持续发展的有效路径。

2. 中观背景的相似性

根据非正式组织形成的原因，非正式组织或因成员性格、知识、兴趣相投而组成。兴趣相同或相似的企业家更容易在满足兴趣和爱好的共同行动中进行人际交往，并在交往的过程中建立情感，自发形成非正式组织。或者，非正式组织或因同学、同乡、同宗等共同关系组成。例如，校友关系是一种普遍但又特别的文化现象，在同一个校园共同走过青春岁月，终将沉淀为人生重要的印记。企业家集群也一样，作为社会动物具有趋同性，"同类相比，同声相应，故天理也"，共同的文化教育背景和经历，容易将校友团结在一起，在校友间增加一份亲近感、怀旧感、认同感和信任感。在某种程度上，对校友的肯定和认同，也是对自身的肯定和认同。此外，非正式组织也因友情、认同感、归属感等因素组成。企业家之间的活动并不都是具有功利性的，活动可以进一步拉近人们的情感距离，企业家交流互动在一种轻松愉快的环境中，唱歌、游戏、相互开玩笑，甚至吐槽排遣压力和孤独，使企业家们能够找到归属感、依赖感，给企业家温暖，增加彼此之间的感情。

企业家集群是一种非正式组织，根据企业家集群形成的不同背景，中国企业家集群大致有以下几类：一是以校友、战友为纽带形成的，如华夏同学会。华夏同学会是由曾经就读于长江学院和中欧国际商学院的 CEO 班成员组成，主要特点是任何活动信息均不对外公开，增加了华夏同学会的神秘色彩。又如清华企业家协会是以清华校友为主要成员。二是以知识和资本相结合的组织，主要由管理专家和实战专家组成。如正和岛和中国企业家俱乐部。中国企业家俱乐部是一个颇具影响力的商业领袖组织，主要由商业领袖、经济学家和外交家发起成立。正和岛是中国商界第一高端人脉深度社交平台，是企业家人群专属，以线上线下相结合的方式为岛上会员提供缔结信任、个人成长及商业机会的创新型服务平台。三是商业资本的结合组织，由不同业界领袖人物组成，如泰山会。泰山会成立于1993年，会聚了段永基、冯仑、卢志强、史玉柱、柳传志、李彦宏等企业家名人。四是因地缘关系组成的同乡会，如晋商、粤商等，其中比较知名的是由马云等八位知名浙商发起投资的江南会。五是以共同身份背景相结合的组织，如接力中国。接力中国以青年精英为主要特征，由企业家二代发起成立，主要成员包括青年企业家、民企接班人、社会各界的杰出代表等。

3. 微观情感与利益的结合

根据马斯洛的需求层次理论，每个人都不能孤立地生活在世界上，需要与外界建立各种各样的联系，这种需要分为五个层次：①满足衣食住行等的生理需要；②保障自身财产不受损失、生活有保障、健康有保障的安全需要；③与朋友之间、同事之间、亲人之间保持融洽关系的需要、得到群体认可的归属需要，即情感上的需要；④个人的能力和成就得到社会的承认，有稳定的社会地位，能够得到别人的尊重、信赖、高度赞扬和评价的需要，即尊重需要；⑤实现个人远大理想与抱负，将个人能力发挥到最大程度的需要，即自我实现的需要。

首先，企业家作为企业的高层管理者，已经满足了基本的生理需求。但是企业家作为企业的领航人，负有带领企业增强竞争优势，实现企业可持续发展的重大责任。企业家必须不断地学习，保持头脑清醒，时刻关注国家政策、经济环境、市场趋势等方面的变化，以使自己跟上时代步伐，使自己有足够的能力为企业做出最优的决策，最终使企业能够在激烈的竞争中安身立命、屹立不倒。其次，物以类聚，人以群分，基于社会交换理论，优秀的人更愿意和优秀的人在一起交流互助、交换资源、相互学习，共同进步。和层次相近的人在一起交流，他们能够迅速理解对方想要表达的意思，并能很容易形成共鸣，也能够增加彼此的信任、相互谅解，造成一种友善和愉快的气氛。再次，企业家不仅有情感上的需求还有归属的需求，企业家希望能够进入某一团队或者群体，成为其中的一员，这样可以在受到委屈时有倾诉的对象，遇到困难时能够得到帮助、鼓励和安慰，能够共同承担外来的压力，从而实现满足感、安全感和归属感。最后，企业家是为企业服务的，企业家有责任和义务为企业的持续发展做贡献。但是企业家同时也是社会中的个体，希望自己获得的成就不仅能够得到企业员工的尊重和认可，还希望得到社会的赞誉和高度评价。因此，企业家会进一步努力履行企业社会责任，为社会做贡献，所以才会积极寻找能够得到价值认可的社会平台。中国的传统文化观认为，个人实现自我价值的顺序应该是修身、齐家、治国、平天下，当企业家有了一定的名誉和稳定的社会地位时，作为一个中国人的自豪感便会希望中国的企业能够在国际竞争中有一席之地，企业家的联结也在推动着中国经济实力的增强和国际社会地位的提高。

企业家要想在激烈的竞争中谋求生存、发展或者获取可持续竞争优势，就要具有一种不易使竞争对手模仿，且能够带来长期经济效益的核心竞争力。创新导致新技术、新方法和新材料的出现，是市场竞争的关键因素。现阶段，资金的限制、潜在的风险以及创新的复杂性等一系列因素迫使企业家寻求合作伙伴，构建集群化的创新模式，以分摊成本、降低风险，提高创新的成功率。因此，企业家集群也是一个情感和利益的结合体，处于集群中的企业家不仅仅需要与群体成员进行精神交流、共享兴趣、情绪宣泄、维系友好关系、互相学习、得到成长指导以及获得业界认可，还希望能够获得与企业发展有关信息、资源等利益需求。

（三）企业家集群的发展条件

1. 非正式组织制度

无规矩不成方圆，制度在管理活动中具有重要作用。非正式组织与正式组织一样也有一定的规章制度。非正式制度主要是指一系列无明文规定的习俗、惯例等，主要包括价值观、道德、文化、意识形态等，它是人们在长期交往中形成的、具有一定约束力的行为准则。非正式组织中非正式制度是通过组织成员高度认可的，因而得以使组织成员在态度、价值观、行为等方面保持高度一致。一方面，可以用来规范、调解内部成员的个体行为，使组织成员的行为、态度、价值观等与组织目标保持高度一致；另一方面，非正式组织宽松、自由的风俗习惯使组织成员能够以联谊会、论坛、聚餐、娱乐等方式传递信息。自发性是非正式组织最基本的组织原则，并赋予组织优良的聚合力，为组织内部活动和成员间的交流提供了充足的动力。

企业家集群基于邀请制、推荐制、实名制等严格审核的高门槛准入机制，保证了会员在财富和社会关系方面的高标准，使会员在有限的时间内有所收获。企业家集群封闭性的互动特点为企业家提供了私密对话的基础，保证企业家能够较快实现交流的目的与效果。另外，企业家集群内部的非正式制度既有奖励性的，也有惩罚性的。对内部成员的奖励主要表现在：给予更高的社会地位、获得更高的社会荣誉、更多的尊敬与认可、提供更多的成长机会、较多的工作帮助（如：为企业提供更多的有价值的信息和资源、为企业出谋划策、解决危机等）；惩罚性主要表现在：被孤立、不被信任、口碑下降、合作机会大大减少。由此可见，一旦企业家集群成员违背组织制度，将会对企业家带来不可估量的损失。

2. 组织成员与核心领袖

企业家集群中的成员来自不同的企业、机构和研究所，他们的知识具有更大的互补性和相关性，更易于在交流者之间流动，不同的知识源使他们各自的知识具有更大的"异质性"，在交流中，知识的碰撞、合作、整合效应更为显著，更容易激发出新想法、新构思，最终使知识也随着成员之间的交流得到新陈代谢。企业家集群不仅是企业家交换信息的平台，还是一种特殊的社会关系网络，更利于成员之间建立信任关系，获取企业家政府社会资本、企业家商业社会资本、企业家知识社会资本，为企业家的成长以及所在企业的成长提供更加丰富的资源、信息和人脉，并进一步提升企业绩效。

企业家集群中也存在同正式组织一样的核心领袖，他们对企业家集群的形成和发展具有重大影响。核心领袖是一个非正式权威领导者，该领导者因其资历、专业技能、社会影响力、道德品质、成就等得到其他成员的高度认可与尊重。在这类组织结构方面，企业家集群是一种扁平化的组织结构，组织成员之间以横向社会互动为主，该核心领袖可以是一个人，也可以是一群人，具有较高的社会威望和强大的号召力。非正式组织主要的运行规律是：核心在则集群在，核心退则集群散。核心领袖能够促进群体内部有效分工与协作，更能激励群体成员攻坚克难。同时也为组织成员创造和谐融洽的交流氛围，增强组织成员的归属感，使企业家集群成员更注重企业家精神的培育。但有时也会左右群体的态度和行为，制造冲突，甚至破坏团结等。

3. 积极的社会互动

企业家集群成员之间建立的信任关系、获取异质性资源，以及社会资本的增加等都是在企业家社会互动的过程中实现的。在企业家集群中，企业家之间的社会互动是一种非正式社会互动，成员之间的信息交流与沟通主要源自个体间情感表达来实现。成员之间信息沟通、交流形式灵活多变，通过分享彼此拥有的信息、资源和经验，建立信任关系，获得他人的情感认同和支持，进而实现自身的价值。同时又由于从他人那里得到帮助，受助企业家将进一步把自身拥有的资源和信息分享给他人，巩固相互之间的情感关系。霍斯曼在《人类组织》中把人类行为分为三个基本要素，即互动、情感和活动。三者之间紧密联系，在此基础上揭示了霍桑实验中非正式组织内部社会互动的重要性：成员之间社会互动的频率越高，相互之间的友好感情越亲密。企业家集群成员之间的情感必须通过成员之间频繁而重复的共同参与和企业家活动来予以维系。而且，在共同参与活动的过程中，频繁互动的人比那些与之互动较少的人更容易相互喜欢，从而增进彼此信任的机会。因此，非正式互动活动是成员之间交流情感、维系亲密关系的手段和方式，而这种互动也成为非正式组织运行的内在驱动力。

集群成员之间的知识传播需要通过积极的社会互动实现。积极的社会互动为企业家获取知识提供了更多的机会。非正式组织理论认为，团体成员在一起聚会时并无明确目的，成员间的知识传播表现为一种随意性和偶发性。非正式团体成员的聚会往往以沟通感情、娱乐、休闲为主要目的，他们常常在一起吃饭、娱乐、聊天，但却无意中传播了知识。另外，非正式团体经过一定时间后会变得较为正式，他们会定期或者不定期地举办一些论坛、研讨会、讲座等不同方式传播知识。创造和共享知识是一种既不能监督又不能强迫的无形活动，非正式团体中的知识传播能否成功完全取决于团体成员是否愿意与别人分享自己的知识。

企业家加入企业家集群的重要目的之一在于创新，而创新的关键在于不同知识源，同时又具有相关性的知识的流动和碰撞。不同的交流方式会导致交流效果的巨大差别，从而对集群创新活动产生深刻影响。在企业家集群中，通过成员之间频繁的社会互动，相关的异质性知识在网络内迅速流动，组织成员在传播、搜索、整合知识中不断进行创新活动，在提高个人能力之余，客观上提升了整个企业家集群的创新水平。

三、企业家集群的正负效应分析

巴纳德认为非正式组织的作用包括三个方面：信息的交流、协作的意愿、维护个人的自尊心。郝旭光（1988）认为企业中非正式组织的作用主要包含以下几点：①满足成员归属的心理需求；②成员之间的相互了解和相互信任促使了他们之间的互相帮助，并进一步加深感情和信任；③成员之间在交往中可以互相学习、取长补短，增长见识和开阔思路；④非正式组织有助于加深成员感情，提高个人之间的协作程度，形成强大的内部凝聚力。说明非正式组织不仅具有满足成员人际关系交流和情感需求的重要作用，还有满足成员达成某种目标的工具型需求。但是非正式组织内部人事关系比较复杂，也为不正之风的蔓延提供了条件，还会使非正式组织成员对组织造成依赖。另外，在没有正确引导的情况下会对正式组织造成威胁。

（一）企业家集群的正效应

1. 成本效应

企业家集群不仅是企业家建立关系网络、培养信任的有效平台，还增加了潜在的合作机会，进而降低交易成本，产生成本效应。企业家集群是一个相对封闭的社会网络，为企业家提供了培养信任的平台，能够为企业经营者提供更多的信任保障。一方面，集群成员基于共同的兴趣爱好、价值观等，相信彼此都会遵循组织社会规范和行为准则，为了共同的目标而互惠互助，并相信对方会做出有利于自己的行为，不会对被信任者实施监督或控制，从而降低信任成本。另一方面，一旦企业家集群中成员违背组织规范做出机会主义行为，或有成员纵容其违规行为，将会受到其他成员的严厉惩罚，如不再被其他成员信任、终止正在进行的合作、甚至不会再有其他成员再与之进行合作、在业内口碑下降、业绩下滑等。

非正式组织理论认为，影响非正式组织形式交易成本的一个重要因素是人际层次上的文化传统，以及人际关系影响组织成本和效率的作用机制。由于特殊的文化环境会在市场上造成"正式组织"与"非正式组织"交易成本较大差别，经济交易更多地发生在有特殊关系者之间，并更倾向于结成长期重复性交易关系，最终构成交易关系网络。企业家集群是一种特殊的社会关系网络，交易成本就是在一定的社会关系网络中产生的。企业家在这种关系网络中与其他成员沟通交流、传递信息、达成合作中所花费的时间、精力、金钱等都称为交易成本。李晓敏（2012）认为集群内的企业家之间的高信任度，决定了做生意和合作的信息甄别成本更低，即使遇到纠纷，企业家通过拥有共同圈子朋友的调解可能远比法院更为及时、有效，成本更低。圈内核心领袖的调解和仲裁是一种非正式实施机制，类似于古代的族长或部落长老对群体成员之间纠纷的调解和仲裁,更多的是依赖文化习俗、惯例、道德、不成文的行为规范等非正式制度进行约束。即使是在现代社会,人们之间的大量争端和纠纷也是通过这些非正式制度解决的,而不是诉诸于法院。因此,核心领袖也会对集群成员产生积极的成本效应。

2. 风险效应

首先,企业家关系网络是存在于企业家之间的一种社会资本,集群成员一致同意的投票和严格审查实际上是降低会员不诚信风险的筛选机制。其次,中国民营企业融资存在较高的交易成本,容易陷入因资金困难而造成的金融风险,而企业家集群在某种程度上起到了"江湖救急"和"最后贷款人"的作用,从而降低了企业资金风险。最后,商业信息、政策信息对企业的长远发展非常重要,规避风险、认清政策导向成为企业家的主要任务职能。企业家集群不仅仅为企业家提供情感交流的空间,也能够为企业家建立信息共享和信息交流的互助平台,从而减少企业家因信息不对称造成的决策风险。

3. 团队效应

非正式组织是在为实现成员共同目标的活动中形成的,因目标和利益联系在一起。个人利益与整体利益相比,通过集体的努力会更容易达到目标,因此会自觉采取共同的行动。个人也会为了维护共同的利益和更好地实现自身利益,与群体成员形成联盟,自觉遵守群体规则,齐心协力共同实现利益目标,最终实现团队协同成长。

企业家集群具有很强的凝聚力,在非正式组织领袖的带领下组织成员能够将自身的目标与组织目标联系在一起,通过彼此分享资源与信息以及互惠互助,最终达到单独个人无法实现的目的,实现团队效应。首先,在企业家集群中企业家之间大都关心共同的问题,他们由于能力不等,资源各异,在相互交往过程中能够取长补短、增长见识、开阔思路、互帮互助,实现集群成员协同成长。其次,每一个企业家在创业和企业发展的过程中都会遇到各种阻力和挫折,他们会通过不同的渠道和方法寻求解决问题的办法。企业家集群汇聚了各行各业优秀人物,如政界、商界和学术界等优秀人物，他们聚集在一起从不同的角度、不同的领域以及根据自身的经验为成员企业家出谋划策，帮助企业增强竞争力。最后，中国民营企业与国有企业相比能力弱小，影响政策的能力有限，而相关经济政策对企业的发展影响很大，因此，"组团发声，抱团取暖"是企业家集群成立的主要原因之一。当今市场发展制度仍不完善，企业家集群形成的社会规范可以很好对成员企业进行约束，规范市场体系。

4. 创新效应

非正式组织是知识传播的有效途径，比正式组织具有更好的沟通作用。组织成员的新想法往往首先在非正式团体中传播的，通过非正式团体的传播，新的想法会越来越清晰和明朗，最后传播到正式团体中并成为组织知识。企业家集群的社会互动大多属于非正式交流，企业家集群能够有效营造开放的信息交流和创新环境，加强集群内知识的流动，加速不同属性知识间的转化，提高不同知识源的知识碰撞、整合频率，最终提高集群整体创新水平。在企业家自身需求、企业家合作精神、集群文化氛围等因素的共同推动下，企业家在集群汇聚作用、集群文化氛围等因素的共同推动下，使各种不同的信息、资源等生产要素进行重新配置，最终形成产品创新、技术创新、市场创新、资源配置创新和组织创新等。

（二）企业家集群的负效应

在非正式组织理论中，非正式组织的存在对企业而言并不是完全具有正向作用，非正式组织是一把双刃剑，既有积极的一面也有消极的一面。非正式组织内部是一个复杂的人际关系网络，当非正式组织目标与正式组织目标不一致甚至产生冲突时，将会对正式组织目标的实现造成很大的阻碍。处于非正式组织中的成员可能会过于追求人际关系并利用隐性渠道获取信息和资源达成目的，长此以往会造成非正式成员的不公待遇。首先，企业家是一些以机敏的创造性的方法增加自己财富、权力和声望的人，然而却不能期望他们都会关心实现这些目标的某项活动在多大程度上对社会是有利的,甚至这项活动对社会有害也不在乎。非正式组织具有很强的内聚力,容易形成统一行为,既可以支持国家正式组织的政策和目标,也能抵制正式组织的政策和目标,使工作效率低下,使国家的制度不能顺利执行。李晓敏(2012)认为,企业家集群作为一个小团体,将会大大影响产业政策的走向,甚至可以通过寻租活动在所处行业中占据垄断地位。其次,由于企业家集群成员不仅仅有各行各业的企业家,也会有政界人士参与。有些企业家会通过集群这一平台,建立个人关系网络,也会与政府官员建立亲密关系,若企业家和政府官员不能严格遵守各自的岗位职责,发生越界、越权行为将会容易造成官商勾结,滋生腐败。另外,企业家集群在为组织成员带来大量信息和资源的同时也会消耗企业家大量的时间用来维持其社会关系,增加了企业家的时间成本。同时将会过于依赖企业家集群为自身带来的利益,而忽略了自身的努力。在从企业家集群获得资源和信息的同时,也会使一些企业家产生"搭便车"思想。过分关注"关系"带来的信息和资源,包括商业社会资本、政府社会资本和学术社会资本,积极获取商业社会资本有利于合作行为的产生,学术社会资本有利于识别和利用最新的科研技术,提高企业竞争力。与政府社会资本则会容易导致企业家寻租,对其他没有政府社会资本的企业则是不公平的。

第三节 企业家集群、社会互动与企业家成长的关系

一、企业家集群与企业家社会互动

积极的社会互动是企业家集群发展的必要条件,并维持企业家集群的稳定运行。主要表现在以下三个方面:

(一)同质性是企业家社会互动的前提

企业家集群成员在互动中要想获得别人的接纳和认同,确立成员资

格，需要在角色认知、价值观、专业技能、行为期望等方面经历长时间的随机检验。企业家社会互动是以集群成员对组织价值观、行为规则、共同目标的接纳和认可为前提的。同质性保证了企业家行为的一致性，共同的价值观指引着企业家行为向共同的目标奋斗，使组织成员愿意为了组织目标而努力。另外，在企业家集群内部，共同的兴趣爱好、地域文化、生活经历、价值观等容易拉近企业家彼此之间的距离，在互动过程中减少不必要的障碍。企业家基于情感需求和工具性需求有加入某类企业家集群的动机与需求，但是企业家集群有相应的进入机制，需要对想要加入的企业家进行严格的考核，符合标准才可加入。这是基于社会交换理论而言，企业家集群成员并不希望自己一直是付出者而不是索取者。企业家之间的互动需要以平等交换为前提，才能形成良性循环。同质性不仅仅是指企业家的兴趣爱好、同行业、同地区、同学校、共同价值观等基本背景信息，还需要企业家具备等量的资源信息、财富基础，这样才能有效实现企业家的互惠互助。

（二）信任是企业家社会互动的基础

企业家集群成员只有在信任的基础上，才愿意把自身拥有的信息和资源与集群中其他成员进行交换。企业家集群的信任有两种基础：能力和感情。基于能力的信任是指，企业家集群成员在输出自身的资源和信息之后，相信会在未来的某一时间同样也会得到其他成员同等的甚至更多的有效信息和资源。企业家集群成员的能力大多处在相同的层级，不同的是每个人所拥有的资源不同，因而可以相互补充、相互学习。基于情感的信任是成员之间因为有着共同的经历回忆、兴趣爱好等建立起稳固的关系，容易产生更多的信任，这种感情不会轻易被破坏，而是更加长久。

企业家集群的主要功能之一是能够为集群中企业家提供更多的信任保障，从而有效地抑制企业间的机会主义行为。在企业家集群内部的文化软约束将会对实行机会主义行为人进行更多的惩罚，付出更大的代价。如声誉、信誉的损毁或缺失等都会对集群成员造成无法挽回的损失。集群内的其他成员将不再愿意与之进行互动交流和合作。因此，企业家集群成员为了在集群内形成良好口碑和信誉，自动遵守企业家集群的行为规范。在此基础上，企业家的互动行为才能有效展开，进而降低交易成本。

（三）多样化的互动形式增加了企业家集群的活力

企业家集群的文化规范为企业家社会互动创造了良好的前提和基础，与此同时，企业家集群的稳定运行必须依靠企业家不断的互动、交流与沟通。集群中的企业家常常以一种十分放松的状态畅所欲言，其互动形式可以是论坛、讲座、访问、公益等正式互动，也有举办年会、宴会、酒会、茶话会、时尚活动等非正式互动。这些正式或非正式的互动都有助于增强企业家集群的活力。

处于集群中的企业家来自于各个领域，如政界、商业、学术界，为企业家提供不同类型的资源，形成资源互补，尤其是稀缺资源。在现代社会中，企业家若占有了稀缺资源，往往就占据了竞争优势的制高点。这些稀缺资源可以分为三种：知识性资源、运营性资源、政策性资源。其中知识性资源主要包括显性知识和隐性知识。企业家集群作为一个非正式组织正是隐性知识传播的优质渠道。运营性资源主要包括物质资源、资金资源、技术资源、市场资源、组织资源。政策性资源主要包括获准注册登记、融资便利、政府补贴、政策扶持、政府行政与法律资源。政策性资源往往归功于集群中有政府工作经历或有政府职务的人员所提供。组织成员的多样性有利于企业家获取更多的资源，满足企业家获取更高的成就，通过共同交流激发企业家的创造性，进行自我完善。企业家成员在企业家集群的交流活动中彼此之间建立深厚的友谊，收获一定的社会资本。当企业家集群成员发现企业家互动有利于企业家信息、人脉和资源的获取时便有了进一步互动的需求。由于组织成员来自不同行业、不同领域，企业家互动的过程中能够听取多方建议，同时企业家自我价值也能得到实现，形成活跃的氛围，增加了企业家集群的活力。

总之，企业家集群为企业家之间社会互动提供了有利条件，社会互动是知识、信息、资源传递和转移的有效渠道，尤其是隐性知识往往依赖于社会关系网络进行。隐性知识具有只可意会不可言传的特点，非正式组织是隐性知识转移的主要渠道。对企业家来说，企业家集群对隐性知识的生产和转移起着非常重要的作用，企业家集群的同质性和信任基础使集群成员愿意把所拥有的稀缺资源和信息传递给圈内成员。

二、企业家社会互动与企业家成长

在企业家集群中，企业家积极的社会互动为企业家提供了所需的各种资源，促进了企业家成长。可以从以下三个方面进行阐述：

（一）情感型社会互动激发了企业家成长动力

企业家集群的活动主要有正式活动和非正式的娱乐类活动。茶话会、读书会、打高尔夫等非正式活动可以使企业家暂时忘掉利益纷争、卸下厚重铠甲以及忘掉背负的责任，以一种更加放松的心情交流互动。做游戏等娱乐互动也是企业家减轻压力的一种方式。学习能力是指企业家获取知识和总结经验的能力，如主动地学习，针对自己的特长和不足深入学习、快速地吸收新知识，持续更新自己的知识结构。企业家在一种轻松愉快的氛围中交流更加有利于隐性知识的传播，更容易激发企业家创新的灵感。企业家是企业的主要决策者，要承受比一般人更多的压力，必须时刻保持清醒的头脑和良好的状态，随时发现有利于企业发展的机会和做出最好的决策。彼此相似的创业经历、在企业中遇到的类似问题、社会施加的压力等都能引起企业家之间的情感共鸣，是企业家相互倾诉、减轻压力的有效渠道。企业家集群不仅是企业家情感倾诉的空间，得到集群成员的安慰和鼓励将激发他们成长的动力，他们将变得更有信心攻克难关，做出更大的成就，与集群内其他企业家形成团结合作，提高彼此的竞争力，共同进步。

另外，企业家之间建立的信任也往往来自于不经意间的娱乐活动。企业家集群成员以一种更加放松的心情交流和相互了解，增进感情和友谊，更加有助于建立彼此的信任体系，也为企业以后的发展或不时之需降低交易成本和监督成本。企业家加入知名企业家集群也代表了企业家一定的身份和地位，和一群优秀的人在一起交流、学习、探讨，将使企业家因学习不同行业的知识而开阔眼界，与企业家集群成员共谋发展，形成更大的格局。在非正式软约束的条件下提高自身的修养，也会使家庭变得更加和谐，结交更多志同道合的朋友，增加自己的成就感和提高声誉。处于企业高层的企业家，物质追求对他们已经不再那么重要，更多的是精神追求，与有思想的、优秀的人在一起将成为他们进一步成长的动力。企业家所处的集群内其他成员的水平越高，就会形成同群效应，自己也会受到某方面的正向影响，最终变得越来越好。

（二）工具型社会互动扩展了企业家成长资源

信息时代要求企业家必须实时掌握市场环境动态，增加信息的获取渠道。企业家集群成员来自不同的行业领域，可成为企业家获取信息的重要渠道。企业家集群获取信息的方式主要通过企业家社会互动实现，其广泛的社会互动内容增加了企业家知识和信息的获取面积。进入企业家集群的成员以信任为基础，借助企业家集群平台，通过企业家活动相互交换信息或提供资源。企业家集群中的信息不同于一般信息，具有广泛性、精确性和前沿性。信息的广泛性是因为企业家集群成员来源于不同的领域和不同的行业，成员的广泛性则意味着信息的广泛性，企业家充分吸收不同行业信息并进行整合，进而增加企业家创新的机会。信息的精确性是因为进入企业家集群具有一定的入会规则，通过一定的邀请制、实名制和推荐制才能进入，是一批有素质的企业家人群，如很多来自行业的领袖人物、专家学者以及具有一定政府职位的人员，他们往往会带来最前沿的、最新的政策信息或市场信息，并能够提高信息的准确性；企业家集群成员为维护好与成员之间的关系会花费较大的时间和精力，付出成本较高，一旦出现成员造谣或者故意传播错误信息，将会付出极大的代价。所以企业家集群中的信息会相对比较准确。企业家集群也为企业家提供了良好的交流空间和平台。

混合型社会互动是集情感与利益一起的社会互动。企业家之间的社会互动有时候并不是纯粹的情感互动或者和工具型互动，而是一种复杂的混合型社会互动。企业家集群会定期举办各种各样的活动，如茶话会、高尔夫比赛等娱乐活动，还会定期举办论坛、讲座等探讨企业发展等活动，或建立企业家集群成员的微信群等多种形式供企业家分享、交流经营心得和相关经验，满足企业家成长所需的产品信息、国际信息、政策信息等。企业家要想提高自己的决策能力，必须依靠充分、有效、高质量的信息才能做出准确的决策。基于相互信任的企业家集群是企业家获取信息的重要来源。再加上集群成员主要来自商业领袖、顶尖学术专家教授、甚至是知名外交家，不同领域的成员将为企业家提供更加丰富成长资源。

（三）社会互动频率提高了企业家成长机会

企业家能够从社会互动中获取各种信息和资源，互动频率越高越有助于企业家快速掌握环境的动态变化并及时对企业战略决策做出调整。企业家具有较好的学习能力和领悟能力，并善于捕捉信息，善于把各种资源进行整合配置。企业家在社会互动的过程中能够集思广益，集群成员依靠团队效应进行创新，大大提高了企业家成长的机会。企业家之间看似随意的交流，除了情感表达外，更多的仍是探讨与企业发展有关的问题，在相互交流的过程中释放更多的信息，从而发现合作机会实现资源配置创新。企业家互动时通过交流新的想法，或诉说在企业管理中遇到的问题，可以获得其他成员的建议，学习其他成员的成功经验。企业家社会互动频率越高，越有助于加深彼此了解、增进信任，并愿意分享更多的资源和信息，有利于发现合作的机会。就企业家个人来讲，一个企业家不仅只加入一个企业家集群，还会有多个不同的企业家集群，加入的企业家集群越多，企业家社会互动就越多，企业家社会关系网络也会越大，获取的资源越丰富，企业家成长机会越多。

三、企业家集群与企业家成长

企业家成长离不开企业家集群为其提供的良好环境和平台，主要表现在文化环境和资源环境两个方面。

（一）文化环境指引着企业家成长的方向

文化具有导向作用，影响着组织成员的行为规范和价值取向。一个优秀的文化环境将鼓励企业家集群成员遵循市场行为规范,积极响应国家号召和政策,激发企业家创新活力,推动企业家创新合作,鼓励企业家要敢于冒险、不断创新,从而增强企业竞争力,增强国家经济实力。企业家集群聚集了一批富有企业家精神的高素质人才,其良好的文化氛围有利于推动企业家创新的灵感,在积极的社会互动的作用下加速了资金与项目的对接速度,开拓了企业家合作的新模式和新路径。企业家成长不仅仅是指创业企业家的成长,已获得企业成功的企业家也需要不断成长并学习新知识才能紧跟时代步伐,实现基业长青,提高自身声誉。在企业家集群中导师型企业家可以为青年型企业家的创业活动提供指导建议,甚至提供资金、人才、技术等支持。青年型企业家可为导师型企业家带来活力,为导师型企业家提供新的思路。总之,导师型企业家可以提高自身的名誉和地位,实现自我价值,青年型企业家可以利用导师型企业家的经验和资源获得显性和隐性知识,有效避免创业过程中的风险。在企业家集群的环境下,优秀的成员素质和能力吸引力企业家活动的意愿。来自多行业多领域的政治社会资本、商业社会资本、学术社会资本等创造了企业家成长的机会,提高了企业家能力。这一切资源的获取和机会的增加都是在企业家集群为其提供的良好文化环境中实现的,指引着企业家成长的方向。

(二) 资源环境丰富了企业家成长的燃料

成长资源是指企业家个体从事企业家活动所需的人力、物力、财力和信息资源。企业家集群可以为企业家提供人力资源、资金资源和信息资源。一方面,企业家知识的获取需要有效的外部知识源,外部知识源的密度和易获取性对企业家的学习绩效而言是至关重要的,这一点在企业家集群中能够很好实现。从知识的密度来说,企业家集群是一个纵横交错、相对庞大的网络,每位企业家都可以从中获取大量的政策、技术、商业等最新的知识和信息,这是在圈外企业家无法获得的知识源。另一方面,企业家社会资本大多从企业家社会关系网络中获得,并在信誉和规范的约束引导下获取现实和潜在的资源。企业家之间相互交流知识以及合作的过程中都会产生企业家社会资本。企业家集群是介于情感和利益之间的特殊的非正式组织，其独特的集群文化有利于企业家之间社会资本的形成和增值。优质的企业家集群不仅能使企业家社会资本获得量的积累，更有质的提高。企业家之间经常性的正式或非正式交流加强了企业家之间的信任与合作，最终形成一种良性循环。企业家集群为企业家成长提供了一个信息覆盖面广、互动频率高的现实网络组织平台。在该网络组织中，丰富的创业经历、前沿的创新技术和知识、有效的互动为企业家成长提供了优质的环境，促进了企业家成长。因此，企业家集群为其提供的资源丰富了企业家成长的燃料。

四、三者的关系模型构建

从分结构关系上说，企业家集群是通过企业家社会互动运行的。集群中的企业家是一个个独立的个体，并且拥有不同类型的信息、资源、知识、经验等，只有通过企业家之间的沟通、交流等社会互动行为才能把游离于集群中的各种信息、资源有效结合在一起，为企业家所用。根据企业家集群特点，同质性打开了企业家社会互动的开端，不同的社会互动形式增强了企业家集群的活力，互动的类型和频率增加了彼此深入了解的机会，增加了信任。在企业家社会互动过程中，轻松愉快的互动氛围有助于在多种知识的整合下相互启发，企业家之间的思维碰撞易形成创新。基于互惠和信任，企业家愿意将更多的信息、知识和资源进行交换，扩大了企业家获取知识和资源的宽度和广度；而作为回馈，受助企业家也会将自身拥有的知识和资源传递给集群其他成员，最终形成一种互助、协同成长的机制环境。所以，在一定程度上是企业家之间的社会互动促进了企业家获取信息、资源和人脉，推动了企业家成长，企业家成长也积极推动了社会互动行为。

从总体结构上说，企业家社会互动与企业家成长都是在企业家集群所提供的环境和平台中运行和实现的。集群的凝聚力使企业家通过社会互动的形式传播信息和资源，大大提高了企业家成长的机会。优秀的企业家更有能力促成高效、活跃、质优的企业家社会互动行为,从而达到企业家获取情感型需求和工具型需求的目的。企业家集群有助于企业家之间形成互助、互惠的氛围,企业家成员在不断吸收集群中的有效信息和优质资源的同时,也会不断地将自身拥有的信息、资源、经验、知识等输出到企业家集群中。最终的结果是,在企业家集群的环境中以及企业家社会互动的作用下,通过信息、资源、知识、经验的不断输出和吸收,促进了企业家成长,形成企业家集群、企业家社会互动和企业家成长的良性循环。其关系模型如图1-1所示。

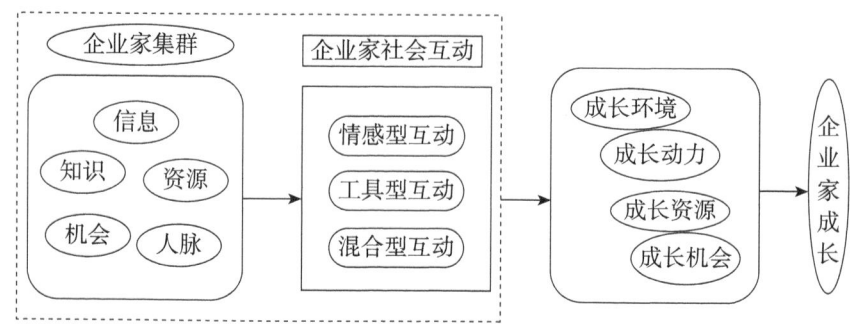

图1-1 三者之间的关系模型

第四节 案例研究

一、案例研究方法与案例选取

(一)案例研究方法

本章采用探索性案例研究,该方法最适于尚未被充分理解的现象,即案例研究能够清晰的解释"如何"和"为什么"的问题。首先,案例研究适合过程类和机理类问题的研究(Eisenhardt,1989),企业家集群和企业家成长是一个动态和发展的过程,所以适合采用案例研究法。其次,在现有文献中,对企业家集群的作用和影响机制并没有深入探析,也没有涉及,因此,需要采用探索性案例研究法(陈晓萍,2008)。最后,本章基于非正式组织理论，把企业家集群看成是一个非正式组织，从企业家集群组织整体视角研究其对企业家成长的问题，是对企业家成长问题的一个新的研究角度，案例研究有助于解释非正式组织为什么会对企业家成长产生影响，以及企业家集群如何作用于企业家成长，因此需要有一定的案例和数据作为支撑。选择某一案例对某一特定现象和问题进行深入描述和分析，有助于发现企业家集群现象与企业家成长之间的关系。

（二）案例选取

选取中国企业家俱乐部作为案例主要有以下几个方面的原因：

第一，企业家集群中的企业家大多属于有身份有地位的人，且处于企业高层岗位，时间和精力都比较有限，想要获得一手资料比较困难。而中国企业家俱乐部有属于自己的官方网站，企业家集群的活动信息会对外公开，有利于资料的收集。

第二，严格遵循案例典型性原则。中国企业家俱乐部符合企业家集群的典型特征，即中国企业家俱乐部是一个由知名企业家发起、会员影响力巨大、企业家成员来自不同的行业、不以营利为目的组织。俱乐部拥有柳传志、马云、马蔚华、郭广昌等企业家理事，吴敬琏、龙永图、许小年、钱颖一等知名经济学家和外交家顾问共65位成员。中国企业家俱乐部成员的创业背景、创业经历、创业成就、独特的管理思想等贡献对中国其他企业的影响力巨大，值得其他企业家集群学习借鉴。俱乐部企业家成员所领导的企业大多已成为行业的领先者。他们所领导的企业具备强大的发展动力。俱乐部企业家所经营的企业涉及互联网、金融投资、综合产业集团、制造、教育、交通运输、传媒、能源、房地产、食品等多个行业，是中国经济的重要组成部分。且中国企业家俱乐部起初是一个非正式组织，随着成员的壮大进一步发展成为一个非营利性的正式组织。

第三，中国企业家俱乐部良好的发展运行经验对其他企业家集群的管理和发展具有启发性和借鉴性。中国企业家俱乐部目前已成为中国最具有影响力的商业领袖组织，有自己的组织目标和使命：弘扬商业正气、推动企业家精神社会化、推动经济及社会的可持续发展。中国企家俱乐部的目的是增加企业家思想交流，促进成员之间互助合作，扩大商业可持续发展的途径，传播正气的商业理念。到目前为止，中国企业家俱乐部相继开展了国际访问、理事互访、中国绿公司、企业家高尔夫球队、慈善公益等企业家活动。其中，国际访问先后走访了美国、英国、法国、比利时、新加坡、澳大利亚、德国、意大利以及欧盟、联合国、加拿大等11个国家和地区。俱乐部的国际访问不仅推动了中国企业的国际化进程，更有效润滑了中国企业的国际环境，成为中国公共外交活动中一张醒目的名片。作为中国企业家俱乐部的核心活动——理事互访，由商界领袖组成的智囊团深入走进企业中为战略制定提供决策参考，促进了企业、行业、乃至商业生态的良性发展。到目前为止，每年由中国企业家俱乐部主办的中国绿公司年会在中国经济可持续发展领域中已成为最具影响力的商业论坛。每年超过1000名全球政界、商界、学界权威共同探讨实现经济可持续增长的相关议题，使商业可持续理念得以广泛的传播和践行。中国企业家高尔夫球队是一个以高端纯粹为核心定位、以高附加值为特色的球队，联队每年举办高品质的赛事，与此同时，对原企业进行互访增加合作。道农会是一个以企业家为中心的"商界春晚"，并成为中国精英群体社交、互助、分享和情感释放的平台。中国企业家俱乐部的公益慈善行动先后有小鸟计划、保护鲨鱼拒吃鱼翅、善水行动、树绿家园、赈灾行动等。中国企业家俱乐部所取得的成果和丰富的经验对其他企业家集群的发展和运行提供了良好的借鉴和启发。

基于以上三种原因，选取中国企业家俱乐部作为案例，有助于全面地探究企业家集群中企业家的社会互动行为与企业家成长之间的关系和影响机制。

二、数据收集

（一）案例数据收集的来源与收集方式

需要说明一点的是，由于企业家集群比较神秘，成员主要是行业领袖或知名企业家，他们时间和精力有限，在收集一手资料方面存在较大的困难，有些力不从心，所以本章以二手数据为主。苏敬勤（2013）认为二手数据具备一定的可靠性，从研究的规范性角度检验并对比了以一手数据为基础和以二手数据为基础的论文的规范性。

本章收集二手数据主要有以下几种方式：①中国企业家俱乐部官方网站和官方微信；②通过百度、谷歌等搜索引擎，以"中国企业家俱乐部"为主题词进行检索；③通过知网、万方数据库以"中国企业家俱乐部"为关键词进行检索；④到中国企业家俱乐部成员的个人微博里面搜索相关信息；⑤有关企业集群的知名杂志和报纸；⑥有关俱乐部成员企业家传记的书籍中对中国企业家俱乐部的相关描述。最终对收集的资料分为两种，即相关视频资料和文字资料，从中截取有效片段、挖掘有效信息。

本章的资料来源于六个渠道，遵循了"证据三角"法则，多渠道的信息资料有助于研究的相互补充和交叉，形成了三角验证，提高了本研究的信度和效度，使得本研究的结论更具有说服力和准确性。在案例资料的收集整理过程中，由于不同来源的资料内容存在差异，很可能存在第一作者错误或者描述不清的情况，为了尽可能保证资料的真实性，采取以下两个原则：一是以中国企业家俱乐部官方网站的报道优先原则，这是因为官方网站大多是企业家社会互动的主办方，对活动的内容、形式和目的最为了解，最具有权威性；二是遵循"求同除异"的原则，即当不同来源的资料对同一案例的事实描述不同，又无中国企业家俱乐部官网资料可查，无法判定哪一个来源的资料是真实的，则删除有差异的资料内容。

（二）案例描述

1. 俱乐部组织背景

中国企业家俱乐部（CEC）是企业家集群中的一种典型代表，成立于2006年，是中国颇具影响力的商业领袖组织，由政界、商界、学术界31位商业领袖、经济学家和外交家发起成立。中国企业家俱乐部有自己的使命和目的。在企业家俱乐部成立之前，组织成员较少，没有正式的规则和章程，是一个非正式组织。随着组织成员的壮大和其他成员的需求增多，该组织于 2006 年成立为正式组织。中国企业家俱乐部中的企业家均是行业的佼佼者，每年创造 4 万亿元的销售额，间接创造了 3200 万个就业岗位，1570 亿元的纳税总额，现已成为中国经济的重要部分，对中国经济发展影响力巨大。中国企业家俱乐部是为企业家自己服务的平台，主要在于为企业家提供思想交流的平台以及合作互助的渠道。中国企业家俱乐部的服务对象有两种：一种是为企业家服务，如国际访问活动、理事互访活动、中国企业家高尔夫球队、道农会等；另一种是对企业的服务，如中国绿公司年会、中国绿公司联盟商务考察、中国绿公司联盟圆桌会、中国绿公司联盟国际交流等。

2. 俱乐部成员背景

为了研究企业家集群对企业家成长的影响，本章从三个方面多个渠道进行数据资料收集，主要包括中国企业家俱乐部成员个人信息，俱乐部主要活动类型信息以及俱乐部活动中有关企业家成长的主要内容信息。部分数据整理如表 1 - 1 所示。

表 1 - 1　中国企业家俱乐部部分成员背景信息

姓名	年龄	学历	企业职务	社会职务
马云	54	本科	阿里巴巴集团董事局主席	TNC 中国理事会主席、联合国助理秘书长等多个社会职务
马蔚华	69	博士	招商银行原行长	中国金融学常务理事、兼职教授等
刘永好	67	本科	新希望集团董事长、中国民生银行副董事长	人大代表、曾任全国政协常委、中华全国工商联副主席等
郭广昌	51	硕士	复星集团董事长	第十届全国人大代表、浙商总会副会长等
刘东华	55	硕士	正和岛创始人兼首席架构师	学习型中国促进会主席、品牌中国产业联盟执行主席等

3. 俱乐部活动背景

在中国企业家俱乐部内部有为企业家提供的各种各样的企业家社会互动，有以企业家为主体的社会互动和以企业为主体的互动。其中，以企业家为主体的社会互动整理，如表 1-2 所示。

表 1-2 以企业家为主体的社会互动

互动类型	活动名称	活动简介
混合型互动	理事互访	自 2007 年起，俱乐部每年选择 3~4 家企业进行参访，理事成员以圆桌会、研讨会、学术讲座的形式与被参访企业交流企业经营、管理理念，共同分析行业前景，或为企业存在的问题寻找解决方案。其目的是相互促进和学习中创建优秀企业，推动中国的企业家精神社会化、推动商业正气
工具型互动	国际访问	自 2011 年起，由企业家俱乐部理事组成团队到国外进行参观访问，以便为中国商业民间外交建立一个有效渠道。到目前为止，已经先后访问了美国、英国、法国、比利时、新加坡、澳大利亚、德国、意大利以及加拿大等多个国家
情感型互动	高尔夫球队	该球队由中国企业家俱乐部于 2007 年 5 月发起成立，是一个具有高端性、纯粹性的企业家球队，是一个以球载道、球会友的球队。球队每年举办 8~10 次高品质的赛事，并通过主题沙龙、对原企业访问体现出互动、合作的附加价值，为企业家带来身心兼具的独特体验
情感型互动	道农会	自 2009 年起，每年岁末在北京举行的跨界领袖年度聚会。该年会以实名制定向邀请 200 位政治、商业、学术、文体等各界影响力人士出席，以"看不见的顶层，看得见的格调"为特色，被誉为"大象们的聚会"和"商界春晚"；致力于打造中国的名士精神，推动中国主流人群精神气质，成为中国精英群体社交、互助、分享和情感释放的平台
情感型互动	公益慈善	该活动是由企业家发起的爱心行动，企业家通过拍摄公益广告、做客公益节目等形式亲身宣传并努力践行。俱乐部理事先后在环境保护、自然灾害、医疗健康、救助扶贫等方面解囊相助，以群体行动承担重要社会责任，以推动中国企业家群体公益慈善事业

中国企业家俱乐部不仅积极推行企业家与企业家之间的互动，还以论坛、考察访问等活动方式积极构建企业与企业的交流平台。中国绿公司联盟（简称"绿盟"）自2013年起由中国企业家俱乐部发起成立，也是中国企业家俱乐部的重要活动。绿盟主要是把二代的力量或者高速成长的中小公司聚集在一起，为中小企业的发展建立一个保持商业可持续发展的价值分享平台。该类活动主要通过年度论坛、企业交互学习和海外考察等方式为企业搭建交互学习的平台，目的在于促进商界精英深度交流互动，连接商业资源，助力于企业的健康发展和基业长青。该互动主要是以企业为主体的社会互动，资料整理如表1-3所示。

表1-3 以企业为主体的社会互动

互动类型	活动名称	活动简介
工具型互动	中国绿公司年会	2008年创立，每年4月22—24日举办一次，主要以民营企业家为参会群体，同时邀请政界要员、学术界权威、非政府组织（NGO）代表以及媒体人士近千名人员。该年会主要关注商业生态，探讨商业可持续发展问题，到目前为止，已经先后在北京、成都、青岛、武汉、济南、郑州等多个地区举办，现已成为中国经济可持续发展领域最具影响力的商业论坛
	绿盟商务考察	自2014年起每年一次的企业互动，致力于推动绿盟企业国际化进程的海外考察活动，与境外政界、商界、学术界等顶尖机构建立起长期、积极的交流通道
	绿盟国际交流	该活动是指不定期与国际政、商、学三界具有影响力人士的交流互动，主要以绿盟企业为服务对象，帮助盟员企业进行国际交流、开展国际业务
混合型互动	绿盟圆桌会	自2012年起每年至少对三家可持续性代表企业进行参访活动。主要通过参观、主题讲座、交流互动等形式深入剖析优秀企业领先的商业秘诀，为企业之间提供更多的智力资源和互动空间，搭建合作渠道，助力于企业的健康发展和基业长青

三、案例分析

（一）中国企业家俱乐部组织特点

1. 组织社会背景

中国企业家俱乐部成员主要是首批响应国家改革开放政策的创业人。他们创业的时间大概在20世纪八九十年代，90年代社会主义市场经济体制刚刚建立，尤其是90年代初期，邓小平南方视察也为企业家成长和发展奠定了坚实的基础和决心。当时企业家成长处于初级阶段，企业家角色意识逐渐形成，企业家人群中逐渐出现了一批有知识有文化的大学生青年，他们富有激情和创造力、充沛的精力，极强的进取精神。他们在改革开放发展一段时间后对经营管理企业有了专门化的经营理念，更加倾向于走职业化道路，注重自身职业素质的提高。但是，当时社会主义制度不健全，一切都是在摸索中前行，为企业家创业带来了不少阻力，企业家也在创业的过程中承受了很大的压力。市场不规范、融资难等都使企业家在成长过程中承担了较大的风险。随着企业在社会主义市场经济中慢慢站稳脚跟，企业家有多余的空闲思考和总结创业以来的感悟、未来企业发展的空间，于是便会寻求其他渠道或倾诉、或寻求资源与信息。另外，基于中国的传统社交文化，企业家集群由简单的几个人进行饭局上的非正式交流互动，逐渐的增加到十几个人、几十个人，最后成立一个为企业家服务的正式组织，即中国企业家俱乐部。

正如非正式组织理论所指出的那样，当非正式组织成员的人数逐渐增多，达到一定规模的时候，非正式组织也能够转化成正式组织。中国企业家俱乐部的前身是一批联系紧密的企业家，他们之间以茶话会、饭局等形式随意的交流，随着交流次数的增多，交流话题的深度增加，企业家之间有了更多的诉求，形成了正式组织的雏形，因而在2006年正式成立中国企业家俱乐部。

2. 组织文化

中国注重关系和社交的集群文化，企业家也不例外，企业家也需要有自己的社交圈。柳传志、马蔚华、马云等人都是在改革开放的浪潮中获得成功的一批企业家，相似的身份、相似的创业背景、相同的社会环境和共同面对的国家法律政策等使他们有了更多的共同话题。或交流自己的创业心得，或讨论国家的宏观经济形式，或倾诉自己创业的艰辛。随着时间的推移，交流的次数增多、频率增加，加深了彼此的了解，增强了相互的信任。

（二）中国企业家俱乐部成员特点

通过对中国企业家俱乐部成员主要简历信息的数据收集和整理，可以发现中国企业家俱乐部成员具有以下几种特点：

第一，从俱乐部成员年龄分布来看，50~60岁之间的有20人，60~70岁之间的有26人，50岁以下的有9人。大多数企业家年龄在50~70岁之间，有4名成员年龄已经超过70岁，如柳传志、龙永图、艾丰和吴敬琏。还有几位50岁以下的较年轻的企业家，如双全集团董事局主席、普祥健康集团董事长、神玉艺术馆的馆长王伟斌和链家集团董事长左晖均出生于1971年，均为47岁。最小年龄的企业家有45岁，如中信产业投资基金管理有限公司董事长兼首席执行官刘乐飞，在2011年被"财富"选为"亚洲最具影响力商业领袖"之一。

第二，从俱乐部成员的学历分布来看，大多数企业家至少是本科学历，部分成员是硕士学历，还有部分成员已获得博士学位，并有海外留学经历。如马蔚华先生在西南财经大学获得经济学博士学位，还获得美国加州大学荣誉博士学位。

第三，除去非企业家成员，他们都是企业集团董事长，有丰富的工作经历。如信中利资本集团创始人、董事长汪潮涌先生拥有华中科技大学工程学学位、清华大学硕士学位以及罗格斯商学院MBA学位。拥有30年的国际国内投资经验，曾先后任职于美国摩根大通银行、美国标准普尔、摩根士丹利、国家开发银行。并于1999年，创建信中利。

第四，大多数企业家担任多种社会职务，包括政府相关职务，学校社会职务，商业协会社会职务，国际社会职务。部分企业家还有政府工作经历，如汇源果汁集团有限公司董事长朱新礼先生担任中国饮料工业协会副理事长，同时也是南开大学、中国农业大学、中国农业科学院客座教授、兼职导师。朱新礼先生曾获全国五一劳动奖章、全国劳动模范、中国首届优秀创业企业家、全国关爱员工优秀民营企业家、中国饮料工业杰出贡献奖等殊荣。

第五，企业家大多数具有公益慈善记录，在承担社会责任方面具有良好口碑。如蒙牛集团创始人牛根生在2004年年底携家人发起成立的老牛基金会，到2016年年底，老牛基金会已经累计开展了198个公益慈善项目，遍及中国30个省（自治区、直辖市）以及美国、加拿大、法国、尼泊尔和非洲部分等国家地区，公益支出达11.38亿元。

第六，从企业家所在行业特点来看，他们分别来自互联网、金融、地产、能源、投资、钢铁、IT科技、健康医疗、数码科技、农牧食品、餐饮、旅游、时装、造纸等多个行业。这些企业家都在不同的行业领域取得了很大成就，所带领的企业处于行业领先地位，并且，企业家所领导的企业多数为综合性集团公司，规模较大。

（三）中国企业家俱乐部社会互动特点

中国企业家俱乐部的社会互动主体有两类：一类是以企业家为主体的社会互动，如国际访问、理事互访、道农会、中国企业家高尔夫球队、公益慈善活动；另一类是以企业为主体的社会互动，如中国绿公司年会、中国绿公司联盟商务考察、中国绿公司联盟国际交流以及绿公司联盟圆桌会。企业家社会互动的目的在于促进企业家思想交流，为企业家互助合作提供优质资源，同时也是企业家提供归属感，进行情感交流的最优平台，也为中国企业开展国际合作拓展渠道。传播商业正气的商业理念是中国企业家俱乐部社会互动的一贯宗旨。因此，企业家社会互动可以分为情感型社会互动、工具型社会互动、混合型社会互动。

1. 情感型社会互动

道农会是企业家的商界春晚，自2009年开始每年年底在北京举行，以实名制定向邀请200位政治、商业、学术、文体等各界影响力人士出席，以"看不见的顶层，看得见的格调"为特色，被誉为"大象们的聚会"和"商界春晚"。致力于打造中国的名士精神，推动中国主流人群精神气质，成为中国精英群体社交、互助、分享和情感释放的平台。活动每年都会有一个不同的主题，而且活泼有趣，如2009年的主题"我们的纯真年代"，2010年"道梦空间"，2013年"勇敢的心"，2017年"匠心正好"，2018年"花开在眼前"。道农会另一个特点是企业家亲自操刀上阵表演，风趣幽默，感人至深。例如2017年马云以诸葛亮的扮相，表演了一段京剧。雷军、任志强、冯仑、左晖穿上民族服饰出演古乐《中国龙》。柳传志分享了他载入家庭史册的一次讲话——《幸福标配》，他说，希望儿子不仅做一个正直的人，还要做一个懂得融通的人。他希望幸福能够传递到每个家庭成员的心中，并表白了现场的所有观众，使大家都感受到了那份相亲相爱的喜悦。

中国企业家高尔夫球队是一个高端的、由极具影响力的成功企业家组成的球队，也是一个纯粹的企业家球队。该活动主要以球载道、以球会友，每年举办次数较多，到2017年为止已经举办了100场球赛。为企业家带来身心兼具的独特体验，有利于加深企业家之间的情感和深入了解。如2017年4月25日在郑州举办的"建业杯"中国企业家高尔夫球队月例赛中，企业家评价道：月例赛是中企球队内部赛事活动，修炼内功的同时也会通过趣味性赛制增强队员凝聚力、参与性及趣味性。除了有助于加深企业家之间的情感和加强企业家交流合作的活动之外，中国企业家俱乐部还积极推动中国企业家群体公益慈善事业。俱乐部理事相继对自然灾害、环境保护、疾病、贫困等方面施以援手，以实际行动承担起相应的社会责任。如企业家在百忙之中拍摄绿色公益广告，积极通过新闻媒体进行宣传。汶川地震中积极向灾区进行捐款。成立"善水行动""绿树家园，悦然天地"等公益项目，中国企业家高尔夫球队还启动"小鸟计划"，对贫困家庭的孩子进行一对一捐助，为其提供教育帮助。

2. 工具型社会互动

在国际访问中，中国企业家俱乐部代表团已经走访了美国、英国、法国、比利时、新加坡、澳大利亚、德国、意大利、加拿大等多个国家。以早餐会、访问、参观、宴会、论坛等方式，与多国领导人、商业领袖进行访问、交谈，并与部分国家企业建立了合作关系，也为两国贸易和友谊做出了重要贡献。俱乐部每去一个国家，基本都会和该国首脑见面，比如在2014年访问新加坡、澳大利亚时，李显龙总理和阿博特总理都接见了该代表团。这个见面不仅是礼节性的握手、合影，而是都会有超过1个小时的座谈会。国际互访的目的主要有三个：①学习国外先进的制度文化和商业传统；②展现中国民营企业家群体良好形象，传递中国商界的真实声音；③发现并促成新的商业合作机会。

中国企业家俱乐部不仅积极推行企业家与企业家之间的活动，还以论坛、考察访问等活动方式积极构建企业与企业的交流平台。中国绿盟活动是为企业服务的、以推动商业竞争力为目的的价值分享平台，主要包括中国绿公司年会、中国绿盟商务考察、中国绿盟圆桌会、中国绿盟国际交流。中国绿公司年会是中国企业家俱乐部最重要最隆重的会议。自2008年开始，每年4月22—24日举办一次，已先后在北京、成都、青岛、武汉、郑州等9个地方举办。年会主要会聚商界精英、政界要员、学术权威以及NGO组织代表参加，是一个公开的以探讨商业可持续发展为目的的大型论坛。中国绿盟商务考察是每年进行一次的海外考察活动，先后在中国台湾地区、以色列、瑞典和日本进行考察访问，主要目的在于加速盟企的国际化进程。中国绿盟圆桌会类似于企业家理事互访活动，自2012年开始先后走访了可口可乐、施耐德、宝马、阿里钉钉等17家企业，为企业提供更多的学习机会和互动空间。中国绿盟国际交流主要是与国际政界、商界、学术界的交流活动，如2013年与芬兰商务代表团交流会、参加伦敦市长晚宴、与法国商务代表团午餐会；2015年与奥朗德总统早餐会、与戴高乐基金早餐会、罗斯柴尔德男爵分享家族传承经验等。

3. 混合型社会互动

始于2007年的中国企业家理事互访活动是为俱乐部理事成员举办的活动，主要以理事成员为主，部分邀请一些优秀专家学者进行参访和提议。主要目的是通过理事互访，为企业家交流企业经营、管理理念提供更多的机会和便利。从第一站走访万科开始，到2017年为止，十年间先后走访了共37家理事企业，平均每年走访3~4家企业。理事互访主要通过参观被访企业，了解参访企业的发展历程，学习参访企业的成功经验，亲身体验参访企业的工艺流程和企业文化。同时还及时为参访企业的管理、战略、技术等方面的问题出谋划策。总之，通过理事企业之间的走访，交流企业经营、管理理念，揭面纱、照镜子，把脉问诊，共享进步，在相互促进和学习中创建优秀企业。在企业家进行理事互访的活动中，也为企业家合作提供了机会，如第35站的理事互访活动中，俱乐部理事走进清华控股集团，并在众多理事的见证下，清华控股有限公司分别与远东控股集团有限公司和信中利资本集团举行了签约仪式。

四、案例发现

通过对中国企业家俱乐部组织特点、组织成员的特点以及组织活动内容与特点的分析，发现中国企业家俱乐部社会互动通过以下几种方式作用于企业家成长。

（一）成长环境

从中国企业家俱乐部组织特点来看，该俱乐部以弘扬商业正气、推动企业家精神社会化、推动经济及社会的可持续发展为机构使命，为企业家精神的发扬奠定了雄厚的文化基础。中国企业家俱乐部以增加企业家思想交流、促进俱乐部成员之间互助合作、推动商业可持续发展的途径、传播正气的商业理念为目的，为企业家成长创造了良好的成长环境。

中国企业家俱乐部关注的不仅仅是企业家创造的物质财富、就业、IPO市值等，他们认为企业家的人文情怀、理想、企业家精神才是真正导致商业成功最根本的原因,才是企业家过去近40年来为中国经济发展做出贡献背后的软实力。在此基础上,制定企业家加入俱乐部的入会标准,即具备软实力和硬实力以及全体理事成员的一致认可才可入会。中国企业家俱乐部不仅规定企业家所在企业的数量指标,如企业销售额、规模、行业排名等,还要衡量企业家素质、企业家精神、企业家价值观等质量指标,最后还要通过全体成员的一致认可才能成为其中一员。这一入会制度保证了俱乐部成员可以享受其他成员带来的高质量的信息和回报,也有利于组织目标的达成,加强企业家国际化舞台的团队力量。另外,所有人都喜欢并重视甚至偏爱一种交换——"公平交换"。如果想要加入俱乐部的企业家所拥有的能力或者资源不能与其他成员水平相当,就有可能变成资源"索取方",做不到公平交换,最终会失去俱乐部的平衡。企业家对企业经营理念的认可,才便于建立有效的信任和规范的市场机制。企业家有一定的公益慈善记录可以保证企业家能够履行相应的企业社会责任,更有助于企业实现可持续发展。总之,俱乐部严格的入会规则,保证了俱乐部成员的优质资源,维护了组织的公平交换原则,确保了企业家获取社会资本的质量。

(二) 成长动力

优秀的企业家群体更能激发企业家成长的意识,激发企业家成长动力,主要体现在以下几个方面:

1. 情感倾诉

在俱乐部的活动里,他们很感性的一面是外界看不到的,大家在餐桌上聊得很嗨,可以互相开玩笑,一起唱歌、做游戏。他们可以吐槽,可以排遣孤独和压力。企业家可能会比别人承受更多压力,但他们排遣的渠道不是很多,他们在跟家庭、团队、合作伙伴在一起时,都要带着一些责任。而企业家们在一起有更多共同语言,而且有很多人成了志同道合的朋友。这个群体有两个最大特点:一是非常有智慧,心胸和视野超乎常人;二是他们非常努力,每天的工作节奏也快得超乎常人。外界看他们可能有很多光环,但他们也承受着很大的压力和风险。企业家集群为企业家们提供良好的压力释放的空间和排遣渠道。企业家集群为企业家创造一种轻松愉快的氛围，使企业家能够暂时放下责任，暂时不用在乎外界言论，自由畅谈、倾诉等，把自己内心不为人知的一面展现出来。企业家成长的过程有时候是孤独的，企业家集群为企业家塑造的良好成长氛围和环境，为企业家提供成长过程中的依靠和情感慰藉。企业家艰苦奋斗的精神、不屈不挠的坚毅品格、超乎常人的心胸和视野等智慧也在企业家之间相互影响，相互鼓励和安慰，成为企业家成长的强大动力。2018年的道农会以"时间里的光"为主体，真诚的互动，浓厚的情感联谊使道农会越来越洋溢着浓浓温情。在理事互访的活动中，企业家还能亲身体验清华控股集团为其提高的"你快乐么"高科技幸福指数检测，还收到下属公司同方知网一份既用心又高级的见面礼。

2. 成就认可

企业家作为企业的领袖人物，已然得到企业员工对其能力认可，但同时也希望得到跟自己同样水平的人或者比自己能力更好的更优秀的人的认可和赞美。企业家集群是一个由知名企业家集群组成的群体，这也是企业家积极加入企业家集群的动力之一。在中国企业家俱乐部第15站对远东的理事互访中，蒋锡培的人生传奇、创业感悟和管理思考，给理事们带来不小的震撼，并对远东的"精益生产"管理、企业文化、社会责任担当和公益活动产生了深刻的印象。蒋锡培对理事们的到访表示了由衷的感谢，也表示为了这份荣誉、信任和责任，要好好地干下去，将远东打造成世界第一的电缆制造企业。又如2017年柳传志、马蔚华被授励"意大利之星指挥官勋章"，以表彰两位在中意交流中做出的突出贡献。马云在接替柳传志担任中国企业家俱乐部主席时表示：自己未必做得好这件事情，但最重要的是让大家信任，因为信任所以简单，"按照我的路走，把这个事尽心尽力为大家服务好"。

3. 能力提升

优秀的组织使命和任务为企业家成长创造了良好的成长环境，同时也成了企业家实现企业可持续发展、践行社会责任的动力。国际间、企业间的访问交流激发着企业家成长的学习动机,渴望具有更好的国际视野,深入了解国际信息,为企业家做出更好的国际战略决策做准备。对企业家来说,加入企业家集群,形成一个组织或团队,可以达成个人无法达到的目标。一方面,通过与国外政界的沟通,会更好地了解彼此的诉求,大大提高了两国之间企业合作的机会;另一方面,得到国外领导人的接见,能够增加企业家的荣誉感。俞敏洪在法比之行的国际访问中表示:利益是解决任何问题的根本,但更重要的是现在世界的繁荣,离不开互相之间的合作和帮助。中国企业家俱乐部秘书长程虹说道:民营企业家最需要的是公平和平稳的市场环境,需要社会的了解和尊重,俱乐部成员在俱乐部主要收获了兄弟情义、商业情怀和更多因聚合带来的自信。

(三) 成长资源

1. 人才资源

从中国企业家俱乐部成员特点来看,俱乐部主要由柳传志、马云、马蔚华等商业领袖,许小年、张维迎、钱颖一等经济学家以及龙永图等外交家组成,为企业家社会资本的获得提供了优质资源。俱乐部成员大多具有高学历,其渊博的知识和丰富的经验可以为其他企业家提供优质的成长资源。企业家不仅是企业集团董事长,还担任多个社会职务、活动于多个企业家集群,将会为集群成员带来不同领域的信息。在俱乐部中企业家所经营的企业涉及互联网、金融投资、综合产业集团、制造、教育、交通运输、传媒、能源、房地产、食品等多个行业,有利于企业家获取企业家社会资本,实现企业跨行业合作,实现资源的充分利用。不同类型的企业家社会资本增加了企业家的成长资源,拓宽了企业家获取信息的广度和宽度。

在理事互访活动中,企业家之间彼此分享创新经验、发展战略、管理经验、全球化治理、人工智能、投资策略、品牌规划等,为企业家学习提供了更多的机会。对施助企业家来说,一方面,可以利用自己拥有的经验,帮助受助企业家,以此实现自我价值;另一方面,还可以为自身积累潜在的企业家社会资本,在将来企业遇到危机、需要帮助的时候,可以从已经积累的社会资本中快速得到响应和帮助,从而增强自身抗风险的能力。

2. 信息资源

通过理事互访、国际访问等企业家社会互动,有助于企业家及时了解最新的行业、政策、国际形势,从而有助于企业家获得成长的信息资源。从企业家社会互动的频率上看,互动越频繁越有助于加快信息的传播速率,有助于企业家及时了解行业、政策、国际形势等最新信息,并为企业家决策提供依据。在中国企业家俱乐部中的企业家社会互动中发现,企业家与企业家之间的正式交流每年有3~5次。这是因为企业家的时间和精力有限,虽然企业家作为企业的高层管理者,企业家个人有多个集群,进行各种各样的企业家活动,包括企业活动、社会活动、政治活动等。因此,中国企业家俱乐部为每个集群成员安排3~5次的活动机会供企业家自己选择,增加了企业家活动的弹性,既保证了企业家活动的数量,又提高了企业家获取信息的质量。

中国企业家俱乐部的活动形式主要有以商业交流为目的的正式互动和基于兴趣爱好等的娱乐类互动。道农会、中国企业家高尔夫球队等娱乐类互动加深了企业家情感。正式互动中如国际访问和理事互访等都为企业家成长带来了多方面的资源。马蔚华在访问英国后表示:中国企业家看到了在欧洲的机会,看到了在英国的机会,交流可能使我们加强认识,认识之后是合作,合作之后是共赢。

(四)成长机会

中国企业家俱乐部秘书长程虹说:"三四十位中国企业掌门人组成一个'我们',在国际上这种沟通能力以及吸引度是不一样的,如果单一一个企业家想去澳大利亚访问,阿博特总理见他的可能性不大。"对国家来说,也有利于两国邦交的友谊与和平发展。对企业家成长来说,企业家能够及时了解全球经济形势变化,并针对当前经济形势和政策做出最有利于企业发展的战略决策。另外,加入企业家集群,形成一个组织或团队,可以达成个人无法达到的目标。通过与国外政界的沟通,会更好地了解彼此的诉求,大大提高了两国之间企业合作的机会。对企业家来说,可以开阔眼界,进一步提升国际视野,深入了解国际信息,有利于企业家做出更好的有利于企业发展的决策。另外,得到国外领导人的接见,能够增加企业家的荣誉感。苗鸿冰在近距离接触了英国罗斯柴尔德勋爵之后感叹:"我真正感受到了贵族与众不同的一面,一是和平的言谈举止;二是智慧的商业和投资;三是始终强调和讲述家族的历史和故事;四是时时刻刻照顾到每个人的感受,让人倍感尊崇。"在企业家俱乐部到法国的访问中还能聆听达索集团董事长塞尔日·达索讲述传奇家族企业传承百年的秘密。由此可见,国际互访为企业家成长提供了开阔视野的机会。

在企业家国际互动中,与各国政企领导人的交谈访问有利于企业家国际视野的提升,也有更多的机会使企业与国际接轨、增强国际合作,提升中国企业的国际竞争力。如2017年以"推动中美经贸关系的稳定发展"的中美企业家峰会中,双方就当前的热点话题如能源、制造等方面展开讨论,最终达成合作共识。这是只有在企业家组成一个团队的情况下才能实现的。英国贸易投资总署首席执行官也表示:中国的创业精神和开拓精神,一定能建立中英两国之间的合作。刘东华也对联盟合作机会发表了自己看法:国际访问对民营企业有很大的推广和传播价值,只有在西方对中国民营企业有了更多基本了解之后,出去投资合作才更加顺畅。如在走进清华控股的理事互访活动中,因长期不断地了解,增进了友谊,结出了合作的果实,在众多理事的见证下,清华控股有限公司分别与远东控股集团有限公司和信中利资本集团举行了签约仪式。因此,可以认为企业家社会互动为企业家成长提供了联盟合作的机会。

综上,通过对中国企业家俱乐部案例数据的收集,在对俱乐部组织背景、组织成员背景和组织活动背景描述的基础上,主要分析了中国企业家俱乐部组织特点(如:组织社会背景、组织文化)、组织成员特点

（如：组织成员年龄分布、学历、企业职位、社会职务、公益慈善记录、所在行业特点）、组织社会互动特点（情感型社会互动、工具型社会互动、混合型社会互动）。通过对中国企业家俱乐部的分析发现，中国企业家俱乐部良好的组织使命和组织目标，以及俱乐部举办各种社会互动活动为企业家提供了良好的成长环境；在俱乐部中如道农会、中国企业家高尔夫球队等娱乐性的社会互动为企业家提供了情感倾诉的空间和平台，通过国际访问、理事互访等正式活动，使企业家成就得到进一步认可，通过企业家之间相互交流学习，企业家能力得到进一步提升；俱乐部成员有着较高的学历、丰富的工作经验、多行业的知识和技能为企业家提供了丰富的成长资源，如人才资源和信息资源；受助于企业家集群平台，通过国际访问、理事互访等情感型和工具型社会互动，使企业家有机会提高国际视野、学习优秀企业的经验、知晓未来行业变化和发展趋势，在相互了解的基础上达成重要合作。

第五节　研究结论与展望

一、研究结论

中国的传统文化使非正式组织普遍存在，非正式组织像一把"双刃剑"一样影响者正式组织的运行和发展，并对非正式组织成员产生了不同的影响。如果把国家比作一个企业，企业家集群就是存在于国家这个正式组织中的非正式组织，并将对中国企业、中国企业家、中国经济产生不可估量的影响。

文章通过对企业家集群和企业家成长的相关文献的综述和分析，提出了企业家集群与企业家成长的研究空白点，推断出企业家集群作用于企业家成长是通过企业家社会互动实现的。本章以非正式组织理论为基础，理论分析了企业家集群的产生机制，包括企业家集群的形成基础、企业家集群的发展条件和企业家集群的正负效应。在理论分析的基础上构建了企业家集群、企业家社会互动与企业家成长的关系模型。最后通过案例分析进一步验证了企业家集群通过作用于企业家社会互动对企业家成长的影响。基本结论如下：

第一，激发企业家积极加入企业家集群的原因主要分为三个层次：社会传统文化和经济发展等宏观社会环境，使企业家为了寻找更好的资源、拥有稳定健康的发展环境进行抱团取暖、形成联盟；又由于地理位置的相近性、教育经历和创业经历的相似性、价值观和兴趣爱好等的相似性为企业家集群的形成提供了良好的契机；企业家个人的社交需求以及企业家的责任等使企业家集群成为了一个带有情感和利益的复杂团体，这种团体是一种非正式组织。

第二，加入企业家集群的企业家因不同的情感和利益需求推动了企业家社会互动的积极性，本章把这些社会互动分为情感型社会互动、工具型社会互动和夹杂了情感与利益的混合型社会互动，这些互动形式从不同的方面影响着企业家成长；企业家社会互动善于集群成员聚集在一起通过相互鼓励、相互分享、相互帮助的方式释放企业家成长资源与信息；另外，不同的社会互动形式推动和维持着企业家集群的运行和发展，为企业家带来成长的动力、成长资源和成长机会。

第三，企业家一系列的社会互动活动以及企业家成长动力的来源、成长资源的获取、成长机会的提高都是在企业家集群为其提供的环境和平台中实现的。企业家集群的组织制度、组织文化、组织使命和目标为企业家提供了良好的成长环境，指引着企业家成长的方向；积极的社会互动也为企业家成长提供了丰富的资源，使企业家学习到更多的知识，同时也不断提升了企业家能力，为企业家解决资金、技术、管理、可持续发展等方面的难题，在企业家帮助其他企业家成长的同时自身也得到了更多企业家的认可，获得更好的口碑和荣誉。

总之，企业家成长以企业家集群为平台，通过企业家社会互动形式相互进行交流沟通、分享信息和资源，加深彼此的了解和信任，进行互助合作。成长后的企业家会进一步把自身的成功经验、信息和资源与他人分享，以团队的力量相互激励、彼此成长，提高企业合作机会，增强企业国际竞争力，实现企业可持续发展。成员之间形成一种相互分享、相互学习、相互帮助的融洽氛围，使企业家实现更高的自我价值追求。优秀的企业家集群吸引优秀的企业家，优秀的企业家推动着优秀的企业家集群的运行和发展，传播着企业家集群的正能量，形成良性循环，而这一切都是企业家社会互动过程中进行的。

二、研究展望

在研究方法上，本章主要采用案例研究法，选取中国企业家俱乐部为案例，具有企业家集群的典型性。通过对中国企业家俱乐部组织背景特点、组织成员特点以及组织社会互动的特点进行了分析，得出了企业家集群与企业家成长关系的结论。该研究方法侧重于企业家集群与企业家成长相关性的定性研究，缺乏对其定量研究，因此，在以后的研究中可以从定量研究方面对其进行拓展研究。另外中国企业家集群有不同的类型，中国企业家俱乐部只是中国企业家集群中的一种。因此，作为单案例研究企业家集群与企业家成长的关系具有一定的局限性。在今后的研究中可以把不同类型的企业家集群进行对比分析，研究不同类型的企业家集群对企业家成长的影响。

在研究方向上，企业家集群作为一个非正式组织有多重效应，除了对企业家成长的影响之外，还可以研究企业家集群对企业绩效的影响。另外，本章只关注了企业家集群的正向效应却忽略了企业家集群存在的负向效应。在今后的研究中可重点探讨企业家集群的负向效应，并为企业家集群的健康发展以及为合理利用企业家集群建言献策。

第二章　中国企业借壳上市

借壳上市对于希望进入资本市场融资的企业来说是一个重要途径，是资本重组的一种特殊形式。但是由于中国的国情所决定，中国房地产企业融资主要依赖于银行贷款，融资难严重制约了企业的进一步发展。让企业成功登陆资本市场，在资本市场获取持续稳定的融资成为众多企业的迫切愿望。在中国，由于政府对房地产企业的调控力度比较大，房地产公司进行 IPO 会受到诸多的限制，借壳上市便成为众多房企的首选方式。这些无疑为本章的研究提供了支持。

本章主要采用的是案例分析与描述性统计两种方法对房地产企业的借壳上市进行分析。本章结合房地产企业的特殊情况，分别从借壳上市的时间分布、地域分布与借壳模式等维度来分析房地产企业借壳上市的总体概貌。经过对相关数据的统计研究发现，2011 年之前是房地产企业借壳上市蓬勃发展的时期，2011 年之后，受国内外环境的影响，房地产企业的借壳上市逐渐进入了低迷期。中国房地产企业借壳上市现象多发生于经济发达省份，出现这种情况的主要原因则是这些地区受经济危机的冲击较大，企业对融资的愿望比较强烈，因此在某一省份扎堆出现借壳上市的情况。从借壳模式来看，中国房地产企业的借壳模式主要分为股份回购、定向增发与股权置换三种模式，在实际情况中则是以这三种模式的组合出现。本章在分析房地产企业借壳上市整体概貌的基础之上，选取华夏幸福借壳浙江 ST 国祥为案例，对华夏幸福借壳上市的动因、概貌等做了详尽的描述，对其借壳上市的绩效评价采用因子分析法。研究发现，由于借壳前期的资本投入与后续的资源整合，借壳上市对企业的短期绩效造成一定程度的下降，但是在中长期来看，华夏幸福的借壳上市对企业的绩效具有积极的影响。

基于以上分析，本章得出以下结论：房地产企业借壳上市要充分把握借壳时机，选择适合自己的借壳模式，借壳上市成功之后，要重点关注资产的整合问题与企业融资能力的创新，政府要为企业的发展培育良好的法制环境。

第一节　绪　论

一、研究背景

房地产企业是中国的支柱产业、国民经济的基础、国家财政收入的重要源泉，由于土地是不可再生的资源，房地产开发具有很大的社会性。但是考虑到住房对于居民是件民生工程，为了遏制房价的飞速上涨，中国政府从2009年起对房地产行业实施一系列的调控政策。由于房地产行业对资金的依赖性比较大，政府的调控使房地产的融资状况受到极大的影响。长久以来，中国房地产企业融资主要依赖于银行贷款，伴随着商业银行贷款风险的加剧，许多商业银行开始对房企实施限贷政策，因此房地产企业开始寻求上市作为新的融资渠道。与IPO相比，借壳上市是指非上市公司通过获得上市公司的控制权，并注入相关的资产实现对上市企业的进一步控制，进而实现顺利上市。

中国对企业上市实行比较严格的监管，房地产企业IPO的难度比较大。众多的房地产企业转而寻求借壳上市，并出现了大量的借壳上市的房地产企业。借壳上市在中国不是企业上市的主流模式，但作为比较成熟的资本运作方式，借壳上市并不会消亡。从2012—2013年，中国的A股市场经历了比较长的IPO暂停，沪深两市等待上市的企业近700多家之多。许多企业纷纷另辟蹊径，借壳上市便成为了急于上市企业的选择之一，资本市场的壳资源便受到广泛追捧。2013年11月，党的十八届三中全会吹响了注册制改革的号角，证监会对借壳上市的标准有所提高，且不能在创业板借壳上市。这些变化对于资本市场是重大的变革，

第二章 中国企业借壳上市

对于壳资源来说是重大的挑战。

借壳上市作为企业重组的特殊形式，不但可以为企业带来便利的融资渠道，而且可以使公司的价值得到市场化，为投资者带来巨大的财富效应。受财富效应的驱使，一些非上市企业在资本市场努力寻找壳资源达到资产证券化，一些处于退市的企业也努力寻找借壳方出售自己的上市资格进而进行资产重组，避免摘牌退市。因此在可预期的未来，壳资源在中国资本市场仍然具有一定的价值。

中国企业借壳上市已有十多年的历史，研究的范围主要涉及借壳上市动因、借壳模式与绩效。但是对于房地产企业借壳案例研究的比较少，为学术的研究提供了难得的机会。本章主要对中国的房地产企业借壳上市展开研究，并采用案例的方式讨论借壳上市的时机与绩效。笔者选择华夏幸福借壳 ST 国祥的案例，从借壳时机与动因分析了整个借壳过程的概貌，并采用因子分析法对企业借壳上市的绩效展开研究，并提出相关建议。

借壳上市相关理论与实际操作研究在国内外得到了很大程度的发展。国外研究主要集中于借壳的动因以及借壳后的资源整合；而在中国借壳上市作为一种能够快速上市的途径，尤其是在房地产行业，由于中国特殊国情所决定，国外的相关理论并不能很好地适应中国的具体国情。当前房地产企业借壳上市逐渐放缓，这就为相关理论突破创新提供了可能。因此，我们要在借鉴外国相关理论的基础上，结合中国的具体国情，积极推进相关理论的创新与发展。借壳上市作为中国企业 IPO 的一种有利补充，其根本目的是为了通过发行股票为企业的融资提供更为方便的途径，使企业得到更好发展，对借壳上市经济后果的研究成为了众多学者关注的领域。虽然中国当前在实施注册制改革，但相关配套设施的建设还需要一定的时间，这就使得中国的壳资源仍然具有一定的市场价值。在资本市场法律制度不断完善的今天，对房地产行业进行相关研究，对于发挥市场资源的配置作用具有积极的意义。

二、国内外研究综述

(一) 国外研究现状

借壳上市作为企业重组的特殊方式,西方国家很早对企业的借壳上市展开研究。

1. 国外对企业并购动因的理论研究

(1) 市场流动性驱动的并购。Harford(2005)认为某个行业的并购主要取决于本企业是否有充足的资本以及资本的流动性,在没有行业冲击的情况下,在宏观层面的流动性也能引起企业大规模的并购。Alexandridis(2012)实证分析了2003—2007年企业的并购浪潮,通过分析发现正是由于市场充裕的流动性驱动了资本市场上企业的并购。在流动性比较高的金融市场,意味着企业有大量的闲置资金或者企业融资相对比较容易,此时企业便选择并购等投资方式。

(2) 抢座位理论。Toxvaerd(2008)用动态抢占理论来解释企业并购的动因,在存在优质的并购标的的时候,必然会引起大量公司的抢购,发起并购的公司存在着两种选择:立即收购或者推迟并购,在推迟并购的情况下,发起并购的公司在未来可能有较多的收益,但是有可能被对手抢先一步,在信息完全的情况下,将会产生帕累托效应,并购随之发生。

(3) 行业冲击的影响。行业冲击认为宏观环境的变化将会引起企业并购的浪潮,Gort(1969)认为经济的震荡将会引起企业的大量并购。Mitchell and Mulherin(1996)从行业类别上分析企业的并购活动,发现在不同的行业类别中,并购的时机与发生率是完全不同的。Harford(2005)发现行业冲击不一定引发企业的并购,市场上企业能否出现大量的并购,很大程度上受到资本流动性的影响。

2. 国外学者对于借壳上市绩效的研究

(1) 基于并购经济后果的研究。对于并购经济后果研究方面,Andrade(2001)和Martynova and Renneboog(2008)通过实证研究发现企业的并购信息在正式公布披露之后,目标公司的股价与之前相比有较大幅度上涨。Keown and Pinkerton(1981)研究发现在并购信息发布之前,被并购企业的股价就已经有了显著增长,他们认为这种信息发布之前,并购信息就有可能提前一步被泄露了,并且是由于内部交易所致。Jensen and Ruback(1983)对他们的结论感到怀疑,他们的研究认为正式公告前的股价的调整可能是对已经公开的信息的无偏响应,即他们认为公告前股价的提前上涨是投资者对将要发生重组的预期。Schwert(1996)利用事件研究法实证分析了1975—1991年期间的1814个并购事件,发现并购后目标企业的股东都得到了比较高的累积平均非正常收益,累积平均非正常收益接近35%。Agrawal(1992)在实证研究并购时间后发现,被并购公司并购后的第一年、第二年或者三年内的累积平均非正常收益为负值,显然并购对于股东是不利的。Bhagat(2002)以1962—1997年发生在美国NYSE、AMEX和NASDAQ证券市场上的案例为研究样本,发现并购企业与被并购企业在事件宣告日前累积超常收益率为0.65%,宣告日后为29.3%。Sharma and Ho(2002)对发生在澳大利亚1986—1991年的36起并购事件为研究对象进行实证研究,对企业借壳前后6年之内的资产收益率、股东权益收益率与每股收益进行分析得出结论,在借壳上市之后,原借壳企业的财务指标出现了严重的下降。

(2)基于市场预期假说的研究。从市场预期假说分析,Jarrell and Poulsen(1989)通过实证得出结论,在企业重组公告发布前媒体对并购的新闻报道、并购与被并购公司对目标公司股权的买入与持有公告比例等变量对股价的上涨能够提供很好的解释。Pound and Zeckhauser(1990)通过研究在报纸上刊登的对于并购的新闻得出结论,在新闻报道后出现的传闻,股价并不会做出显著反应,但是在传闻出现之前,股价就出现了显著的上涨。该研究为市场的预期假说提供了一些证据,但对于内幕交易导致在公告前对股价上涨的作用也不能否认。Docking and Koch（2005）通过实证得出结论，利空传闻在牛市中会导致比较严重的股价下跌，但是利好传闻在牛市会导致股价比较高的上涨。Clarkson（2006）等对互联网企业收购中出现的传闻进行研究，发现重组公告前一天和公布的当天目标企业的超额收益显著是正的，特别是新闻公布之后的十分钟内，出现的交易量和超额收益显著都是正的。

（3）基于内幕交易假说的研究。在国外，支持内幕交易假说的文献比较多，在这方面的证据也是比较直接与充分的。Sanders and Zdanowicz（1991）发现，在内幕消息出现之前，股价并没有出现上涨，但是从内幕消息产生的时候，股价出现明显的上涨，等到媒体新闻出现，交易量便出现异常的增加。因此他们认为股价的异动是由于内幕消息所致。Heitzman And Klasa（2011）得到了同样的结论，他们收集美国成功并购样本，通过分析公司之间进行公开谈判的内容和发生时间，发现事件在正式公告日之前，属于典型的内幕消息。他们的研究发现，在谈判日，目标公司的股价超额回报达到0.18%，并且这两天的交易量、交易笔数与回报率都显著增加。他们的研究显著支持了内幕交易假说。

（二）国内研究现状

1. 中国的学者对借壳上市的理论研究

（1）基于借壳上市的理论研究。在相关理论研究方面，赵文昌（2001）对壳的形式以及壳资源等相关概念做了比较详细的解释与清晰的界定，并提出了一些前瞻性的结论。杨晓刚（2004）主要是从内涵、特征和动因、壳资源的选择、成本与收益的角度来分析借壳上市，指出中国当前借壳上市过程中存在的问题和发展趋势。马娆、刘力臻（2013）主要是从中国、美国及中国香港地区证券市场的监管制度方面做比较对借壳上市进行研究的，通过对三地的法律规章进行比较分析，总结三个地区对借壳上市的监管制度情况、差异特点以及产生的原因，对中国的借壳上市提出一些针对性的思路与建议。

（2）基于借壳上市的动因研究。与 IPO 相比，借壳上市有其存在的必然性，国内众多学者对借壳上市的相关动因进行研究。刘胜军（2001）认为企业的借壳上市表面上是对上市的替代或者上市公司的接管，但实质上是对资本市场资源的争夺。吴晓（2003）认为当前中国的退市制度并不太成熟，投机行为在中国借壳上市的过程中不时发生，通过借壳上市使企业达到资产的重组与产业的调整在中国当前的市场环境中难以实现。这些学者对借壳上市的态度较为消极。他们认为在不成熟的市场环境中，借壳上市是对资源的掠夺与侵占。张新（2002）认为，在中国资本市场成长的过程中，出现经营绩效较差的公司属于正常的现象，并购活动也随之产生，于是便产生了并购的协同效应，从而促进市场资源的优化配置。借壳方可以从借壳的过程中获得巨大的财富效应，与此同时也助于公司价值的提高。这两位学者对借壳上市的态度较为积极，同时也有助于上市公司的重生发展与资源的有效配置。任刚要（2009）认为企业借壳上市的动机主要有以下几方面组成：取得协同效应、获得投资收益以及获得证券市场的优越性等。黄文德则认为，为了提高企业的知名度，优化企业的治理结构，为了实现企业做大做强的目的，才迫使企业借壳上市。

2. 国内学者对借壳上市的实证研究

（1）壳资源估值与溢价研究。在对壳资源的溢价与估值方面，朱宝宪、朱朝华（2003）从并购双方的财务指标方面来进行分析，研究了在 1998—2000 年期间的并购事件，研究发现收购公司的负债比率与溢价水平呈现正相关关系，利润水平与溢价负相关，影响溢价的因素还包括每股收益、净资产收益率以及市盈率。游达明、彭伟（2004）通过对 2001—2003 年 A 股市场的壳资源研究，对壳资源的影响因素进行实证分析，发现资产负债率、转让比例、净资产收益率与壳资源的溢价是正相关关系，股权的集中度与每股净资产溢价水平负相关。朱峰、曾五一对中国 1997—2001 年发生的买壳行为进行实证研究得出结论：控股权交易的溢价水平与上市公司的交易比重、股本规模的大小与净资产负相关。

（2）基于产权性质的研究。根据中国的特殊国情，一些学者从产权性质方面对中国的壳资源来进行研究。郭葆春、邓美靓和李增泉（2015）通过对 2002—2014 年沪深两市 156 家借壳上市成功的企业作为样本进行实证研究，发现盈利能力较好，没有退市、独立董事所占比重较低，具有稳定的的治理层，较小规模资产以及杠杆比较多元的企业，容易被借壳并成功。他们发现民营公司会成为借壳的首选，并容易借壳成功。陈冬、范蕊与梁上坤（2016）以 A 股市场中的 247 起壳公司交易为样本，通过实证研究发现，壳资源地区保护程度越高，壳资源越有可能被本地区的公司借壳，并且壳公司被收购之后还有可能保持国有性质。地区保护程度越高，并购活动中现金支付的比例就越高。他们进一步研究发现，在不同的税种激励作用下，该地方的保护主义对壳公司的交易干预也存在着差异。孙晔、罗党伦（2011）对 2000—2006 年以地方上市中的国有企业被民营企业并购、控制权发生转移的公司作为研究样本，建立 Logit 回归模型，发现在国有上市壳公司转让过程中，地方政府倾向将财务状况较好，影响力比较大的国有企业转让给本地的民营企业，而将经营较差，影响力较弱的国有企业转让给外地的民营企业，在经济欠发达地区，地方政府比较倾向采取地方保护主义来维持本地区的经济。周黎安认为，随着中国经济的快速增长，地方政府官员为了自己职位的晋升而不断展开竞争，各级官员为了完成自己的政绩，会寻求各种方式争夺与保护本地区的优势资源，努力促进本地企业的改革与发展，让优势资源留在本地区。

（3）关于借壳上市绩效的研究。对于借壳上市绩效研究方面，国学者借鉴了西方学者运用的事件研究方法和财务指标研究方法对借壳绩效展开分析。朱保宪、王怡凯（2002）选取了主营业务收益率与资净收益率两个财务指标，对 1998 年沪深两市的借壳案例进行了分析，发现国有企业与民营企业作为收购方，他们借壳后的绩效相差并不大，样本公司被有偿转让的绩效比无偿划拨的好。张新（2003）运用会计指标研究法分析了中国的并购事件，分析了并购前后各三年并购双方的财务指标，得出的研究结果发现并购使得被并购企业的财务状况有所改善，但是对于主并企业来说，财务绩效与股东的收益都产生了负面的影响。施东晖利用事件研究方法（2002）实证研究了 1999—2000 年发生的并购重组上市公司的市场绩效情况，发现在公告日前后平均异常收益得到异常上升，累积平均异常收益率在公告前是震荡上涨的，并且在发布公告的第二天后便达到了最大值，之后又出现了下降的趋势。李佩晨（2010）以 2006—2009 年深沪两市发生的所有借壳上市的公司为研究样本，发现借壳上市公告信息对市场产生正效应，并且出现提前反应现象。

（三）文献评述

从当前的研究文献来看，国外的研究学者对借壳上市的研究主要是从市场预期假说和内幕交易假说对借壳上市来展开研究的，通过对并购之后目标公司的股价异动来判断是否存在并购信息的泄露与内幕交易的存在，是否存在内幕人故意将公司并购前的信息泄露给新闻媒体来提高自己的股价。国内学者对借壳上市的研究主要是从并购过程中是否存在内幕交易、内幕交易的价格发现作用以及发生机制来展开研究的。还有部分国内学者通过构建一些理论模型对内幕交易做理论探索，对中国企业并购的内幕交易来进行甄别与预测。国内的学者对借壳上市尚未建立完整的理论体系。在金融危机之后，尤其是最近两年，中国的经济环境出现了新的变化，因此需要我们对不断出现的新情况进行研究，来完善和不断更新现有的理论成果。因此本章通过新时期下对华夏幸福借壳上市的过程展开研究，对华夏幸福借壳的经济后果进行剖析，为中国房地产企业并购提供参考与借鉴，并为后续的研究提供一些理论支撑。

三、研究内容

第一节绪论，阐述了本章的研究背景与意义，国内外的研究现状，研究的内容和方法以及创新点。

第二节借壳上市理论，对借壳上市的相关理论基础与概念界定进行归纳与总结。

第三节房地产企业借壳上市，对中国房地产企业借壳上市的动因进行了分析，对房地产企业借壳上市动因的研究主要从宏观环境的限制、借壳方动因与让壳方动因三个维度进行探讨。

第四节房地产企业借壳上市现状，对中国当前房地产企业借壳上市的现状进行描述性统计与分析，对中国房地产企业借壳上市的时间分布、地域分布与模式进行了梳理。

第五节案例分析，以华夏幸福借壳浙江ST国祥作为研究案例，对华夏幸福借壳ST国祥的概况、动因与模式进行了探讨，并采用因子分析法对借壳前后的绩效进行对比分析。

第六节结论建议，对本研究进行总结，提出展望与不足。

四、研究方法与路线图

1. 案例研究法

通过搜集详尽的资料分析华夏幸福借壳ST国祥的交易背景、动因以及整个流程，重点分析了借壳前后的绩效变化。

2. 文献研究法

查阅大量的文献，搜集与企业借壳上市的相关文献，对文献进行综合整理与分析，在全面了解有关企业并购的相关文献之后，选出了本章的研究问题，整理出了本章的研究框架。

3. 因子分析法

在对企业绩效的研究方面，通过选用因子分析法，对企业借壳上市前后的绩效展开分析。

4. 技术路线图（见图 2-1）

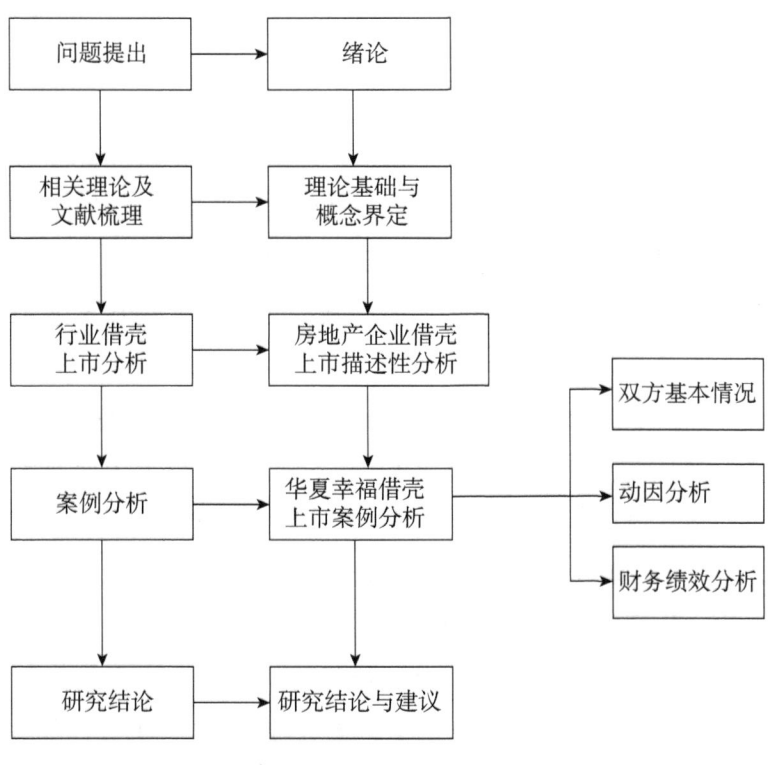

图 2-1 技术路线图

五、研究的创新点

在当前的研究中，还没有学者对房地产企业借壳上市的整体状况进行系统化的分析与研究。本章通过对房地产企业中借壳上市公司的归纳，分析了房地产企业借壳上市的整体概貌，同时选取华夏幸福借壳ST国祥为研究个案，对整个案例中涉及借壳的动因与绩效进行了剖析，全方位地阐述了房地产企业借壳上市的动因及绩效情况，为具有类似情况的公司提供借鉴与参考。

第二节 借壳上市理论

一、相关概念界定

（一）壳与壳公司

国内外学者将壳公司主要分为空壳公司、净壳公司与实壳公司。空壳公司主要是指在经营过程中遇到了重大困难，主营业务出现萎缩或者停业，公司的发展前景比较暗淡，虽然股票还在流通但股价出现严重下跌并且没有停止的迹象，或者股票已经停牌并且终止交易的上市公司。空壳公司的出现是由一系列复杂因素综合形成的，空壳公司多是由实壳公司转化而来的。出现空壳公司主要是因为公司产品处于衰退期，公司属于夕阳企业并且转型失败；在新产品开发上，产品定位较为模糊，导致经营失败；产品成本较高导致缺乏竞争力等，从而转变成为空壳公司。净壳公司主要是指资产负债率较低或没有负债，企业没有涉及法律纠纷、遵循上市交易规则并且没有遗留资产的空壳公司。净壳公司的形成主要是由于空壳公司的大股东在无法重组公司的情况下，通过解散员工、清理债务、出售资产等一系列操作，最终只保持公司的上市资格。净壳公司的形成还可能是由于投资银行和一些投资顾问专门搜寻空壳公司，避开一些质量较差的空壳公司，并对一些空壳公司进行净壳处理。实壳公司主要是指还存留上市资格，规模较小或者经营不善、股价比较低的公司。实壳公司在资本市场比较常见，规模较小，企业业绩比较差、流通股较少，股价较低的公司都有可能成为实壳公司。

从中国的资本市场发展历程来看，壳的存在是由特定的制度基础而决定，离开了制度安排，壳资源便失去了其存在的基础。在中国资本市场形成的过程中，股票发行制度也经历了从审批制到核准制的转变，在这个过程中，仍然摆脱不了行政权力的干预。股票的发行需要实施严格的审批机制，地方政府将企业的上市资格与额度作为一种稀有资源，分配给政府优先扶持的企业或者经营困难的国有企业。在 IPO 门槛较高、融资渠道狭窄的情况下，急于上市的企业不断增多，从而导致了壳资源的稀缺性与壳资源价值的提高。

从中国的退市制度来看，上市公司的上市资格便成为了一种特殊的资源，西方国家普遍建立有成熟的退市制度，中国相关的法律法规虽然对公司的暂停上市与停止上市做出了相关规定，但在实际操作方面缺乏有效的实施机制，导致中国的退市机制严重缺位，企业的上市行为几乎是"终身制"。在中国的上市公司中，国有股占有绝对控股地位，因此希望上市的企业便采取各种手段打通行政部门，采取违规的方式使企业上市。在高昂的成本面前，众多企业便寻求资本市场中的"壳公司"，对他们进行收购或者借壳上市，因此对壳公司便有了市场需求。

（二）借壳上市

借壳上市是指渴求上市的公司通过收购或者资产置换等方式获得上市公司的控制权，通过上市公司发行股票来获得融资。企业通过上市可以在资本市场获取较为方便的融资渠道，实现公司的飞速发展。一些上市国企在股份改制的过程中改制不彻底，导致经营管理不善，企业的业绩不尽如人意，失去了在资本市场筹集资金的能力，充分利用其上市资格，就要对其进行资产重组，借壳上市就是企业重组的一种特殊形式。

（三）借壳上市的基本流程

1. 准备阶段

对于借壳双方来说，并购要根据本企业的战略发展方向，充分考虑企业的长远利益，企业并购的重要出发点之一就是增强企业的竞争力。在正确的战略引导下，借壳上市在起步阶段就能顺利的步入正轨，最终为顺利实现上市打好基础。准备阶段是整个流程的起点阶段，在该阶段主要的工作就是信息的收集、处理和加工的过程，对交易目标的确定至关重要。

2. 交易阶段

在确定交易对象之后，就进入了实际的操作阶段，整个的收购过程重点在于获得壳企业的控制权。壳资源按发行的对象不同，分为普通股、法人股与国有股，考虑到股本结构的复杂程度与成本以及收购的难易程度不同，交易的首要步骤就是确定所要购买的股票的种类。在制订收购计划以后，借壳方就要根据收购计划制定收购步骤与谈判策略了。

3. 业务整合阶段

在收购完成以后，主并公司就成为上市公司的第一大股东了，但是在股权较为分散的情况下，借壳方虽然拥有大多数股权，但是仍然存在争夺控制权的情形，在这种情况下就要继续增持从而达到绝对控股或者与其他的股东相互沟通，平衡各方面的利益，达成广泛的共识。在改组完董事会以后，就要按照借壳前的重组计划对原上市公司的运营管理、经营方向以及公司章程做出相应的调整，为并购双方交接做好准备。在借壳上市的过程中，要处理好并购双方经营管理方式与企业文化的对接，只注重硬件设备的对接，而没有实现企业文化的整合，不仅不能充分发挥借壳的协同效应，还会影响公司的经营效益。

4. 处理好遗留问题

借壳上市并不是一个简单的过程，它涉及众多利益相关方，成功借壳之后还要处理原上市公司的遗留问题，例如债务处理、职工安排与不良资产的处置，该步骤应该与前面三个环节同步进行，如果处理不好将会影响企业的发展。

（四）并购绩效概念的界定

随着中国资本市场并购活动的蓬勃发展，并购绩效的概念也随之同步发展。当前学术界认为企业的发展与并购活动有着密不可分的关系，企业在资本市场的一系列运作都是在追求企业价值的最大化。企业的并购绩效是企业的并购活动所产生的经济效果。有关企业的并购绩效的内容包括两个方面的内容：并购的效率与并购的业绩（见图2-2）。国内外研究学者通常用股东财富来衡量企业的并购业绩,对于并购效率的评价标准,则是由并购结果对并购绩效产生的效果程度。

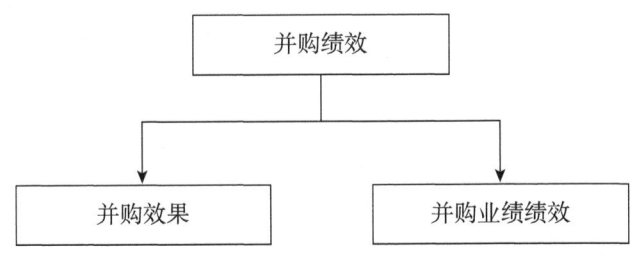

图 2-2 企业并购绩效构成图

并购绩效可以分为宏观与微观方面的绩效。宏观绩效主要是指企业的一系列的并购行为所能产生的效益,反应的是企业的资源配置能力,体现的是企业在并购之后对企业的升级与调整影响;微观方面的绩效主要是指从企业角度出发,企业的并购行为对其所产生的影响,例如财务指标的改善、主营业务的扩张以及产品的升级等。

二、与借壳上市相关的并购重组理论

(一) 寻租理论

寻租理论起源于塔洛克(1967)的一篇学术论文,但是作为真正的理论却是由克鲁格(1974)提出来的。詹姆斯·布坎南(James. Buchanan, Jr.)主要是从寻租产生的条件、层次、政治分配等方面进行探讨的。布坎南对寻租的内涵进行了界定,在市场经济活动中,人们通过竞争来为自己谋取利益,这种寻利思想对于某些人是有利可图的,但是在特定的制度环境中,寻租活动对于一些人的经济利益是一种损害。寻租是由于市场竞争的存在或者市场准入门槛过高而形成。寻租往往与政府的干预活动有关,在政府干预下,企业家发现寻利比较困难,于是便转而寻租,取得一些额外收益。

由于中国的特殊国情所决定,企业如果上市要经过证监会的严格核准与审批,这就使得企业的上市资格成为一种稀缺的资源,政府对企业

IPO 的某种限制便导致了企业的寻租行为，因此借壳上市在一定程度上有了寻租的性质。企业在市场活动中获得的租金一般分为两部分：首先是在资本市场实现发售股票；其次便是实现高价配股。借壳上市往往寻求第二部分的租。上市公司与非上市公司具有比较大的优势，就是容易获得资本市场的融资。上市企业股票在二级市场价格要高于其价值，因此这部分额外收益便形成了租金，企业在借壳成功后会继续配股，会给借壳方带来租金的收益。中国当前的监管部门对新发股票实行严格的额度控制与审批制，导致壳资源的价格比较高。没有发行配额资格的公司便通过寻租获取额度或者通过买壳上市在二级市场获得额度。企业在通过借壳上市实现上市目的之后，会努力达到上市要求，提高新股发行价格，然后在二级市场转让股份弥补寻租带来的成本，获取高额的回报。

（二）企业并购绩效相关理论

1. 协同效应理论

协同效应简单地说就是"1+1>2"的效应，赫尔曼·哈肯在1971年提出了协同的概念，并在1976年系统地论述了协同理论。伊戈尔·安索夫将协同的理念引入了企业的管理之中。并购的协同理论主要由经营协同效应、管理协同效应与财务协同效应三部分组成。经营协同效应认为，企业间的并购行为可以降低成本或者提高收益，实现规模效应。同业间的相互借壳，当借壳之后企业的生产规模便会扩大，单位成本下降，从而提高企业的经营效益；如果两家企业属于产业链的上下游，借壳企业并购下游或上游的被借壳企业，外部交易成本便会转化为企业内部交易成本，提高经营效率，有利于企业整体效益的提高。管理协同效应认为，管理效率较高的企业通过并购管理效率较低的企业，可以充分利用自己的闲置资源。被借壳的企业通常是那些管理水平较差、经营效率比较低的企业，被优质的非上市公司借壳之后，借壳企业通过将自己的优质资产注入被借壳企业，有利于促进整个企业的运营效率与管理效率的提高。借壳的财务协同效应主要体现在，企业在并购之后，通过将低成本资金投资于高收益的项目上，借壳企业将本企业的优质资产注入被借壳公司中，有利于合理利用资金，提高了资金的使用效率。如果借壳企业是跨行业借壳上市，出于对融资成本的考虑，也有可能是为了进入新的领域，能够分散企业的投资风险，降低企业整体的运营风险。借壳上市会帮助借壳企业进入贸易壁垒较为高的领域，降低了交易的成本，给企业带来多方面的财务收益。

企业的并购协同受到微观与宏观两方面的影响。宏观因素包括经济环境与相关的政策法规等，这些属于外部因素；微观因素包括并购方式、并购金额与并购后的整合等。借壳上市的过程中，借壳上市计划、规模、价格与支付手段等都会影响企业并购之后的协同效应。

2. 信息信号理论

信息信号理论认为企业间的并购信息将会推动市场对公司的价值重新做出评估。首先，目标公司在得到并购的消息之后，将会努力提高经营业绩和管理的效率，这将会增加公司的市场价值；其次，市场将会对并购信息中公司市场价值被严重低估的信息中，对公司的价值重新进行评估，进一步推动公司的股价上涨。信息信号理论建立在双方信息不对称的基础上，借壳的一方作为企业的内部人比外界的投资者拥有更多的关于壳公司的内部信息，当企业做出借壳的决定时，此时就意味着壳公司的市场价值被严重低估了，此时发起收购对于借壳方是有利可图的。当并购消息向市场传递之后，将会被视为一个重要的信号，投资者认为该企业股票的价值可能被严重低估了，此时壳公司无论采取何种措施并且并购是否成功，都会推动壳公司股价上涨，使壳公司的市场价值得到提高。企业发动借壳，将会向资本市场传递公司资产的规模、质量与经营状况发生根本性的改变，公司的持续经营能力将会继续增强，从而促进上市壳公司的股价不断上涨，并给企业的内部与外部的投资者带来积极的财富效应。

3. 委托—代理理论

现代意义上的委托—代理理论是由罗斯提出来的，委托—代理理论论证了企业的代理方与委托方之间的关系，委托—代理问题产生于企业的两权分离，公司所有者的目标是为了实现公司价值最大化，但是企业管理者目标是为了实现个人利益的最大化，这种冲突与矛盾最终产生了一系列的成本，例如代理成本等。

当前中国的资本市场还处于不发达阶段，存在着诸多问题，机构投资者所占比例较小，许多上市公司存在着内部控制人等现象，代理问题十分突出，许多的 ST 公司陷入经营危机，在一定程度上是由于股东与经理人的冲突，所以产生道德风险或者经理人不作为的问题，等到问题出现的时候，ST 公司已经深陷于经营危机。解决企业的委托—代理问题，降低企业的代理成本有两种途径，控制权市场是解决委托—代理问题有效的外部监督机制，控制权的存在使得企业的股价变化对管理层的决策产生某种程度的影响，如果公司的股价在比较低迷的时候，管理者会迫于压力暂时放弃个人利益，转而寻求公司的整体利益，降低企业的代理成本。在对企业进行重组的时候，也伴随着实际控制权与内部管理权的转移，形成了对企业管理层约束，使得股东的目标与管理层的目标更为接近。收购是降低代理成本的外部监管机制，当公司在面临收购的时候，企业经营者将会面对被解雇的风险，这种风险会使企业的管理者努力改善公司的绩效。借壳上市在本质上是企业之间的收购，在一定程度上能够缓解所有者与经营者之间的冲突，降低企业的代理成本，提高上市企业的绩效。

第三节　房地产企业借壳上市

一、外部动因分析

（一）宏观环境的限制

当前中国监管机构对企业 IPO 实施的是核准制，IPO 要满足如下几个条件：①打算上市的企业要改制成为符合国家相关规定的股份制公司；②需要经过证监会一年的上市辅导期并且验收合格；③拟上市的公司必须符合相关法律法规的规定；④需证监会受理上市公司申报文件，并且经过审核委员会的通过。企业收到发行通知的相关批文后，还要通过证券交易所设定的系统之后，才能正式IPO。完成上述条件要花费大量的时间、精力与财力，但是如果想比较容易的IPO还远非如此，监管机构对IPO的核查要求是比较高的，不仅对财务指标有严格的标准，对企业的合规经营与公司的治理结构要求也比较严格。由于中国的特殊的制度背景，借壳上市便成为众多急于寻求上市的企业的选择，IPO与借壳上市比较如下：

通过表2-1的对比可知，借壳上市和IPO相关的监管制度对于股东及其发行人在财务与会计、主体资格等方面的要求存在一定的差异。从实际操作来看，上述的差异是企业借壳上市的重要原因。

表2-1　IPO与借壳上市对比

对比项目	IPO	借壳上市
会计指标	1. 最近三个会计年度的净利润均为正数且累计超过人民币3000万元 2. 最近三个会计年度经营活动产生的现金流量净额累计为5000万元或者三个会计年度营业收入累计为3亿元 3. 发行前的总股本不低于3000万元 4. 最近一期期末的无形资产占净资产比例不高于20% 5. 最近一期期末不存在未弥补亏损	对财务指标没有具体的要求，但是要求企业重组有利于改善上市公司财务状况，并且增强企业持续的盈利能力，不存在使上市公司重组之后没有具体的经营业务或者主要的资产为现金的情况。在实际的情况中，因为审批主管部门不同，借壳上市没有IPO严格的标准
缴纳的费用	只需要缴纳中介费用，有时还会涉及利润的调整，补缴一定的税费	除缴纳中介费用之外，还需要缴纳资产置换和卖壳的费用

续表

对比项目	IPO	借壳上市
流程的耗时	打算上市的企业的经营期必须满足三年以上，从保荐人到最后最终的审核上市，程序复杂，周期长，存在暂停风险	对企业的经营期没有具体的要求，新成立的公司可以借壳上市，周期不超过一年，基本上不会受资本市场行情影响导致暂停审核
股份锁定	首次IPO股东所持有的股份锁定期一般为一年，但实际控制人、作为战略投资者的股东和控股股东的股份锁定为36个月	借壳上市之后上市企业的控股股东对于认购的股份的资产拥有持续权益的时间不足12个月，在36个月内不得转让，其余的对象在12个月内不得转让
涉及的主体	涉及的主体相对而言比较简单，主要是投资者和发行人，上市企业承担的法律与财务风险比较小	牵涉到的主体比较多，收购企业、被收购企业、上市公司、债权人以及公司雇员等

（二）竞争的需要

改革开放以来，中国的房地产企业面临着国内外激烈的市场竞争。中国的企业与国外企业相比，在服务、产品、管理、资金等方面存在着巨大的差距，中国的企业面临着前所未有的压力，从而迫使中国企业不得不增强自身的资本实力，提升自己的竞争力。企业IPO，向社会公众募集资金，是企业重要的融资渠道之一。在资本市场获得融资是企业发展壮大和获得规模效益的重要途径，房地产企业要想在短时间内迅速增强自身实力，则需要快速的登录资本市场进行融资。借壳上市不仅能增强企业的自身实力，拓宽企业的融资渠道，并且能够提高企业的管理效率，改善企业的治理结构。

（三）地方政府的干预

在中国经济快速发展过程中，政府在其中扮演了重要的角色。这与中国政府独特的激励方式有关，为了追求晋升，地方政府会寻求一切方式去完成自己的政绩，争夺和保护自己所管辖地区的优势资源。随着竞争的不断加剧，政府会对企业进行改制或者重组，努力促进新企业的发展。当前中国经济发展迅速,上市公司数量也不断增多。但是由于上市资格的稀缺性,希望上市的公司转而通过借壳达到上市的目的。近些年来,一些国有公司由于经营不善等原因,面临着融资困难甚至退市的困境。为了实现管辖地区利益最大化,政府出于"保壳保配"的目的,甩开财政包袱,主动出让地方企业的控制权。地方企业控制权的转让实际上是一种资源的再分配。为晋升而竞争的地方政府为了完成自己的政绩,会用尽一切可能的手段争夺优势资源。但是地方政府在转让企业的控制权时,经营业绩好,资产规模大的壳资源会留在本地区,业绩差,规模小的壳资源,由于存在着多方面的问题,如果转移给本地区企业,有可能拖累本地区的优质公司,于是在这种情况下,地方政府会趁着行情较好的形势下,对于这些壳公司会卖个好价钱,从而甩掉财政包袱。

二、借壳方动因分析

(一)借壳上市相对 IPO 简单

大部分壳公司经营业绩相对较差,但是由于壳资源的稀缺性,从而在资本市场具有一定的市场价值。中国资本市场上壳资源价值较高主要是因为:一是中国政府对一些上市企业给予很高的税收等优惠条件;二是中国企业的上市是由政府主导的核准制,对于企业的上市资格审查的比较严格,对于一些急于上市的企业而言,难度比较大。因此一些企业通过借壳上市这种曲线救国的方法达到上市的目的。在某些情况下,中国企业的资产由于身份的特殊性,对于国外的投资者来说具有特殊的价值。国外投资者青睐某些国有企业的不良资产,主要是因为企业的国有或政府的背景,为他们开展对华业务提供了方便。国外投资机构通过收购这些壳公司,与中国的政府建立起了关系,也促进了当地的经济发展。中国由于一些国有企业改制较早且这些公司属于技术密集型行业,这些企业的设备与资产具有较好的比较优势。因为这些壳公司改革不彻底,但是他们拥有的厂房与设备等价值比较高的资产,对于打算进入这些行业的企业来说极具价值。

企业借完壳之后，壳资源原有的各种资源可以加以整合并加以利用。对于借壳的公司来说，通过借壳可以节省大量的成本，并能够扩大经营。当借壳方想要从事壳公司原来的业务时，可以获得壳公司原来的渠道、客户与品牌专利以及技术，为维持原来的客户和增加客户的黏性提供了良好的平台。

（二）扩大公众影响和品牌效应

对于一家企业来说，获得上市资格意味着该公司经营业绩良好，企业内部管理机制较好并且发展前景比较广阔。公众也比较看好公司的发展。在资本市场上，当流传某公司要借壳上市或者资本重组时，该公司的股价就会出现大幅度的波动，被借壳公司即使股价比较低，股价也会迅速上涨。由此可见，借壳方通过向被借壳方注入优质资产时，优秀的管理团队将会接手被借壳方，市场机构对公司有比较好的投资预期，当借壳的消息被得到宣传时，利好消息将支撑公司股价上涨。企业上市之后，通过引入先进的管理机制，可以为企业的员工提供良好的发展前景，并为员工提供良好的现金激励和股权激励，对吸引更为优秀的员工加入也有积极意义。

（三）上市公司可以在资本市场进行直接融资

中国当前的企业仍然倾向股权融资，企业达到证监会等监管机构的要求后，可以选择增发或者配股的方式进行融资，但是对于众多民营企业来说，在当前经济下行压力比较大的情况下，通过银行获得融资就比较困难，于是转而寻求股权融资。银行出于各方面的考虑，对于中小企业给予的信用比较有限，与众多国有大型企业相比，民营企业要获得银行的贷款就更加困难。即使获得了银行的贷款，其中的合同限制条款也比较多，严重束缚了企业的手脚，企业不敢放心的大胆发展和开拓新市场、新业务。由于上市公司可以通过向公众发行新股或者配股来筹集资金。为了扩大企业的资产规模，增强企业的竞争力、获得行业的比较优势和较高的银行信贷促使众多企业寻求借壳上市。

三、上市公司卖壳动因分析

(一) 避免摘牌退市

2011年11月28日发布的《关于完善创业板退市制度的方案》对中国的资本市场产生了重大的影响,对主板市场ST板块游资炒作行为起到了一定的遏制作用。长期以来,资本市场许多投机者喜欢炒作绩效差的公司和一些壳资源。中国的资本市场不断演绎着"不死鸟"的神话。由于企业上市资格的宝贵,中国的退市机制并不十分完善。经营业绩不善的公司盈利水平不能得到及时改善,将会摘牌并退出资本市场。由于一些公司无力扭转自己长期亏损的局面,为了避免摘牌退市,这些上市公司的控股股东便会转让企业的股权,从而以求获得生机。对于企业来说,在尚未达到退市条件的情况下,出让股权或者大股东质押无法解决企业所面临的资金紧张的局面,只能通过企业卖壳获得资金。在地方政府的牵头下,一些ST公司被出售便成为了必然。

(二) 改善公司的股权结构,提高管理水平与业绩

由于一些壳公司的股权比较分散,企业可以通过卖壳或者出售股权的方式来优化自己的股权结构。通过接受借壳企业的优质资产,集中企业的控制权,提高公司的管理水平与效率,实现企业生产经营模式的转换,对改善公司的经营业绩有重大帮助。公司的大股东通过上市获得收益之后,出于套现的目的,也成为公司卖壳的原因。出于企业的经营管理的多样化和企业家的经营理念,企业转让自己的壳公司会由以上的因素单独出现或者其他因素结合出现。

(三) 资本市场上壳资源的供给较多

由于受到全球金融危机的影响,中国资本市场上市的公司不断增多,经营业绩不佳的公司也不断增多。这些上市公司由于无法扭转自己的经营业绩,无力改变当前的现状,因此成为壳资源便成为了这些公司的唯一出路。由于资本市场壳公司的数量不断增多,为许多急于上市的

企业提供了众多可选择的机会。为这些急于 IPO 的企业提供了可以操作的空间，由于借壳能够获得巨大的财富效应，这些对于借壳方而言无疑是巨大的诱惑，为中国众多的房地产企业上市提供了可能（见表 2-2）。

表 2-2　截至 2016 年潜在的壳资源

股票代码	股票简称	股票代码	股票简称
000929	兰州黄河	600385	山东金泰
000995	*ST 皇台	600778	友好集团
600603	*ST 兴业	000611	*ST 蒙发
600817	ST 宏盛	000691	亚太实业
002193	山东如意	600796	钱江生化
002082	栋梁新材	000737	南风化工
000711	京蓝科技	002150	通润装备
002735	王子新材	600746	江苏索普
000803	金宇车城	000782	美达股份
002633	*ST 申科	000584	友利控股
002715	登云股份	002240	威华股份

表 2-2 列示了可以成为壳资源的潜在企业，通过对上述上市企业的分析可以发现，这些壳资源大多是小市值，市值多小于 40 亿元，便于借壳方接手重组，且这些公司的主营业务相对比较低迷，连续两年的 ROE 小于 5%，摊薄后的 EPS 小于 0.1 元；股权相对比较分散，第一大股东的持股比例往往小于 40%，实际控制人多为自然人，负债率相对比较低。上市公司的规模是影响公司成为壳资源的关键因素，收购股本比较低的企业意味着借壳方往往付出比较低的成本。借壳方置入自己的优质资产，使企业重组之后的每股收益将会提高，从而更容易获得投资者的认可。通过进一步的分析可知，这些壳资源的控制权较为分散，这就意味着其股东对公司的控制较弱，当控制人为自然人的时候，意味着受政府的影响较小，更有利于企业借壳的推进。

第四节 房地产企业借壳上市现状

一、房地产企业借壳上市背景

借壳上市是中国资本市场普遍讨论的热点话题，产生该现象的根源不仅受世界范围内并购浪潮的影响，而且与中国当前的经济改革有着密不可分的关系。随着中国股权分置改革的不断发展，中国的资本市场也趋于完善，中国的经济保持着平稳发展的势头，基于此本节从当前中国的经济背景与法律背景对资本市场房地产企业的借壳上市进行分析。

（一）经济背景

伴随着全球经济危机的发生，中国的经济也受到了不小的冲击。总的看来，本次的经济危机主要分为两个阶段：第一次始于2007年美国的次贷危机到美国大型投行的倒闭。第二次开始于2008年9月，金融危机愈演愈烈，对中国的资本市场与实体经济造成了严重的冲击，对中国的各个行业造成了严重的影响。

众所周知，房地产企业对资金的依赖远远高于其他行业。房地产企业在开发项目的过程中需要有庞大的资金做支撑，例如巨额的土地出让金、营销活动费用以及项目的管理和运营费，这些费用对房地产行业都是巨额的支出。对于一些中小房地产行业，与国有大型房地产企业相比，信用等级与资产规模都不能与之相比，在传统的融资模式下，企业很难筹集到资金，严重阻碍了企业的发展。在整个国内投资环境放缓的情况下，企业的进一步发展面临着巨大的压力，因此企业渴望寻求新的具有比较优势的资源来减轻企业的经营压力，这在某种程度上促进了行业的重新洗牌。对于拥有垄断优势和品牌优势的大型企业来说，将会积极对外扩张，但是对于在市场和资源都占有份额比较小的企业来说，由于融资渠道的困难，这些企业就有可能成为壳资源。如果融资困难的企业无法度过经济寒冬,那么市场将会优胜劣汰。

从中国整体的经济形势来看,金融危机对中国的实体经济造成了严重的冲击,使中国的实体经济面临着严重的不确定性和不稳定性,因此对于房地产企业来说将积极寻求转变,于是便形成了房地产企业借壳上市的浪潮。由于这次全球范围内的金融危机,严重刺激了中国房地产企业的借壳上市行为,为企业的借壳上市提供了契机。

(二)法律背景

在中国目前的法律制度条件下,对于借壳上市过程中涉及的法律上的母子公司的认定和资产重组过程中的法律行为都有相应的部门规章、规范性文件以及法律法规。《公司法》《上市公司收购管理办法》等对企业的资产重组做出了严格的规定,对于规范企业的并购行为具有重要的意义,在这些法律法规的规定下,房地产企业借壳上市成功的案例越来越多。在中国当前的制度环境下,选择IPO方式上市对于中国的众多中小企业来说难度比较大,对于民营企业来说更是难上加难,因此,对于众多渴求上市的企业来说选择借壳上市不失为一种好的途径。随着中国沪深两市的上市公司的数量不断增多,一些经营比较困难、出现三年亏损的公司的数量不断增多,为了避免出现退市的情况,一些*ST公司的股东不得不寻求保壳的方法。

中国的核准制遵循的原则是实质性管理原则,侧重政府的干预与管制,证券监管机构要对公司的信息进行审查和发行条件的审查,对发行人是否符合规定的发行条件做出判断。在注册制管理下,只针对注册的文件进行形式上的审查,并不做实质上的判断,强调事后对公司审查与处罚,是一种"宽进严管"的模式,该模式在西方资本主义国家广泛推行。在中国当前的条件下,注册制的全面推广需要有严格与完善的法律为依靠,更不能照搬西方的那套模式。因此,注册制的全面推行在中国并不是一帆风顺的。在当前的法律制度下,房地产企业选择借壳上市还有一定的空间。

二、房地产企业借壳上市现状

(一) 房地产企业借壳上市的时间

企业借壳上市完成之后,股票的名称通常发生变更,此时企业的控制权已经完成了转移,资产重组基本完成,虽然仍存在后续相关工作,但是企业的整个借壳上市的过程已经完成了,此时对整个企业的影响也不会太重大。企业股票名称的变更意味着企业借壳上市的顺利完成,因此本节将企业借壳上市的时间定义为企业股票名称发生变更的年份。但是对于狭义的借壳上市来说,有些企业借壳上市股票名称却没有发生变化,因此本节将企业完成资产重组和企业股权变更的时期定义为企业借壳上市的年份。通过分析这部分狭义的借壳上市的公司并不多,对研究结果影响不大(见图 2-3)。

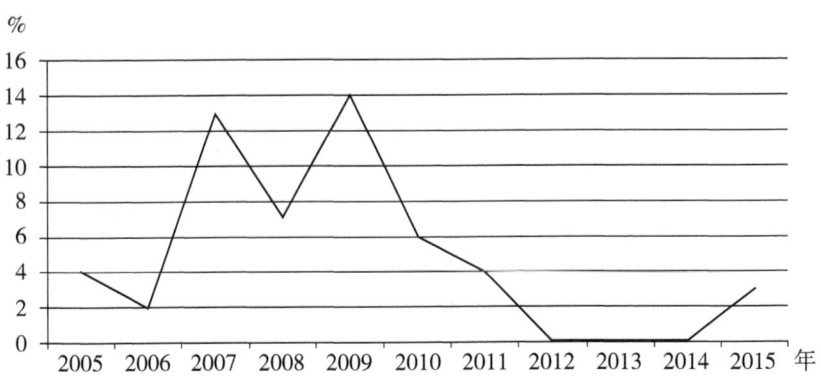

图 2-3　2005—2015 年房地产企业借壳上市年份统计图

通过图 2-3 可以发现在 2007 年以前,房地产企业借壳上市的公司数量并不多,但是在 2007—2010 年,房地产企业借壳上市的企业出现了井喷现象。2007—2010 年是中国房地产企业快速发展的时期,房地产行业出现暴利现象,房地产企业上市的数量迅速增加。房地产企业为了抓住快速发展的机遇,通过各种渠道来进行融资,来适应公司快速增长的业务需求。借壳上市对于房地产企业是一种融资成本相对比较低的融资方式，因此许多房地产企业采取该方式进行融资。在这段期间，房地产企业借壳上市达到了顶峰，这与房地产企业处于发展的黄金时期相关。2010年之后，由于受到金融危机与国家宏观调控政策的影响，房地产企业借壳上市显著减少。

（二）房地产企业借壳上市的地域分布

本节以房地产借壳企业的注册地为标准，统计了借壳企业的所在地。具体数据如下。

从表2-3可以发现，房地产企业借壳上市的企业主要集中于经济发达的省份，其中以北京、上海、浙江居多，其借壳企业均为6家，占房地产企业借壳总数的54.3%，江苏、广东省份也相对较多，其他经济较不发达的省份相对较少，例如湖北、四川等省份只有5家，出现上述情况主要有以下几方面的原因：

表2-3 房地产企业借壳上市地域统计

省份	数目（家）	百分比（%）
上 海	6	18.1
北 京	6	18.1
浙 江	6	18.1
江 苏	3	9.1
广 东	2	6.1
山 东	3	9.1
辽 宁	2	6.1
其 他	5	15.2
合 计	33	100

第一，某个地区的上市公司的数量可以从侧面具体反映本地区的经济水平。经济较为发达的地区，上市公司的数量相对而言也比较多，但是从侧面反映在经济危机中，这些地区受到经济危机的影响也比较大，出现壳资源的概率也比较大，这些地区关于壳资源重组的事件相对而言也比较多。

第二，在经济比较发达的省份，这些地区民营公司的经营相对也比较好，对上市的愿望也比较强烈，由于中国当前对企业的上市审核比较严格，借壳上市无疑为房地产企业提供了一条捷径，于是在经济发达的省份借壳上市的活动相对而言也比较活跃。

第三，大部分房地产企业的借壳上市发生在同一省份，借壳的企业与壳公司出现在同一地区。出现这种局面主要是地方政府在其中扮演了重要的角色。由于中国的特殊国情所决定，政府在市场的资源配置中起了重要的作用。企业在整个的借壳上市过程中必须与当地的政府进行详尽的沟通。企业所在地政府为了晋升与政绩，当地企业如果能上市，意味着本地区上市公司的数量增加，本地区的经济、税收、就业都将有所增加。如果当地政府参与其中，能够获得证监会批准的可能性就会大大增加。对于那些经营较好的壳资源，政府往往会转移给本地企业，经营状况较差的企业往往转移给本地区以外的企业。政府间的竞争将会使优质的资源留在本地区，在这些地区政府的干预作用也更为明显。

三、房地产企业借壳上市的主要经营模式与特点比较

（一）房地产企业借壳上市的主要模式

房地产企业借壳上市模式主要有三种情况，分别为：资产置换、股份回购与定向增发三种模式，满足其中的任何一种都可以称之为借壳上市（见表2-4）。

表2-4 房地产企业借壳上市模式

模　式	方　法
股份回购+定向增发	首先，上市公司原控股股东用其全部股份购买上市公司的所有资产与业务，同时上市公司回购并注销其所持股份；其次，上市公司向借壳企业定向增发新股，购买上市公司拥有的借壳企业的股权，最终借壳方成为了上市公司的控股股东
资产置换+定向增发	借壳方首先将自己企业的资产与壳公司的相关资产与负债做置换。其中的差额由壳公司向借壳方定向增发股票，最终借壳方顺利实现上市的目的

在上述三种模式中，对上市公司股权的获取主要有以下三种方式：司法拍卖竞买；如果涉及国有股权的时候，便会出现股权行政拨划；二级市场上的收购。资产置换主要有两种方式：一种是借壳方与壳公司之间的互换，该方式称之为借实壳上市；另一种是壳公司原有股东与壳公司之间进行资产的置换，该方式称为借净壳上市。股份回购在具体的操作过程中，首先，壳企业将其全部资产负债进行定向回购；其次，注销大股东所持有的上市公司的流通股，造出"净壳"；最后，壳公司用新增的股份吸收合并房地产企业，最终实现房地产企业的整体上市。定向增发该模式在具体的运作中，首先壳企业向本企业资产的收购方定向增发股票，以此来购买房地产企业的全部资产；然后再由原来的控股公司进行企业重组，使壳公司成为"净壳"公司；最后成功转型为房地产企业。但是在现实具体的操作中，借壳模式是以上模式的组合。

（二）房地产企业借壳上市特点比较

（1）房地产企业借壳上市都是把壳公司的债务剥离，由于房地产企业是负债率较高的行业，证监会会对上市公司融资的资产负债率有明确的规定，房地产企业为了得到干净的"壳公司"尽可能降低自己的资产负债率，来实现自己融资的目的。

（2）房地产企业目标的壳公司一般都是本地区企业，对于房地产公司而言。理想的"壳公司"为债务比较少、对外股权投资或者关联交易比较少的企业，因此房地产企业应该对壳公司比较了解。一般而言，壳公司是当地的企业，当地政府为了保持本地上市公司的数量与本地的经济不受到较大的影响，会积极促进壳资源的转让在本地区进行，借壳上市的成功与否很大程度上与当地政府有关。

（3）由图2-4可以发现，在企业借壳上市的模式选择上，资产置换与定向增发占据了75.8%，成为借壳方式的主流方式。这是因为定向增发对于借壳双方来说都能获得最大收益，能够节约发行成本和获取信息成本上的优势。由于企业增发股份只是针对特定的股东，不会导致其他股东对股权的减持，但是会稀释股权的价值。在中国借壳上市的过程中，大部分企业是以获取控制权作为企业借壳上市过程的开始，但是有少量的是以注入资产与获取控制权同时进行的。相比于同时进行，获取壳公司之后对壳资源进行重组相对而言比较方便，可以减少与原公司的股东进行谈判的困难程度。有极少数公司先注入资产，这是因为先置入资产在获取企业的控制权在操作程度上难度比较大，是需要一定的条件的。

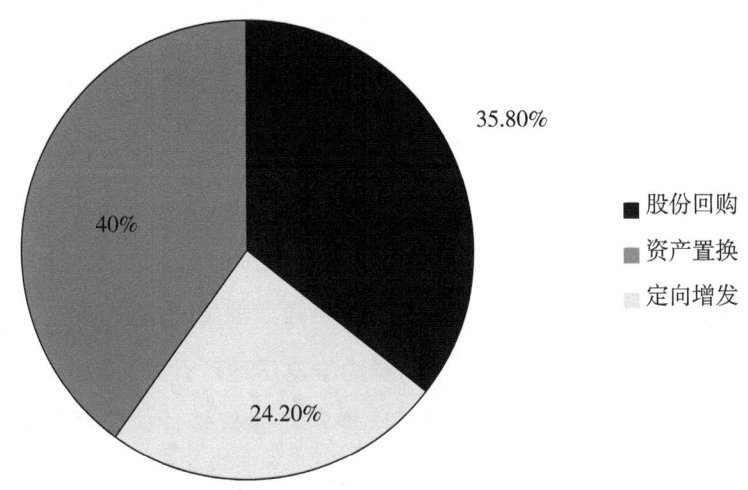

图2-4 三种模式比例统计图

四、借壳过程中存在着操纵现象

当前中国的资本市场还处于不发达阶段，市场行为与市场主体的法人治理结构还不规范，出现一些资本重组与借壳上市严重扭曲的情形。借壳活动中虚假重组的情形也时有发生。一些企业以所谓的重组进入上市公司，将一些"优质资产"注入上市公司中，产生一些所谓的"优良业绩"，帮助上市企业扭转亏损，进一步寻求增发、配股，然后将"优质资产"以高价出售给上市公司，资产重组的一方从而实现"获利"。某些企业动机不纯，打着圈钱的名义借壳上市，在借壳的过程中虽然付出了较高成本，但是在整个过程中使壳资源成为筹资的吸管，企业的账面所得便会大于短期的损失，借壳的目的就达到了。炒作壳资源容易滋生投资者的投机心理，一些投机者在进入壳公司之后，便可以利用政策扶植优势与便利的筹资渠道，侵蚀壳公司的资产。近些年来，一些上市企业利用关联方交易等非法手段掏空上市公司的现象不时发生。

第五节　案例分析

一、借壳双方公司介绍

（1）借壳方介绍——华夏幸福基业股份有限公司（简称"华夏幸福"）成立于1998年，是中国优秀的房地产企业之一，主营业务为房地产与区域开发，是中国具有一级房地产开发资质的地产企业，业务范围为环渤海及北京地区。公司的前身为华夏房地产开发有限公司，初始注册资本为200万元，后来经历三次增资与股权转让，公司于2007年改制为股份有限公司。公司改制成功之后，总股本规模达到10.5亿元。与此同时公司改名为"华夏幸福基业股份有限公司"。

华夏幸福营业收入主要来自于两部分：地产开发和园区开发运营收入。截至2008年，房地产销售面积达到20.41万平方米，销售收入达到12.15亿元。园区开发运营收入主要有以下几大板块：园区综合服务收入、土地整理收入以及产业发展收入等。华夏幸福在经营房地产业务的同时，也在经营着投资运营开发区业务，并建立了从园区建立、招商引资到城市运营的一体化运营开发管理体系。由于业务的不断发展与资本市场环境的影响，借壳上市这种能够快速登陆资本市场的方法便摆在企业管理层面前。

华夏幸福2008年之前适逢中国经济发展繁荣的鼎盛时期，公司业绩稳步增长，因此公司及时在2011年锁定借壳上市的时机。房地产企业属于同质化较为明显的行业，在中国资本市场中与实体经济具有比较同质性的表现。房地产行业是中国的支柱产业，2010年以来，国家出台了4万亿元的经济刺激计划，积极推进城镇一体化建设，华夏幸福较快走出经济低迷的阴影并实现了复苏。从表2-5可以发现，华夏幸福在2008年亏损比较大，导致该情况出现的主要原因是受房地产行业环境与宏观市场环境所致，在改制的过程中按照2007年10月31日评估值入账的存货资产计提存货跌价损失所致，若扣除该减值因素影响，华夏幸福2008年实现净利润5164.24万元，营业收入同比增长74.02%，净利润同比增长50.66%。在华夏幸福决定借壳的时候，浙江ST国祥盈利能力远低于同行业水平，并且股价较低，此时华夏幸福发动借壳上市能够有效降低收购的成本。2011年是中国经济逐渐走向复苏的时期，中国的房地产市场也逐渐走向回暖，华夏幸福此时正处于价值高估期，根据市场时机并购理论，此时华夏幸福发动借壳上市比较有利。

表2-5 2008—2010年华夏幸福主要会计数据和财务指标

财务指标	2008年	2009年	2010年
营业收入（万元）	167121.72	257596.80	467329.60
净利润（万元）	-40039.77	-335.63	312387.71
净资产收益率（%）	-68.64	-0.37	31.02

数据来源：华夏幸福重大资产置换及发行股份购买资产暨关联交易报告。

（2）"壳公司"介绍——ST国祥前身为浙江国祥制冷工业股份有限公司，该公司于2001年7月19日在浙江成立，注册资本为6000万元。2003年12月15日经过增资扩股之后，注册资金变更为1亿元，并在2004年1月9日变更营业执照。浙江国祥为台资企业国祥制冷在大陆首家分公司。浙江国祥2003年12月在中国的上交所挂牌交易，国祥股份成为中国大陆第一家上市的台商企业。近年来，由于盲目扩张导致浙江国祥连年亏损。截至2010年12月31日，浙江国祥净利润亏损为7945839.19元，受金融危机及国内的原材料涨价等因素影响，企业面临着严峻的经营形势。

由表2-6可知浙江国祥经营业绩持续恶化，虽然2009年与2010年和2008年相比略有好转，但仍低于行业平均值，属于绩差壳。国内外有关学者大多通过构建净资产收益率、每股收益、净利润与营业收入等会计指标实证检验企业并购绩效，因此本节选择了基本每股收益、净资产收益率、净利润与营业收入来分析ST国祥的财务状况。

表2-6 2008—2010年ST国祥盈利能力财务指标

财务指标	2008年	2009年	2010年
营业收入（万元）	302077919.51	183384193.63	252611053.67
净利润（万元）	-38530925.10	7465255.23	2214834.92
全面摊薄净资产收益率（%）	-14.65	2.08	0.81
基本每股收益（元）	-0.27	0.05	0.02

资料来源：根据浙江国祥年报整理而成。

通过与同行业数据进一步比较，浙江国祥2010年的基本每股收益、净利润、营业收入都远低于同行业的平均水平（行业平均净资产收益率为14.07%），该公司的整体盈利性比较差。由于ST国祥糟糕的盈利水平，股东回报率比较低，在资本市场融资已经比较困难了。如果公司不在未来的经营情况下扭转较低的盈利水平，将面临着退市的风险。在2008—2010年之间，由于受到全球金融危机与经济下行压力的风险，受此种形势影响，浙江国祥中央空调的需求迅速下滑，ST国祥的股价也在不断呈现走低的趋势，企业的市值受到严重的影响，因此华夏幸福此时借壳可以有效地降低企业并购的成本。

企业借壳上市选择壳资源的标准为：盈利能力差，公司主营业务比较低迷，且连续两年ROE小于5%；大多倾向比较干净的壳，资产负债率比多低于50%等。在选择壳资源时，小市值的壳公司相对而言收购成本比较低，由于ST国祥盈利能力较低，其卖壳意愿比较强烈。选择负债率较低的企业，在企业重组的过程中能够降低成本。因此ST国祥是潜力比较大的壳公司。

二、借壳流程概况

（1）借壳上市前的准备工作——取得该上市公司的控制权 2009 年 2 月 12 日，华夏幸福通过关联方鼎基资本在上海证券交易所购入 285 万股浙江国祥的股票，占其总股本的 1.96%。2009 年 6 月 22 日，华夏幸福与 ST 国祥控股股东陈天麟签订了相关股权转让协议，让渡陈天麟所持有的浙江国祥股份，截至股权转让日占上市公司总股本的 21.31%。2010 年 1 月 29 日，相关手续已经全部完成。鼎基资本持有浙江国祥 456 万股股份，占浙江国祥总股本的 1.96%，华夏幸福成为浙江国祥的第一大股东（见图 2-5）。

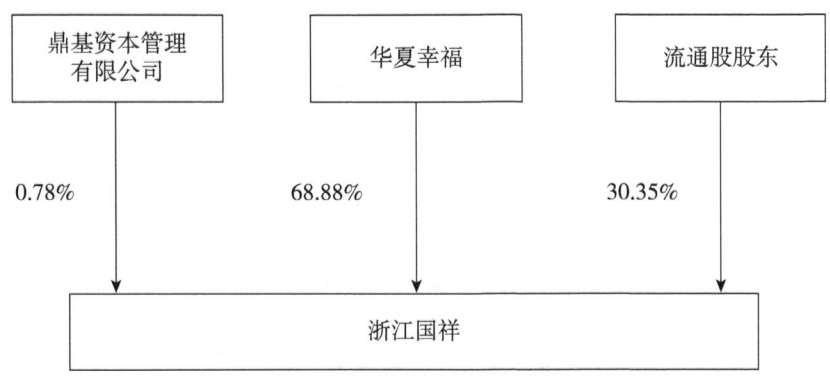

图 2-5　ST 国祥重组后股权结构图

（2）借壳上市的核心过程——资产置换与资产注入本次收购方案为：浙江国祥以全部资产与负债作为置出资产与华夏幸福持有的京御地产 100% 的股权进行资产置换。ST 国祥置出资产价值经评估为 2.65 亿元，置入华夏幸福基业的京御地产 100% 股权经评估价值为 16.69 亿元，其中的差额 14.04 亿元由 ST 国祥向华夏幸福基业有限公司定向增发 3.55 亿股，整个资产的置换过程中不涉及现金的支付。在借壳双方定向增发与资产置换之后，浙江国祥的总股本达到 5.78 亿股，其最大控股股东为华夏幸福基业有限公司，共持股 ST 国祥为 40497.2 万股与关联方鼎基资本 456 万股，华夏幸福共持有浙江国祥总股本比例为 68.88%，成为 ST 国祥的控股股东。在整个借壳上市完成之前，华夏幸福所控制的京御房地产在 2009 年进行了增资扩股，其注册资金达到了 7 亿元，京御地产在增资控股的同时，华夏幸福将其地产开发和园区开发运营两项业务也注入到了京御房地产，因此华夏幸福借壳 ST 国祥相当于其主营业务的整体上市（见图 2-6）。

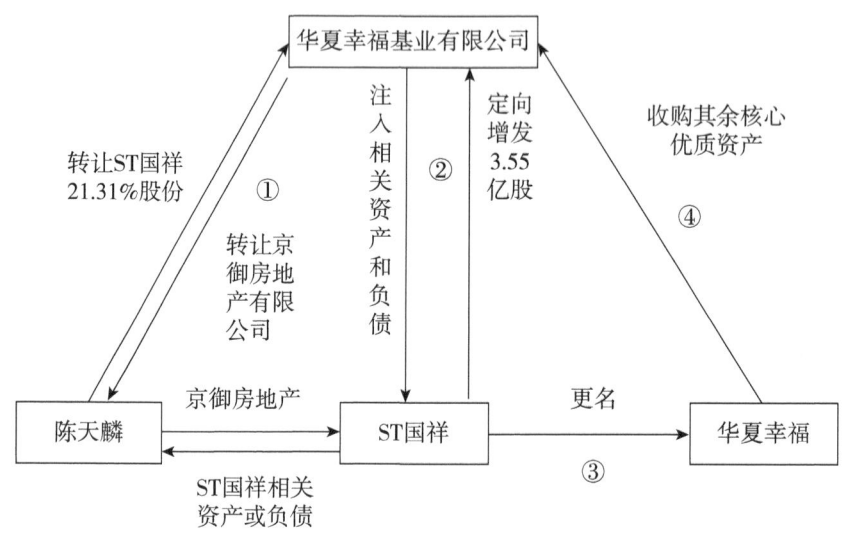

图 2-6　华夏幸福借壳上市流程图

三、因子分析的基本原理

因子分析法是 Charles Spearman 最早提出来的，在众多领域的研究中都需要考察事物相关的有关多个变量，通过搜集数据，寻找他们之间的规律。在这些变量中，他们包含的信息可以用比较少的指标进行研究。因子分析方法是对原始数据的各种指标进行相关性分析，进而再选取少数的因子进行分析。因子分析方法的基本思路：是将变量根据相关性大小分组，使每个组内具有显著的相关性，各个组间使之具有较低的相关性。一个分组通常代表着一个集合，该集合的整体被称为公共因子，因子分析主要目标是用较少的解释因子来评价所要研究的问题，利用特殊因子和线性函数来描述样本数据。

因子分析的基本原理：假设有 N 个企业绩效的研究样本，每个企业有 n 个指标，即 X1、X2、X3⋯Xp，这 P 个指标构成了随机向量 x =（X1、X2、X3⋯Xp），并且设向量的均值为 μ，协方差矩阵为 S，则有：

$$\mu = (\mu_1, \mu_2 \cdots \mu_p); S = (S_{ij}) \qquad (2-1)$$

因子分析的模型可以标示为：

$$\begin{cases} x_1 = \mu_1 + a_{11}f_1 + a_{12}f_2 + \cdots + a_{1k}f_k + \varepsilon_1 \\ x_2 = \mu_2 + a_{21}f_1 + a_{22}f_2 + \cdots + a_{2k}f_k + \varepsilon_2 \\ \quad \vdots \\ x_p = \mu_p + a_{p1}f_1 + a_{p2}f_2 + \cdots + a_{pk}f_k + \varepsilon_p \end{cases} \qquad (5-2)$$

在上面的模型中，f1，f2，⋯fk 为公共因子，原始随机向量信息由公共因子的载荷矩阵表示出来。其中模型中的 $\varepsilon_1\varepsilon_1$ 为特殊的因子，只对变量 x1 产生影响，因子分析模型的矩阵表达式为：

$$x = (\mu + Af + \varepsilon x = \mu + Af + \varepsilon) \qquad (2-3)$$

其中，x 为随机向量，μ 为随机向量均值，A 是因子载荷矩阵，a21 是第一个因子对第二个指标的影响，f 是公共因子向量，ε 为特殊的因子向量。与此同时，上式需满足：

（1）k < p，k < p，表示其中的公共因子个数少于指标的个数，从而实现降维的目的；

（2）Cov（f，ε）Cov（f，ε）= 0，即特殊因子与公共因子相互独立；

（3）V（f）= I，各个公共因子是相互独立的；方差是 1；

（4）V（ε）= D，即各特殊因子之间相互独立，但他们的方差不同。

因子分析方法的具体步骤：

（1）对变量指标标准化处理。首先对原始数据标准化处理，然后对标准化的数据转化为无量纲化的标准化数据。在实证研究中，Spss 软件能够对指标进行相关处理。

(2) 对变量指标相关性检验。因子分析方法的目的是对存在复杂关系的多维度的指标进行降维，其假设认为各个指标之间存在着相互影响的关系，存在着某个公共因子对其中的其他指标存在着影响关系。各变量之间存在着相关性才能采用因子分析方法。KMO 和 Bartlett 是检验相关性的较好的方法。在对样本进行巴特利球形和 KMO 检验的时候，通过该方法确定所选择的样本是否适合做相关性检验。KMO 测量的是选取的样本是否具有显著性的检验。通常认为当 KMO 的数值在 0.5 及以上的时候，表示原有的变量适合做因子分析，KMO<0.5 表示不适合做因子分析。

(3) 因子提取。利用 Spss 软件对样本数据进行因子分析，通过采用碎石图检验、特征值与因子的方差贡献率来确定公共因子数目。

(4) 因子旋转。通过采用对因子分析的模型进行旋转变换，使得其中的公因子的载荷系数接近 0 或者更接近于 1。采用这种方法使因子变量更具解释性。

(5) 因子命名。因子分析之后就要对变量进行分组，找出公共因子，利用因子载荷矩阵，对其中的公共因子进行解释，分析因子的含义，并对其包含的经济意义进行命名。

(6) 求取因子得分。得出因子得分矩阵，对应各自的因子载荷，求出各个因子的得分。

$$\begin{cases} f_1 = a_{11}x_1 + a_{21}x_2 + \cdots + a_{n1}x_n \\ f_2 = a_{12}x_1 + a_{22}x_2 + \cdots + a_{n2}x_n \\ \quad \vdots \\ f_k = a_{1k}x_1 + a_{2k}x_2 + \cdots + a_{nk}x_n \end{cases} \quad (5-4)$$

(7) 计算综合得分。设 F 为因子综合得分，a 为公共因子的贡献度，贡献度采取的是旋转后的数据，最后求出综合得分。其表达式为：

$$F = \sum_{i=1}^{q} a_i f_i \quad (5.5) \quad i = 1, 2, \cdots q$$

四、华夏幸福借壳 ST 国祥绩效评价

（一）构建会计指标体系

采用因子分析对企业的借壳上市绩效进行评价，选取的指标因该遵循以下的原则，即易获取性与全面性，所选取的指标首先要比较全面与系统，要充分考虑上市公司的盈利能力以及企业未来的发展前景，要充分关注企业的现金流量与抵御风险的能力。

对于华夏幸福借壳上市的长期效应，通过构建绩效综合评价模型并采用因子分析法对华夏幸福借壳 ST 国祥的经营业绩进行实证研究，进一步分析借壳对企业的中长期影响。在构建会计指标体系的时候，采用的是在财务报表分析使用中常用的会计指标作为评价标准，筛选 10 个指标组成借壳上市绩效会计指标体系（见表 2-7）。

表 2-7 借壳上市会计指标体系

分类	原始变量
资产报酬率	X1
销售净利率	X2
主营业务成本率	X3
资产负债率	X4
速动比率	X5
流动资产周转率	X6
总资产周转率	X7
应收账款周转率	X8
总资产增长率	X9
净资产增长率	X10

(二) 实证结果及分析

本节收集并整理了华夏幸福2009—2013年各个年度的季报数据,根据上述会计指标体系,得出相应的会计指标,利用SPSS19.0对华夏幸福借壳ST国祥的指标进行主成分分析(见表2-8)。

表2-8　KMO与Bartlett检验结果

取样足够度的KMO度量		0.641
Bartlett的球形度检验	近似卡方	267.812
	自由度	45.00
	显著性检验	0.00

通过表2-8可以发现,KMO的度量为0.641,大于0.5,Bartlett的球形度检验为0.00,小于0.5,上述检验结果显示可以利用主成分析方法对华夏幸福借壳ST国祥的绩效进行研究。主成分析共提出三个主成分F1,F2,F3,三个主成分的累计贡献率为88.817%,说明提取的三个主成分可以充分描述华夏幸福借壳ST国祥的绩效(见表2-9、表2-10)。

表2-9　方差贡献率

成分	F1	F2	F3
方差贡献率(%)	52.675	22.769	13.373
累计方差贡献率(%)	88.817		

表2-10　旋转后的成分载荷矩阵

原始变量	F1	F2	F3
X1	0.034	0.787	-0.117
X2	-0.947	0.116	0.114
X3	0.901	0.215	-0.125
X4	-0.868	-0.290	0.294
X5	0.764	0.364	-0.320

续表

原始变量	F1	F2	F3
X6	0.305	0.920	-0.108
X7	-0.010	0.917	0.098
X8	0.404	0.852	-0.203
X9	-0.210	-0.088	0.967
X10	-0.249	-0.067	0.961

由表2-10旋转后的因子载荷矩阵可知：

第一个因子主要由销售净利率、主营业务成本率、资产负债率组成，他们的因子载荷分别为-0.947、0.901、-0.868，反映的是上市公司的盈利能力。

第二个因子主要由流动资产周转率、总资产周转率、应收账款周转率组成，他们的因子载荷分别为0.920、0.917、0.852，反映的是上市公司的营运能力。

第三个因子主要由总资产周转率与净资产周转率组成，他们的因子载荷分别为0.967，0.961，反映的是上市公司的成长能力。

根据成分载荷矩阵可知，X2、X3、X4构成第一主成分F1、X6、X7、X8构成第二主成分F2、X9、X10构成第三主成分F3，根据构成每个主成分的原始变量，将三个主成分分别命名为盈利能力F1、营运能力F2、成长能力F3（见表2-11）。

表2-11 提取主成分后的借壳上市会计指标体系

盈利能力F1	销售净利率（%）X2
	主营业务成本率（%）X3
	资产负债率（%）X4
营运能力F2	流动资产周转率（%）X6
	总资产周转率（%）X7
	应收账款周转率（%）X8
成长能力F3	总资产增长率（%）X9
	净资产增长率（%）X10

根据表 2-11 三个主成分的得分系数矩阵，建立三个主成分的得分函数，由得分系数矩阵可知，各成分得分函数为（见表 2-12）：

$$F1 = -0.107X_1 - 0.388X_2 + 0.326X_3 - 0.266X_4 + 0.208X_5 - 0.007X_6 - 0.095X_7 + 0.022X_8 + 0.129X_9 + 0.109X_{10}$$

$$F2 = 0.271X_1 + 0.161X_2 - 0.038X_3 + 0.013X_4 + 0.026X_5 + 0.286X_6 + 0.3307X_7 + 0.246X_8 + 0.026X_9 + 0.038X_{10}$$

$$F3 = -0.037X_1 - 0.103X_2 + 0.125X_3 - 0.018X_4 - 0.017X_5 + 0.030X_6 - 0.087X_7 - 0.008X_8 + 0.534X_9 + 0.523X_{10}$$

表 2-12　成分得分系数矩阵

原始变量	F1	F2	F3
X1	-0.107	0.271	-0.037
X2	-0.388	0.161	-0.130
X3	0.326	-0.038	0.125
X4	-0.266	0.013	-0.018
X5	0.208	0.026	-0.017
X6	-0.007	0.286	0.030
X7	-0.095	0.330	0.087
X8	0.022	0.246	-0.008
X9	0.129	0.026	0.534
X10	0.109	0.038	0.523

各主成分的方差贡献率反映了各主成分对原始信息的解释程度，因此本章将方差贡献率作为借壳上市绩效得分函数的权重，从盈利能力、营运能力、成长能力三个方面来评价并购绩效 Y，即：$Y = 0.53F_1 + 0.23F_2 + 0.13F_4$

根据因子分析的得分分析结果，得到华夏幸福借壳 ST 国祥的并购绩效的综合得分与各主成成分的得分趋势图（见图 2-7）。

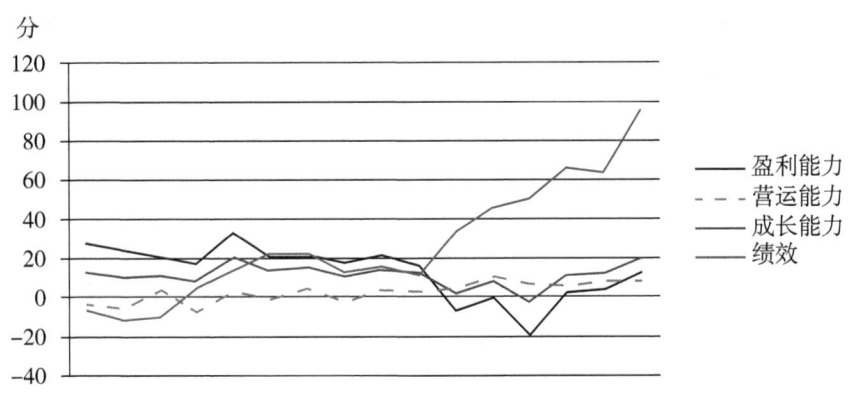

图 2-7　得分趋势图

五、因子分析综合评价结果

由图 2-7 的得分趋势图发现，企业的盈利能力对企业的绩效至关重要，华夏幸福于 2011 年借壳上市成功，在 2012 年企业的盈利能力逐渐下降，主要是由于在 2008 年金融危机之后，中国的经济增长速度趋于放缓，社会固定资产投资逐渐下降，社会的需求逐渐降低，并且企业的反向收购前期使企业投入了大量的成本，也拖累了企业的获利能力。但是在 2013 年的第二季度，由于经济的逐渐回暖以及政府出台的一系列经济刺激政策，前期巨大的经济投入给企业带来的经济效益也逐渐显示出来。在当年的第三季度与第四季度，企业的获利能力明显增加，说明并购对企业的长期获利能力有良好的改善。

F2 作为企业的运营能力，其指标具有比较大的季节性。以流动资产周转率为例，流动资产周转率数值越高，说明企业的经营状况较好，企业的盈利能力较好。但是从企业的财务报表与最后的绩效得分趋势图来看，此次的借壳上市对华夏幸福来说具有明显的积极效应。从收购当期来看，企业并购对企业的运营造成了一定的影响，出现了轻微幅度的下降，但是从中长期来看的话，企业的运营能力相对于借壳之前有了明显的提升，企业成功上市之后，由于受到监管部门及公众的监督，对企业的治理能力有了重大的改善。

反映华夏幸福收购 ST 国祥发展能力的指标为 F3，在成功登陆资本市场之后，华夏幸福的成长能力有了显著的提高。通过借壳上市，在一定程度上缓解了华夏幸福融资难的局面。华夏幸福在上市之后，企业规模有了显著的提高，企业的总资产增长率与净资产增长率在 2012 年与 2013 年大幅增长，在一定程度上提升了发展能力。

虽然并购作为企业发展壮大最快捷和最直接的方式，但在短期之内是无法扭转企业亏损的局面。近年以来，随着中国经济增长的压力不断增大，房地产企业的各项成本不断上涨，国内需求的萎靡与政府对房地产市场的调控力度的不断加大，是造成中国房地产企业亏损的主要原因，但是华夏幸福的盈利能力在短期下跌之后稳步的增长，也从侧面反映前期大量的经济投入之后，并购给企业带来的经济效益已逐渐显现出来。从中长期来看，华夏幸福的借壳上市对企业的运营能力、盈利能力与成长能力有了显著的提高，华夏幸福的借壳上市对企业的长期绩效具有积极的影响。

第六节　结论与建议

一、结　论

由于面临着经济下滑的压力与国家各种宏观调控政策的影响，融资问题是房地产企业面临的严重考验，在复杂的市场的环境与激烈的竞争压力之下，中小房地产企业要想生存下来是非常困难的，借壳上市对于众多渴望在资本市场融资，解决资金压力的企业而言无疑是一条捷径。房地产企业通过借壳上市，解决了自己的融资难的困境，对于被借壳企业来说，通过资本重组实现了自己业绩的提升，避免出现退市或停牌的局面。结合华夏幸福借壳 ST 国祥，本章提出以下几点结论：

第一，从长期绩效来看，借壳使上市公司和股东的财富得到了显著的增长。对于投资者而言，借壳上市是利好的表现，投资者有比较强烈的意愿投资那些正在进行借壳上市的公司,并对其未来充满着信心。借壳上市使的企业之间的新旧资源得到更替,剥离了不良资产,置入了优良的资产,使得公司的运营能力提高,提高了公司的发展能力。

第二,中国的房地产企业应该寻求更加广阔的融资渠道,借壳上市不失为一种好的途径,但是中国资本市场的壳资源毕竟是稀缺的,其他的行业对壳资源的需求也比较强烈,因此对于众多寻求上市的房企来说,留给他们可供选择的壳资源就少之又少了。因此,借壳上市对于房地产企业的路仍是比较狭窄的。当前中国对借壳上市有了严格的限制,借壳上市基本上与 IPO 相差无几了。所以,房地产企业应该寻求更多的融资渠道,实现融资渠道多元化。

第三,在政府支持、改革深化等外部动因的刺激下,房地产企业借壳上市的出现实际上是借壳双方共同利益的驱使下形成的结果,企业之间的重组能够为双方带来巨大的经济效益从而实现双方的共赢。相比非上市公司来说,上市公司具有广告效应、政策与税收等优势,因此就促使众多的房地产企业借壳上市。中国企业 IPO 普遍相对困难,在 2016 年全年就有将近 280 家企业 IPO,位列 A 股历史第三,所以就促使众多的企业借壳上市。由于金融危机的冲击,导致资本市场壳资源逐渐增多,借壳方在各种优惠条件等内部动因的驱使下,积极寻找优质的壳资源,在综合各种内外因共同作用下,促进了企业借壳上市的实现。

二、建 议

基于以上得出的结论,本章提出以下相关建议:

第一,充分评估和把握借壳时机。房地产企业在借壳上市的时候,对于借壳时机要进行充分的评估,并得到恰当把握,可以为企业的投资者带来比较丰厚的回报。对于借壳企业而言在自身的价值处于相对高估的时候去借壳价值相对被低估的壳资源,能够有效地降低企业的借壳成本。对于众多的投资者来说,当企业发布重组公告的时候,应该结合自身的专业知识与披露的信息,当预期目标公司的财务业绩有重大改善的时候，此时购入目标公司的股票，可以为自己带来丰厚的回报。

第二，立足实际，选择合适的借壳方式。在借壳上市的过程中，房地产企业应该根据本企业的实际情况，选择合适的壳公司与借壳上市的模式。借壳上市的房地产企业要对借壳上市的成本与可行性进行各方面的分析。对于一些房地产企业，由于借壳上市是非净壳上市，面临着新旧资产的整合问题，如果壳公司还涉及相关负债，还要充分考虑相关负债的后续的处理问题。因此，对于房地产企业而言，合适的壳公司对企业的后续发展至关重要。对于借壳模式的选择，房地产企业选择合适的借壳模式有助于降低企业的成本与上市的难度，避免当企业在后续的经营过程中出现财务危机。

第三，完善房地产企业借壳上市法律环境。最近几年，中国关于上市企业收购的法律正在不断得到完善，然而一些外部法制环境还存在问题需要加以完善，需要得到立法来加以解决。首先，存在产权明晰问题。由于中国的特殊背景，一些国有企业的产权问题还不太明晰，使得企业的正常收购不得不搁置下来。因此应该对企业资产进行严格的界定，使权属问题得到有效的解决。其次，在房地产企业借壳上市的过程中，壳公司的估值是一个关键的问题，在中国当前的资产价值评估的过程中，一般是按企业的账面价值来进行评估的，在评估的过程中，只注重有形资产的评估而忽略了无形资产的评估，使得评估的结果对企业价值难以得到真实地反映。因此，在对壳资源的评估的过程中，应该建立科学与统一的评估方法。在借壳上市的过程中，地方政府总是扮演着重要的角色，对借壳上市进行干预与影响，因此，中国政府必须立法来协调好各方的利益问题。

第四，加强资产整合，促进资源的优化配置。房地产企业借壳上市之后，首要便面临着资源的整合问题。对于一些借壳上市的房地产企业而言，由于是非净壳上市，要面临着上市公司中遗留的负债与资产问题。企业非净壳上市之后，房地产企业往往面临着多元化经营的问题，因此房地产企业在实现借壳上市之后，要分清业务主次，将资源合理分配到企业各个业务之间，加强企业的资源整合，剥离原有上市企业的不良资产，着重突出那些符合企业的战略发展，盈利水平较好的优质资产，实现企业资产的运营质量和经营效率的最大化。

三、展望与不足

中国当前房地产企业借壳上市绩效的研究并未与借壳的动因结合起来进行相关性研究，因此这是以后值得去研究的方向，对于绩效的研究也主要集中于微观层面，对于国际上借壳上市的绩效研究很少涉及，对于在国家宏观层面的研究以及与之相关的政策研究方面也相对较少，这些是今后可以进行研究的方向。

在本章的研究过程中已尽最大努力，但是由于笔者知识水平有限，对实践把握不足，本章还存在许多的不足。

第一，以华夏幸福的单案例进行研究，不能代表整个房地产企业市场，由于单个企业的特殊性，只能提供一些方法与思想上的借鉴与参考，不能以一概全。

第二，在选取并购绩效指标的时候，选取的评价指标较为单一，并且选取的是传统行业的财务指标，对企业绩效的研究不能只停留在财务指标，要更加注重非财务指标。

第三，本章对于借壳上市的绩效研究仅仅针对房地产企业，由于不同的行业差异性与特殊性，因此本章得出的结论与启示仅与相同与相似的行业有一定的借鉴作用，并不一定适用于所有行业。

第三章　中国企业控股股东持股比例与资金占用

中国作为一个新兴经济国家，公司股权相对集中，使得大股东处于绝对优势地位，同时各项法律制度对中小投资者的保护作用未能完全发挥，因而现阶段广大中小股东的合法权益受到大股东的巧取豪夺时有发生。控股股东往往通过多种手段实施利益侵占，如直接占用资金、关联交易转移资产以及进行担保贷款等。而资金占用现象在中国上市公司中更是普遍存在，控股股东的资金占用行为直接侵占了维持上市公司正常运转所必需的现金流，缺少充足现金的公司在经营中往往会陷入困境，对公司正常经营造成的负面影响也将波及广大中小投资者，损害到公司其他股东及债权人的利益，降低其投资积极性，最终破坏整个金融市场秩序的稳定。股权结构作为企业管理的重要组成部分，目前国内外学者也深入研究了其与资金占用的关系，证明二者之间存在着显著的相关性。本章借助 Hansen（1999）的"门槛面板回归模型"，在考虑公司资本结构差异的情况下，对上市公司控股股东持股比例与资金占用之间的关系进行了研究，并通过设立两个门槛参数分别确定其具体的门槛值对文中提出的两个研究假设进行验证。结果表明，上市公司控股股东持股比例与资金占用之间并不是线性关系，而是存在着区间效应，但并没有呈现预期的"倒 U 型"关系；二者之间会随着公司资产负债率的高低变化而在不同的区间内呈现出截然不同的关系，出现"U 型"关系，具体表现为当资产负债率处在较低的区间内时，上市公司控股股东持股比例越高，资金占用的程度越低，反之当资产负债率处于较高的区间内时，二者正相关。我们从中国上市公司控股股东的资金占用成本和动机方面对上述结果进行了分析，并针对上市公司、主要债权人银行和监管机构三个相关主体提出了一些政策建议。

第一节 绪 论

一、研究背景

目前中国经济正处在结构调整与转型的改革关键时期，作为市场经济存在和发展的基础，要实现国民经济平稳健康发展和社会稳定运行，确立完善的产权制度是题中应有之义。"十三五"规划纲要指出，要健全归属清晰、权责明确、保护严格、流转顺畅的现代产权制度，推进产权保护法治化，依法保护各种所有制主体的经济权益。2016年国务院发布了《中共中央国务院关于完善产权保护制度依法保护产权的意见》，明确要坚持平等保护，健全以公平为核心原则的产权保护制度。企业投资者，特别是广大中小投资者是参与市场的最广泛、最重要主体，其合法权益更需要得到平等保护，这不仅是为了确保其参与金融市场的积极性和保障整个金融市场的稳定健康发展，更是构建现代产权制度的题中应有之义。

中国金融市场发展时间较短，各项制度还有待完善，加之企业内部管理不够科学，中小投资者在市场中处于劣势地位，其资产面临的风险较高。处于优势地位的控股股东凭借其资本地位通过各种手段对企业资金进行侵占，以获取私人收益，这就势必会造成中小投资者们的合法权益遭受损失。据上海证券交易所的调查显示，截至2002年年底，在经营中存在着大股东占用资金情况的上市公司数量高达676家。对此，证监会联合国资委于2003年发布了《关于规范上市公司与关联方资金往来及上市公司对外担保若干问题的通知》，交易所也于2006年全面开展了专项活动治理资金占用现象，并发布了相关的通报。在一系列措施之下，大股东的资金占用行为得到了明显的遏制，但截至2005年年底，存在控股股东占用公司资金问题的上市公司依然有231家之多，金额超过210亿元，中国企业治理中所面临的资金占用问题依然十分严峻。近几年来上市公司资金被占用现象仍然层出不穷，有些控股股东的违法行为所涉及的资金也是巨大的。如 2013—2015 年陕西星王企业集团有限公司占用华泽钴镍子公司——陕西华泽镍钴金属有限公司的资金数额均超过 10 亿元；2012 年上海电气大股东及其关联方共占用上市公司非经营性资金竟高达 25 亿元。资金占用情况在新三板上市公司中同样十分严峻，截至 2016 年 7 月，在 7725 家挂牌企业中，出现资金占用问题的企业共有 4975 家，比例高达 64%。

目前中国正处在经济结构改革的关键时期，健全的产权保护制度和和高水平的公司治理是保证经济稳定运行的重要保障。而资金占用行为不仅侵害了广大中小投资者的合法权益，更直接侵占了维持上市公司正常运转及研发所需的现金流，不利于公司业绩的增长；从长期来看，也不利于企业自主创新能力的培养，阻碍现代企业制度的建立，打击投资者的投资积极性，从而破坏金融市场的健康发展，对整个市场的稳定都会造成负面影响。

二、研究目的及意义

本章的主要目的是深入研究控股股东持股比例、资本结构与资金占用之间的关系，以探究控股股东资金占用行为的内在机理。在现有的研究中，国内外广大学者已经证明了控股股东持股比例与资金占用之间存在显著关系。但研究的深度还不够，尤其是对于持股比例的临界标准没有定论，对于资本结构这个关键因素也没有纳入资金占用影响因素的讨论中。本章通过门槛回归的方式研究了资金占用的影响因素，并得到具体的量化结果，可以对上市公司资金占用问题的解决和中小投资者的保护提供实证支撑，并对现有理论研究做良好补充。

本研究的理论意义主要有以下两个方面：

第一，通过实证方法研究影响上市公司资金占用的两个重要因素，即控股股东持股比例和资本结构，在现有研究中对这两个因素的分类都是采取主观分段的方式，这种通过粗略分类再进行定量研究所得出的结果也是缺乏说服力的，甚至会产生错误。而本章在实证研究中采用了门槛面板回归，通过这种方式可以从数据内部自动找出具体的门槛值，从而对资金占用和其两个影响因素之间的关系作出科学、准确的描述。

第二，在现有研究中，对资金占用的影响因素大多集中在控股股东持股比例、公司内部控制等方面，虽然研究中也会将资本结构纳入研究中，但往往是作为控制变量出现。实际上，资本结构决定了股权人和债权人的比例，同时也决定了公司经营风险在这两类利益主体之间的分配，而这两类主体在公司治理中的地位，监管动力，面对风险的态度都是有差异的，这些差异也会直接影响到控股股东资金占用行为。因此，将资本结构纳入研究中，并作为主要变量进行分析也是对资金占用问题的扩展和深入。

本研究的实践意义主要在于通过找出影响资金占用的相关因素的具体定量标准，分析出两类比较容易产生资金占用问题的企业，即高负债低持股比和低负债高持股比公司，相关监管部门可以对其进行重点关注，防范其控股股东侵占资金行为的发生。同时，通过资本结构将债权人纳入研究中，特别是上市公司的主要债权人银行，并对银行现阶段的身份和参与企业内部管理和监督的职能进行分析，并提出了一些有针对性的建议。通过本研究不仅可以为政府监管部门如何对上市公司经营风险实施重点监控提供理论支撑，同时也可以为银行、企业内部、外部审计部门和政府等主体对资金占用行为实施综合治理，保护广大中小投资者和债权人的合法权益提出切实可行的政策建议。

三、研究内容与框架

（一）研究内容

本章研究的主要内容为控股股东的持股比例与资金占用间的关系，结合公司治理中的委托—代理理论深入探究企业资金占用的内在机理。除了阐述这两者之间的相关性，同时将资本结构这一关键变量纳入研究中，分别研究股权持有者和债权人这两个利益相关者不同的行为动机，分析其行为所带来的"壕沟效应"和"协同效应"如何影响控股股东的资金占用行为。

在具体研究中，首先，从企业控股股东的行为动机分析其资金占用行为，根据其持股比例在企业中所占比重的不同，会分别产生"壕沟效应"和"协同效应"，从而直接决定其资金占用行为，据此提出研究假设一；其次，将资本结构纳入研究中，投资者就被分为股权人和债权人，分析这两种不同的利益主体的行为动机及其对资金占用的影响，据此提出研究假设二；再次，以 A 股上市公司为研究样本，检验了本书所提出的两个研究假设；最后，根据实证研究结果进行分析，并针对不同的参与主体，分别向政府、企业、银行等提出相关政策建议。

（二）研究框架

本章主要通过门槛面板回归的方法对持股比例、资本结构与控股股东资金占用行为之间的关系进行了实证研究，主要包括以下六个部分：

第一节　绪论，首先，简要介绍了控股股东资金占用在中国目前的情况，并结合目前的经济结构转型升级说明解决资金占用问题的重要性；其次，介绍了本研究的理论意义和现实意义；最后，罗列出本章的主要研究内容，研究框架和使用的研究方法。

第二节　国内外研究综述，简单介绍了目前国内外学者对资金占用问题的研究成果，主要包括控股股东资金占用的动机、相关影响因素和后果，并对前人的研究成果进行了仔细梳理和客观评述。

第三节　理论分析与研究假设，结合现有的委托—代理理论，对控股股东与中小投资者利益之间存在的"壕沟效应"和"协同效应"进行分析，并在此基础上提出整个研究的两个核心假设。

第四节　变量定义、数据来源和样本选择，介绍了在门槛回归模型中的各个变量的具体含义，并对其进行解释，同时介绍了研究中所收集的样本来源以及在对样本进行筛选时所依据的几项标准。

第五节　实证研究设计与结果。本节为整个研究的核心，先是根据现有研究提出了一个研究模型，利于门槛面板回归的方法，将模型中的门槛参数先后设置为控股股东持股比例和资产负债率，找出具体的门槛值，得到持股比例、资本结构和控股股东资金占用之间的关系，并结合相关理论对回归结果进行分析。

第六节　结论与展望。首先，对整个研究过程和结果进行归纳，并依据研究结果分别对政府监管部门、企业内外部监管者、银行等债权人提出一些具体的政策建议。其次，对本研究进行反思，指出其中存在的不足，并针对研究中的不足之处提出未来对资金占用问题的展望。

本章研究框架如图 3 - 1 所示。

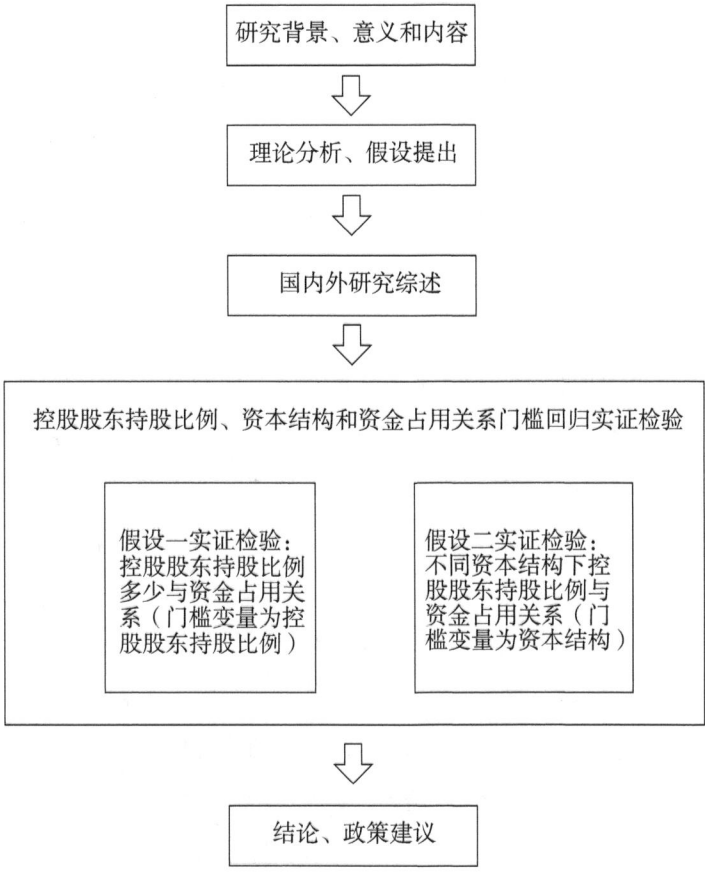

图3-1 本章研究框架图

(三)研究方法

(1)文献分析法。通过对控股股东行为、资金占用等与本研究相关的国内外相关文献的阅读和梳理,总结现有研究成果,并分析对资金占用产生影响的几个重要因素,确定分析模型,并提出两个研究假设。

(2)门槛面板回归。本章以2010—2014年沪市A股非金融类上市公司为研究样本,并以一定标准对样本进行筛选,得到一组平衡的面板数据,运用Hansen的"门槛面板回归模型",分别将控股股东持股比例和资本结构作为门槛变量,实证检验控股股东持股比例与资金占用的关系。本研究所采用的数据统计分析软件为Stata 14.0,在具体数据分析中所采用的计算机程序为中山大学连玉君教授所开发门槛回归程序包。

第二节 国内外研究综述

一、国外资金占用研究综述

在公司治理中存在着两类委托—代理问题：第一类是公司所有者（股东）与其代理人（管理层）之间的代理冲突；第二类是公司大股东与广大中小股东之间的代理冲突。股权结构是公司治理的重要制度安排，当公司股权较为分散时，广大股东出于监管成本的考虑都期望能够通过"搭便车"实现对公司管理层的监管，这反而导致了管理层无人监管的局面，从而管理层便可在无监管压力下轻易获得控制权私人收益，其自利行为必然损害股东的利益，同时由于每个股东手中持有的股份较少，也没有能力获取控制权私人受益，第一类代理问题凸显。当公司股权较为集中时，大股东由于持有的股权较多就有足够动力对管理层实施监督，广大中小股东选择搭大股东的"便车"节约自身监管成本，而公司管理层在很大程度上依附于大股东，大股东便有能力通过种种手段从公司牟取私利，其与广大中小投资者利益之间便产生了利益分歧，第二类代理问题凸显。

在发达国家，企业股权一般集中程度较低，在公司治理中委托人股东与代理人管理层之间的利益冲突导致的问题是主要矛盾（Jensen and Meckling，1976），第一类代理问题较为突出。而在转型与新兴经济国家，公司股权集中程度较高，在公司治理中依据持股比例不同分为大小投资者之间的利益相悖所导致的问题成为主要矛盾（Shleifer and Vishny，1986；Denis and McConnell，2003），第二类代理问题相对较为突出。中国作为一个新兴经济国家，同时对中小投资者的各项法律保护制度不够完善，因而大股东对中小股东的利益侵占较为严重，特别是控股股东占用资金问题在中国上市公司中更是普遍存在。

国外学者很早就关注到上市公司的资金占用问题并进行了深入的研究，Johnson 等（2000）认为控股股东会通过"掏空"（Tunneling）手段来谋取控制权私人收益,从而对公司和整个金融市场造成负面影响,其研究还表明 1997 年亚洲金融风暴的发生就有"掏空"行为的推动。Bertrand 指出"掏空"行为会使会计信息的透明度和可靠性降低,外部投资者因此难以对企业财务状况进行评价。Dyck and Zingales(2004)通过对 39 个国家和地区进行实证研究证明了大股东"掏空"行为的全球普遍性。上述三位学者的研究主要集中在对资金占用问题的后果,并未对资金占用行为的产生机理进行深入探讨,同时也未使用定量研究。Jensen、Meckling(1976)和 Morck(1988)等依据委托—代理理论对上市公司进行研究,提出了管理者持股比例与企业成长之间的"壕沟效应"和"协同效应"。Jensen 等人的研究虽然对管理者持股比例与企业成长之间的关系进行了定量研究,并针对这一委托—代理问题提出了两种效应的作用机制,但并未涉及控股股东这一主体。对于第二类代理问题突出的广大转型与新型经济国家,显然控股股东与企业成长之间的关系以及是否存在上述两种效应更值得关注。

二、国内资金占用研究综述

针对中国企业中存在的资金占用问题国内学者也进行了相关研究。国内有些学者对控股股东资金占用行为的后果进行了研究,姜国华和岳衡(2005)分析了资金占用行为对股东回报和企业经营状况的影响,发现资金占用行为对公司的股票回报率产生了负面影响,从而会影响到公司未来年度的盈利能力,不利于公司的良好经营。林秀清和赵振宗(2008)通过收集公司其他应收款的证据,对大股东资金占用与公司绩效之间的关系进行研究,发现资金占用行为往往通过其他应收款的方式实现,其他应收款数量越大,上市公司的绩效越差,盈利能力也会相应下降,同时资金占用攫取了中小股东的利益,对其自身的融资能力形成破坏力,这也增大了企业的运行风险,同时还发现第一大股东持股与其他应收款比重之间呈现出了非线性关系。但其研究所采用的数据是三年的截面数据,并没有收集面板数据,同时也没有在研究中对第一大股东持股比例在何种水平下会与其他应收款呈正相关，在何种水平下会呈负相关进行深入的研究。资金占用不仅会对上市公司的经营绩效和盈利能力造成影响，还会对上市公司的资本投资，治理方式等方面发挥作用。

杜兴强、郭剑花和雷宇（2010）从公司外部治理机制的角度对资金占用行为进行了实证研究，研究发现采用高质量审计的上市公司，其控股股东的资金占用行为会受到约束并减少占用行为，但资金占用问题严重的企业往往不会选择高质量的审计师对公司相关信息进行监督，以此来降低会计信息的透明度并掩盖其侵占行为，这使得外部审计的监督作用难以得到发挥。周中胜和陈俊（2006）从公司内部治理的角度，采取实证研究方法研究了大股东资金侵占行为对会计信息质量的影响，特别是其与盈余管理之间的关系，结果发现大股东对上市公司的资金侵占行为会强化其盈余管理的动机和行为。这在很大程度上会对上市公司会计信息的质量和可信性造成负面影响，从而加剧市场中的信息不对称，对外部投资者的利益造成损害。以上学者的研究从各个方面研究了上市公司资金占用行为的影响，发现不仅对上市公司的正常经营造成不利影响进而直接损害中小投资者的收益，同时控股股东也会通过盈余管理，减弱高质量审计师的治理作用等方式对资金占用行为进行隐瞒，粉饰经营状况，从而降低公司财务信息的透明度，影响投资者决策并导致损失。

国内学者对于控股股东持股比例、持股方式等与资金占用之间的关系也进行了细致的研究。李增泉、孙铮和王志伟（2004）在其所收集的关联交易信息基础上，对上市公司控股股东的持股比例、控制方式和产权性质与其掏空行为之间的多对关系进行分析，结果表明，控股股东资金占用金额与第一大股东持股比例间存在的并不是简单的线性关系，而是"倒U型"的非线性关系。唐清泉等（2005）发现第一大股东存在"隧道效应"和"壕沟效应"，但不存在"协同效应"；企业集团作为大股东进行隧道挖掘，其效应更为明显。黎来芳、王化成和张伟华（2008）通过将上市公司根据控制权性质分为私人与国家控制、集团和非集团控制四种类型，对资金占用和控制权这一对关系进行研究，发现控股股东持股比例与资金占用规模呈负相关，而其他大股东由于发挥了制衡作用，其持股比例与资金占用同样呈现出负相关，同时发现公司控制权性质的差异也会对资金占用规模产生影响，四种不同控制权类型的公司所表现出的资金占用现象也是不同的。李增泉等人虽然对影响上市公司资金占用的关键因素进行了量化分析，尤其是对控股股东这一主体的各项特点与资金占用关系也进行了探索，但在研究中根据控股股东的不同对上市公司进行分类时采取了将持股比例进行人为主观分段，所获得的结果较为笼统，不够精确。

在研究影响资金占用的其他相关因素方面，邓建平、曾勇和何佳（2007）分别研究了完整改制和非完整改制这两类上市公司的控股股东的资金占用情况进行对比，并对收集的企业数据进行分析，发现与完整改造公司的低资金占用行为相比，公司改造不完整所引起的相关问题更加严重。高雷和张杰（2009）一方面研究了影响资金占用的治理因素，同时对控股股东在占用后所惯常采用的盈余管理手段进行分析，发现治理水平较高的上市公司其资金占用程度不高，这也说明在高水平公司治理的约束下控股股东的行为受到约束，其资金占用行为也会相应收敛，而资金占用行为会对盈余管理水平产生正向的刺激作用，在控股股东进行资金占用后往往会通过盈余管理来掩盖其行为对公司业绩所造成的负面影响。洪金明、徐玉德和李亚茹（2011）研究了信息披露质量、审计师治理与资金占用间的关系，通过对深圳 A 股上市公司进行实证研究发现信息透明度越高，对控股股东的资金占用抑制作用越强，高质量的审计师也会对资金占用行为起到重要的约束作用。梁上坤和陈东华（2015）从制度层面探讨了上市公司控股股东的资金占用行为对管理层人员变动所造成的影响，以此来分析两个主体之间的利益冲突问题，研究发现控股股东的资金占用行为会直接对管理层的薪酬业绩等切身利益产生负面影响，促使管理层的人员流动性加大，不利于企业的平稳发展。杜兴强、曾泉和杜颖洁（2009）基于中国民营上市公司管理者特有的政治联系特征对控股股东的资金占用行为进行研究，并对民营公司高管的政治联系做了两种类别的区分，实证检验了政治联系对大股东资金占用行为的抑制作用，研究发现上市公司高管的代表委员身份会对资金占用起到明显的抑制作用，而政府官员类政治联系对上市公司资金占用行为的这种约束作用却是不明显的。

上述几位学者的研究分别从不同角度对上市公司资金占用问题的起因和相关影响进行了探讨。但在控股股东资金占用问题上，资本结构也在发挥着重要的调节作用，一方面会影响企业经营风险的分配；另一方面股东和债权人参与企业监管的程度也有不同。除此之外，银行作为重要债权人，控股股东的资金占用行为也会对其经营状况造成影响，从而影响整个金融市场的稳定。但上述学者并未将资本结构这一重要因素引入对资金占用问题的研究，同时也忽略了债权人，特别是银行在其中所起的作用。因此，将资本结构纳入到对上市公司资金占用问题的研究之中就具有理论和现实意义。

第三节　理论分析与研究假设

从上述文献回顾中可以看出，尽管控股股东与资金占用的关系研究已经比较丰富，特别是国内学者对中国此问题的研究大都采取了定量研究的方法，得出的结论较为科学。但在具体的研究中，对控股股东持股比例这一变量大多采取主观分段的方式，这种分类方式虽然能够发现持股比例和资金占用间的非线性关系，但不够精确；同时目前的研究成果一般采用的都是截面数据，与之相比面板数据得出的结论更加全面、可信。

本节依据委托—代理理论，认为在企业治理过程由于信息的不对称，存在着委托—代理问题，而且与西方国家相比，中国作为新兴市场对投资者尚没有形成良好的保护制度，且企业股权较为集中，大小股东之间的矛盾突出。处于强势地位的控股股东有动机也有能力通过各种手段掠夺公司资产，侵害中小投资者利益，以满足其私人控制权收益，其中最直接的方式就是资金占用。但控股股东对公司资金的占用不仅能为其自身带来收益，同时也需要付出成本。在市场中，一个理性人做出决策往往需要考虑成本与收益之间的关系,控股股东在决定其是否进行资金占用时也同样会考虑其行为的成本。资金占用一般会影响到公司的正常经营,从而给公司造成损失,这种损失不仅会损害到广大中小投资的利益,同样也会影响到控股股东自身,降低其控制权共享收益。控制权共享收益下降多少取决于控股股东在公司内部的持股份额,持有股份越多,控股股东所需承担的损失就多,较低的股份持有量会随之降低控股股东的损失。在衡量成本和收益后所做出的经济决策,会直接决定控股股东是与中小投资者的利益保持一致,显现"协同效应",还是与中小投资者的利益背道而驰,显现"壕沟效应"。

一、控股股东持股比例与资金占用关系

本节认为控股股东的持股比例与资金占用之间存在着显著的相关性,但这种相关性会随着持股比例的变化而呈现出非线性关系,这种非线性关系主要是由于控股股东的持股比例与资金占用之间存在的"壕沟效应"和"协同效应"所引起的。具体来说,因为当控股股东占用公司资金时,必然会对公司正常经营造成影响,降低控制权共享收益,而作为公司经营的获益者,共享收益的降低在一定程度上会抵消掉一部分其所获取的控制权私人收益,这亦可以视为资金占用的成本。控股股东的资金占用行为是否发生,资金占用程度如何,在很大程度上取决于资金占用的成本和收益如何。一般来说,控股股东资金占用的成本和其对上市公司的投资份额大小,即持股比例多少是密切相关的。

具体来说,对于持股比例较低的控股股东,其对上市公司的投资额较小,承担的风险也相对较小,当资金占用行为影响到公司的正常运转,企业经营中造成的损失给控股股东带来的损失也相对较小,更多的损失都由其他股东,特别是中小投资者来承担,而资金占用为其带来的收益却相对较大,控制权共享收益的损失小于资金占用带来的私利,其资金占用动机会随着持股比例的提高而加强。在一定区间范围内,控股股东的持股比例越大,其相对于中小投资者越处于优势地位,这自然加

强了其资金占用的能力。在占用动机和占用能力二者共同作用下，控股股东持股比例与资金占用呈现正相关，这时控股股东与中小投资者的利益是相悖的，控股股东希望能够通过各种手段占用公司资金以获取控制权私人收益，而广大中小投资者处于相对弱势地位只能随着公司的发展而分享控制权共享收益，控股股东和中小投资者的利益之间便产生了一道鸿沟，"壕沟效应"显现；随着控股股东持股比例的增加，其对上市公司的投资份额相应增大，承担的风险也相对较大，当资金占用行为影响到公司的正常运转，企业经营中造成的损失给控股股东带来的损失也相对较大，其他股东需要对经营失败所承担的责任就相对较小，资金占用对公司价值造成的损失，会抵消掉控股股东更多的控制权私人收益，占用成本上升，其资金占用的动机会随着持股比例的增加而减弱，虽然占用能力增强，但其在衡量成本收益后会减少资金占用行为。这时控股股东与中小投资者的利益是一致的，控股股东希望能够采取各种手段提升公司的管理水平，保证公司的良好运转以带来较多收益，而广大中小投资者也希望能够随着公司的发展而分享控制权共享收益，控股股东和中小投资者的利益之间实现了协同一致，"协同效应"显现。

结合以上理论分析，我们可以通过门槛面板回归模型，并将控股股东持股比例作为门槛变量，检验二者应存在显著的门槛值。在不同的门槛区间内，控股股东持股比例与资金占用之间也会呈现出不同的关系。基于此，本节提出第一个研究假设：

假设一：控股股东持股比例与资金占用之间呈现"倒 U 型"关系，当持股比例在较低的门槛区间内增加时，控股股东的资金占用程度增加；当持股比例在较高的门槛区间内增加时，控股股东的资金占用会受到明显抑制而减少。

二、不同资本结构下控股股东持股比例与资金占用

资产负债率作为上市公司资本结构的重要指标，将公司总资产分为负债和所有者权益，公司的总资产分别属于股权持有者和债权持有者，

那么资产负债率不同的公司其风险分配也会有差别,决定了公司经营风险是由债权人承担较多还是股权人承担较多。这种不同的风险分配格局也会影响到控股股东的资金占用动机和行为。

具体来说,对于资产负债率较高的企业,负债在总资产中所占份额较大,而所有者权益在总资产中所占份额较小。在控股股东持股比例相同的情况下,资产负债率较高的企业其经营风险较多地分配给了债权人来承担,股东自身所需承担的比例就相应减少,这样控股股东的资金占用动机就相对较强,与中小投资者和债权人的利益一致性下降,随着手中所持股份的增加,其更有能力获取控制权私人收益,便容易发生资金占用行为,"壕沟效应"显现。同时资产负债率较高的公司,企业中股东权益占总资产的比重较小,控股股东所持股票价值占总资产的比重就相应较小,其资金占用行为对自身所造成的控制权共享收益损失远小于控制权私人收益,资金占用成本较小,强化了资金占用动机和大小股东双方的利益矛盾,"壕沟效应"便更加明显。除此之外,对于负债率高的企业,经营风险一部分被分配给了债权人承担,债权人由于在企业经营出现问题破产时有优先求偿权,资产清算后会优先补偿债权人的损失,剩余部分才拿来补偿股东们的损失,因此债权人对企业的监管动力并没有一般股东强,总体而言资产负债率较高的企业监管动力相对较小,这在一定程度上也使得资金占用问题更为突出。

至于资产负债率较低的公司,负债在总资产中所占份额较小,而所有者权益在总资产中所占份额就相对较大。在控股股东持股比例相同的情况下,资产负债率较低的企业其经营风险较多地是由股东来承担,债权人所需承担的比例就减少,在高风险的驱使下控股股东也希望企业能够得到较好的发展,因此其各种违法违规行为会得到遏制,这与债权人和中小投资者的利益便趋向一致,"协同效应"显现,资金占用行为相应减少。同时资产负债率较高的公司,企业中股东权益占总资产的比重大,控股股东所持股票价值占总资产的比重就相应较大,其资金占用行为所造成的控制权共享收益下降幅度增加,甚至大于控制权私人收益的增长幅度，资金占用的成本超出了由此所获得的收益，随着手中所持股份的增加，其资金占用动机受到更大的成本约束，"协同效应"明显。除此之外，对于负债率低的企业，经营风险主要由股东承担，债权人承担比例较少，相对债权人而言股东对企业的监管动力较强，更希望企业能够实现有序的管理，取得良性发展，这也在一定程度上约束了资金占用行为。

结合以上理论分析，通过门槛面板回归模型，并将资产负债率作为门槛变量，检验二者还存在显著的门槛值。对于资产负债率不同的公司，控股股东持股比例与资金占用之间也会呈现出不同的关系。基于此，本节提出第二个研究假设：假设二：对于资产负债率处于较低门槛区间的公司，控股股东持股比例与资金占用负相关；对于资产负债率处于较高门槛区间的公司，控股股东持股比例与资金占用正相关。

第四节　变量定义、数据来源与样本选择

一、变量定义

模型中，被解释变量为资金占用，控股股东资金占用采用的主要手段就是关联方交易，在财务报表上就主要表现为其他应收应付款。因此，本章对资金占用程度的衡量就采用其他应收款与其他应付款的差额与总资产的比值。核心解释变量为控股股东持股比例，具体的衡量指标就采用第一大股东所持有上市公司的股份比例来衡量。研究中还根据现有研究成果选择了一些对资金占用有影响的控制变量，本节中的控制变量分别为：①表示公司规模的总资产，本节对总资产采取取对数的形式；②资产负债率，这一指标可以看出所有者权益在总资产中所占比例，同时也可以看作债务投资者对大股东经营上市公司的监督的指标，这一指标在进行研究中同时也作为了门槛参数被使用，用以研究在不同资本结构下控股股东的资金占用行为；③公司治理结构指标，包括监事会规模（用监事人数的自然对数表示）、独立董事比例、召开董事会的次数，这

三项指标代表了公司内部治理的水平，对控股股东的资金占用行为有着较为显著的影响；④公司运营情况用资产净利率表示，代表公司的日常经营情况。其中控股股东持股比例和资产负债率将作为门槛变量加入到回归模型中，检验核心解释变量的区间效应（见表3-1）。

表3-1 各变量名称及释义

变量分组	变量名称	变量解释
被解释变量	occupy	因变量，控股股东对上市公司的资金占用，资金占用=（其他应收款－其他应付款）/总资产
解释变量	Share	第一大股东的持股比例
控制变量	lev	资本结构，即资产负债率
	size	公司规模，总资产的自然对数
	jsize	监事会规模，监事人数的自然对数
	inde	独立董事比例，独立董事人数除以董事总人数
	bm	召开董事会的次数
	roa	资产净利率，净利润/总资产，衡量企业运营情况

二、数据来源与样本选择

为了检验本节所提出的两个假设，本节选取2010—2014年沪市A股上市公司为研究对象，所采用的数据均从CSMAR数据库收集整理得到。为了保证数据的可靠性，研究中对所收集的数据进行了一定的删选，具体的删选遵循了以下原则：①删除金融行业的上市公司，这是由于金融行业的行业特点会使其保留大量现金，导致某些变量产生极端值，纳入样本中会影响结果的准确性；②保留了在2010—2014年连续5年可以获取相关数据的公司，对数据进行门槛面板回归时需要确保样本数据的平衡，因此需要选取能连续年份数据都可以获取的公司；③剔除样本区间内被ST的公司，被ST的公司其本身具有一定的特殊性，不能代表一般公司，因此需从样本中剔除。经过整理与筛选，最后选取了2010年1月1日前上市的825家公司作为研究对象，5年间总计样本数为4125个。

第五节 实证研究设计与结果

一、模型设定

根据前面的理论分析,控股股东的持股比例与资金占用可能因为持股比例自身、资产负债率的不同而呈现出非线性关系,并表现出区间效应。除了控股股东的持股比例和资产负债率之外,企业内部治理同样影响着其资金占用行为,借鉴前文文献综述中提到的现有研究的成果,本节将其也纳入到分析模型中作为控制变量。对公司治理水平的衡量可以采用以下一些指标,如监事会的规模、董事会中独立董事的比例、召开董事会的次数等。此外公司的规模和现有经营情况也会影响到控股股东的资金占用行为,这两个指标分别为总资产和资产净利率。为了消除异方差,我们对模型中的某些变量取自然对数,得到的模型为:

$$occupy = f(share, lev, \ln size, \ln jsize, inde, bm, roa) \quad (3-1)$$

为了避免对资产负债率和持股比例区间的主观划分所带来的估计偏差,本节采用 Hansen 发展的门槛面板模型,根据数据本身的特点来内生地划分区间,进而研究不同门槛区间内各主要变量之间的关系。门槛回归的优点主要有:①门槛值不需要手动划分,且不需要事先设定一个非线性模型,样本数据本身就可以确定模型中门槛值的数量和具体的门槛值是多少;②通过自举法对获得的门槛值进行显著性分析。根据门槛数量的不同,门槛回归模型可分为单一门槛和双门槛模型。一个完整的门槛回归过程是首先验证单一门槛模型是否通过检验,如果单一门槛模型通过检验会自动进行双门槛模型检验,如果双门槛模型检验通过就能够拒绝模型中只存在一个门槛的假设,证明在模型中存在两个门槛值。单门槛回归的模型一般如下:

$$y_i = \theta_1' x_i + e_i (q_i \leq \gamma_1) \quad (3-2)$$

$$y_i = \theta_2' x_i + e_i (q_i >_1) \quad (3-3)$$

在这个单门槛模型中,只存在一个单一的门槛参数 γ_1。

双门槛回归的模型一般如下:

$$y_i = \theta_1' x_i + e_i (q_i \leq \gamma_1) \quad (3-4)$$

$$y_i = \theta_2' x_i + e_i (\gamma_1 \leq q_i < \gamma_2) \quad (3-5)$$

$$y_i = \theta_3' x_i + e_i (q_i \geq \gamma_2) \quad (3-6)$$

在这个双门槛模型中,存在两个门槛参数分别为 γ_1 和 γ_2。

结合我们前面所设定的模型(1),采用门槛面板回归方法设定的单一门槛和双门槛模型如下:

$$Y_{it} = \mu_i + \theta x_{it} + \beta_1 d_{it} I(g_{it} \leq \gamma) + \beta_2 d_{it}(g_{it} > \gamma) + \varepsilon_{it} \quad (3-7)$$

$$Y_{it} = \mu_i + \theta x_{it} + \beta_1 d_{it} I(g_{it} \leq \gamma_1) + \beta_2 d_{it} I(\gamma_1 < g_{it} \leq \gamma_2) + \beta_3 d_{it} I(g_{it} > \gamma_2) + \varepsilon_{it} \quad (3-8)$$

其中 i 表示公司个体,t 表示年份,Y_{it} 和 d_{it} 分别为被解释变量资金占用(occupy)和受门槛变量影响的解释变量控股股东持股比例(share)。x_{it} 为一组对资金占用有显著影响的控制变量,包括公司规模、资本结构、监事会规模、董事会议召开次数、独立董事比例和盈利能力,g_{it} 为门槛变量,本节中为控股股东持股比例(share)和资产负债率(lev),γ 为特定的门槛值,β 为门槛变量在不同取值区间时解释变量对被解释变量的影响系数。$I(\cdot)$ 为一指标函数。μ_i 用于反映公司的个体效应,如公司文化等不可观测的因素,ε_{it} 为随机干扰项。

二、实证结果

进行门槛回归首先就要确定门槛的个数,据此来确定模型的形式是属于单门槛模型还是双门槛模型。我们依次分别对门槛参数为控股股东持股比例 share 和资产负债率 lev 的模型进行单门槛和双门槛回归，得到的 F 值和采用"Bootstrap"得出的 P 值见表 3-2 和表 3-3。通过观察检验结果我们发现，单门槛和双门槛效果都非常显著，相应的自抽样 P 值都为显著小于 0.01。依据门槛回归的特点，双门槛检验结果显著就能够拒绝模型中只存在单门槛的假设，因此，下面我们将基于双门槛模型进行分析。

表 3-2　门槛效果检验（门槛参数为 lev）

	F 值	P 值	临界值		
			1%	5%	10%
单门槛检验	355.372***	0.000	27.890	7.675	4.754
双门槛检验	366.005***	0.000	-163.798	-201.654	-224.159

表 3-3　门槛效果检验（门槛参数为 share）

	F 值	P 值	临界值		
			1%	5%	10%
单门槛检验	20.199***	0.000	6.580	4.144	2.784
双门槛检验	53.292***	0.000	-15.073	-19.502	-26.431

注：(1) P 值和临界值均为采用"bootstrap"反复抽样 300 次得到的结果；
(2) ***、**、*分别表示在 1%、5%、10%的显著性水平上变量显著。

图 3-2 和图 3-3 绘制了门槛值的似然比函数图，更加直观清晰地反映了两个门槛参数各自的门槛值和置信区间的构成。由图 3-2 中我们可以看到门槛估计值 γ 在参数为 share 时两个门槛值分别为 36.16 和 54.51；在门槛参数为 lev 时的两个门槛值分别为 35.114 和 57.262。据此，我们可以根据这些门槛值将样本中所列上市公司按控股股东持股比例的不同分为低持股（share≤36.16）、中等持股（36.16 < share≤54.51）和高持股（share > 54.51）三种类型，同时按资产负债率的不同分为低负债（lev≤35.114）、中等负债（35.114 < lev≤57.262）和高负债（lev > 57.262）三种类型。

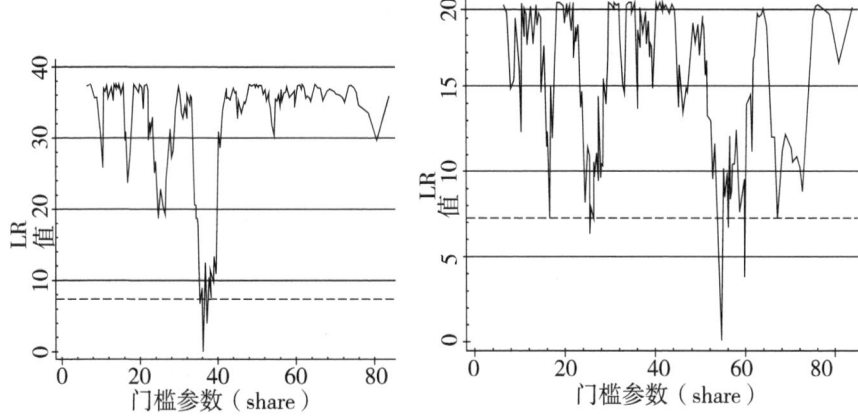

图3-2 门槛参数为控股股东持股比例的门槛估计值和置信区间

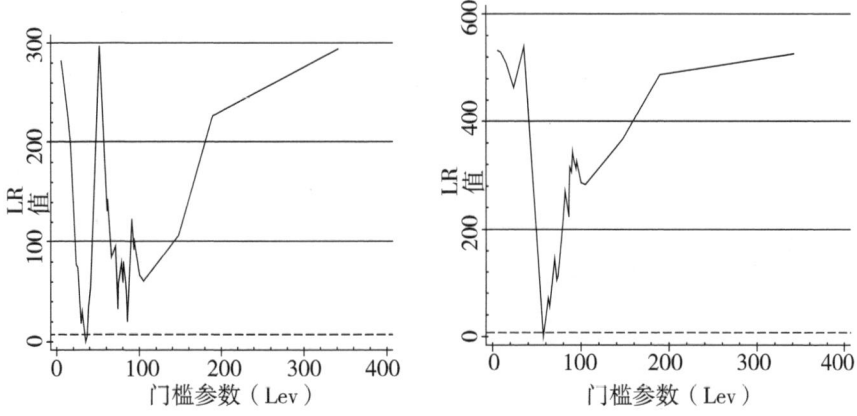

图3-3 门槛参数为资产负债率的门槛估计值和置信区间

表3-4 门槛估计结果

	门槛参数（share1）		门槛参数（lev）	
	估计值	95%置信区间	估计值	95%置信区间
门槛值 γ_1	36.160	[35.390, 38.310]	35.114	[34.391, 37.201]
门槛值 γ_2	54.510	[25.660, 59.720]	57.262	[55.417, 57.429]

表3-4为门槛参数share和lev的门槛值估计结果和相应的95%置

信区间结果。本章分析的重点是在不同的门槛区间内资金占用、控股股东持股比例和资产负债率三者的关系变化情况。从表 3-5 显示的估计结果我们可以对本章提出的假设做出相应的判断。

表 3-5 模型的参数估计结果

变量	系数估计值	
	门槛参数（share）	门槛参数（lev）
size	4.343***	2.189***
	(16.70)	(9.43)
lev	-0.703***	-0.776***
	(-101.22)	(-115.38)
inde	-0.0872*	-0.0374
	(-1.76)	(-0.87)
jsize	3.169***	1.831*
	(2.98)	(1.96)
bm	0.299***	0.119**
	(4.36)	(1.98)
roa	-0.238***	-0.188***
	(-9.38)	(-8.38)
Share-1	0.343***	-0.499***
	(6.41)	(-21.61)
Share-2	0.134***	-0.173***
	(4.03)	(-8.65)
Share-3	0.0528**	0.140***
	(2.03)	(6.72)
c	-72.91***	-8.878*
	(-12.31)	(-1.72)
R^2（within）	0.755	0.799

注：(1) 括号内为各系数所对应的 t 统计量。
(2) 采用 share 作为门槛值时，所对应的门槛区间分别为：$\gamma \leqslant 36.16$，$36.16 < \gamma \leqslant 54.51$，$\gamma > 54.51$，采用 lev 作为门槛值时，所对应的门槛区间分别为：$\gamma \leqslant 35.114$，$35.114 < \gamma \leqslant 57.262$，$\gamma > 57.262$。

(1) 控股股东持股比例。如表 3-5 所示，当控股股东持股比例小于 36.16 时，上市公司控股股东持股比例对资金占用有显著的正向作用，且弹性系数为 0.343。当控股股东持股比例大于 36.16 小于 54.51 时，控股股东持股比例对资金占用同样有显著的正向作用，但弹性系数下降至 0.134，。当控股股东持股比例大于 54.51 时，控股股东持股比例对资金占用依然有显著的正向作用，弹性系数再次下降为 0.0528。这表明随着控股股东持股比例的提高，"协同效应"并没有显现，即使当其持股比例超过总股权的一半时，"壕沟效应"依然存在。但随着比例的不断上升，其与资金占用的弹性系数有了明显的下降，"壕沟效应"减弱。我们前文假设中提出的控股股东持股比例与资金占用之间的"倒 U 型"关系并没有显现，此研究假设被拒绝。

（2）资本结构。如表 3－5 所示，当资产负债率低于 35.114 时，上市公司控股股东持股比例对资金占用有显著的反向作用，弹性系数为 －0.499。当资产负债率大于 35.114 小于 57.262 时，控股股东持股比例对资金占用同样有显著的反向作用，但作用减弱，弹性系数为 －0.173。当资产负债率大于 57.262 时，控股股东持股比例对资金占用有了显著的正向作用，弹性系数为 0.14。这表明当资产负债率较低时，随着上市公司控股股东持股比例的提高，控股股东占用资金的行为受到遏制，"协同效应"显现，随着资产负债率的提高，"协同效应"减弱，当资产负债率提高到一定程度时，"壕沟效应"显现。我们前文假设中提出的资产负债率与控股股东资金占用行为之间的"U 型"关系显现，此研究假设得到验证。

（3）控制变量。如表 3－5 所示，无论是将门槛参数设置为 share 或 lev，上市公司的规模都对资金占用水平都有显著正向影响，弹性系数分别为 4.343 和 2.189，证明上市公司规模越大控股股东资金占用行为越严重，这是由于公司总资产的多少直接决定了控股股东能够从公司内部占有资金量的规模。资产净利润水平对资金占用水平有显著反向影响，弹性系数分别为 －0.238 和 －0.188，证明上市公司经营状况越差，控股股东资金占用行为越严重，这是由于上市公司经营状况越好就表明其内部各项管理制度相对较为完善，较高的盈利能够为控股股东带来较大的收益，控股股东乐于维持公司的正常运转，其目标也与这个企业的经营目标相一致。而监事会规模和召开董事会的次数对资金占用有显著正向影响，说明监事会并没有在监督控股股东中起到真正作用，而召开董事会的次数也在一定程度上说明了在公司召开董事会议也并没有起到监督控股股东行为的作用，反而助长了控股股东的资金占用行为，这主要是由于监事的独立性不够，且缺乏公司管理的相关知识，往往受制于控股股东，而其他董事在召开董事会议时也难以对控股股东形成有力的约束。与以上两个企业内部治理指标相比，独立董事比例对资金占用水平有显著的反向影响，弹性系数为 -0.0872 和 -0.0374，说明相较于公司监事会和董事会议，独立董事在监督控股股东失范行为中发挥了更大作用，这一方面是由于独立董事作为企业经营决策者拥有一定的话语权，同时其本身具有公司治理的专业知识，能够识别控股股东的行为对上市公司所造成的损害；另一方面独立董事代表的是广大中小投资者的利益，其职责就是约束控股股东对其利益的侵占，因此独立董事对资金占用行为的抑制作用是显著的。

三、结果分析

（一）对研究假设 1 不成立的分析

前面我们假设随着控股股东持股比例的提高，其资金占用行为会显著下降，当持股比例越过某一个门槛值时，其与资金占用之间的关系会由正相关变为负相关，而控股股东与中小投资者之间的关系也将从"壕沟效应"转为"协同效应"。但通过本节的数据分析结果可以看出，随着控股股东持股比例的提高，"壕沟效应"一直存在，虽然随着其持股比例的提升这种效应逐渐减弱，但尚未转变为"协同效应"。这一方面，是因为随着控股股东持股比例的增加，其在上市公司中的控制权相应增大，获取控制权私人收益的能力增强，这是"壕沟效应"显现的条件之一。理论上来说，随着持股比例增加，控股股东在公司总资产中所占份额相应提高，企业经营失败所造成的损失将减少其控制权共享收益，资金占用成本也会相应增加。但在仅仅考虑持股比例时，控股股东控制权共享收益的减少，即占用资金的成本尚未完全抵消掉占用资金行为给其带来的私人控制权收益的增加。同时控股股东随着控制权增大占用能力增强，其在衡量成本收益后依然选择了资金占用，"协同效应"没有出现。另一方面，控股股东的持股比例只能代表其在股东中所占份额，不能完全代表其在公司总资产中所占的份额，因为总资产不仅包括所有者权益，还包括负债，在研究控股股东与资金占用关系时也同样需要将负债考虑在内，这样得出的结果才能更为准确。

随着控股股东持股比例的增加，其资金占用成本上升，虽然尚未完全抵消掉私人控制权收益，但也在一定程度上会对控股股东的决策有一定影响。随着控股股东持股比例的增加依然对资金占用行为有显著影响，但影响系数却呈现出不断下降的趋势，从第一区间的 0.343 降到第二区间的 0.134，再降到第三区间的 0.0528，即使并未呈现出我们前面所假设的"协同效应"，但也对资金占用行为起到了约束作用。

（二）对研究假设 2 成立的分析

研究假设 1 中我们讨论了控股股东持股比例与资金占用二者之间的关系，预期的假设并未成立。但控股股东持股比例仅仅代表其在公司所有者权益中所占的比例，其占用的资金来源于公司的总资产，因此在研究中需要考虑资产负债率的变化以得到更为准确的结果。在高负债公司中，资产负债率高，所有者权益相对较少，控股股东持股比例一定时，其所持股份价值相对总资产来说比例较小，资金占用对其自身所造成的控制权共享收益损失较小，较低的资金占用成本，难以对控股股东获取控制权私人收益的动机形成有效约束。同时，与股权人相比，债权人在公司经营失败时由于拥有优先求偿权，他们的利益相对能够得到保障，因此其对公司经营风险的关注没有股权人强烈。此外上市公司的负债大多来自于银行贷款，银行主要关注本金和利息的收回，并未参与企业实质性决策，对控股股东隐蔽的资金占用行为监管动力和监管能力不足，这就致使负债比率较高的公司有较大的自主空间，控股股东获取控制权私人收益的成本较低，再加上企业经营风险一部分转嫁给债权人承担，资金占用行为相应增多；反之，在低负债公司中，资产负债率低，所有者权益相对较多,控股股东持股比例一定时,其所持股份价值相对总资产来说占比较大,资金占用对其自身所造成的控制权共享收益损失较大,在高成本的约束下控股股东获取控制权私人收益的动机降低。与此同时,资产负债率的高低也决定着公司经营风险的分配,在低负债公司,企业经营风险债权人承担的比例较小,股东所需承担的风险比例较大,考虑到资金占用行为所造成经营风险较多由其股东来承担,控股股东作为股东的一员便倾向于减少资金占用行为以避免经营风险波及自身。加之在低负债公司,控股股东占用资金的成本较高,两者共同作用,对资金占用行为的抑制作用更强,"协同效应"显现。对于高负债公司则情况相反,"壕沟效应"显现。

因此,控股股东持股比例对资金占用的影响存在区间效应,从本书数据分析结果也可以看出,随着资产负债率的不断增加,控股股东持股比例对资金占用的影响系数从第一区间的 -0.499 下降到第二区间的 -0.173,当门槛变量资产负债率跨过一个门槛比例后,控股股东对资金占用的影响系数陡然上升至第三区间的 0.140。由此我们可以看出,在资本结构的影响下,控股股东持股比例与资金占用间的关系呈现出了"U 型"关系,理论假设 2 得到验证。

第六节 结论与展望

一、研究结论

与西方成熟的市场中的公司股权分散不同,中国上市公司中一般股权较为集中,在委托代理关系中第二类问题突出,中小投资者在市场中处于相对弱势地位,且新兴市场各项投资保护机制不健全,控股股东的违规获利行为尚难以得到有效抑制。上市公司控股股东就容易通过各种手段侵占公司资产,损害中小投资者利益,控股股东与广大中小投资者二者的利益之间形成了一道深深的鸿沟,而资金占用就是其侵占公司资

第三章 中国企业控股股东持股比例与资金占用

产众多方式中最为普遍的一种。为了研究控股股东资金占用行为的内在动机和机制，本章采用2010—2014年中国沪市A股非金融类上市公司平衡面板数据，通过门槛回归方法实证研究了不同资本结构下控股股东持股比例与资金占用之间的关系。研究发现：上市公司控股股东持股比例处于较低的区间内时，持股比例的增加会促进其资金占用行为，控股股东与中小投资者之间存在明显利益不一致，显现"壕沟效应"，虽然随着控股股东持股比例的增加，其对资金占用的影响程度下降，控股股东与中小投资者之间的利益差异缩小，"壕沟效应"减弱，但并未出现如研究假设中提出的当持股比例处于较高的区间时，两者之间呈现出负相关，控股股东的行为与中小投资者的利益相一致的"协同效应"。在三个门槛区间内虽然分别呈现除了不同的相关关系，但控股股东持股比例与资金占用也未呈现出假设预期的"倒U型"关系。但依据门槛参数资产负债率将样本分为低负债、中等负债和高负债公司三种类型，发现当资产负债率较高时，控股股东持股比例与资金占用呈现正相关，控股股东与中小投资者的利益明显相悖，二者之间的利益显现"壕沟效应"，随着资产负债率降低，控股股东持股比例与资金占用之间的正相关性减弱，甚至在第三区间内呈现出负相关，而控股股东与中小投资者的利益之间的"壕沟效应"减弱并显现出"协同效应"，资产负债率与资金占用之间呈现出假设预期的"U型"关系。说明对于高负债公司来说，控股股东所持股份价值占上市公司总资产份额较小，资金占用所造成的损失对控股股东的利益影响小，因此控股股东的资金占用成本低，同时公司经营风险更多是由债权人承担，股东承担的风险相应较小，由于债权人与股权人相比在企业经营失败后有优先求偿权，债权人对公司内部管理状况的监管动力没有股东强烈，而银行作为上市公司的主要资金借贷者，较少参与公司的内部管理，对控股股东较为隐蔽的资金占用行为难以形成有效的制约，这几方面因素的共同作用使得控股股东的资金占用行为也就更加严重。对于高负债公司则情况相反。

二、启示和建议

基于以上分析,我们可以看出控股股东的资金占用行为不仅与控股股东持股比例有关,同时资产负债率也是一个重要因素。资金占用不仅关乎企业的正常经营给普通投资者所带来的利益损失,同时也会涉及债权人的利益,特别是银行的利益。由于股权持有者和债权人性质的不同,决定了这两个主体参与公司治理程度的差异,正是这种差异导致了资本结构在控股股东持股比例与资金占用这一对关系中充当了重要的中间变量。那么,要有效治理控股股东的资金占用行为,不仅需要从政府监管和上市公司内部治理方面入手,同时也要意识到债权人这个利益相关者,加强债权人,特别是银行的监管职能,并且落实外部审计、独立董事等对企业的监督机制。为了有效遏制控股股东的资金占用行为,上市公司、银行和监管部门应加强合作,共同治理。据此,本章提出以下政策建议:

第一,上市公司提升治理水平,改善股权结构。资产负债率较高的上市公司,特别是负债比率过高的企业面临着较高的经营风险,在目前中国经济进入新常态,下行压力较大的形势下,应主动去杠杆,可以采取债转股等形式改善公司资本结构,降低企业经营风险。这样同时也能够提高控股股东所持股份在总资产中的比重,从而强化其与企业经营状况的一体责任,增加资金占用成本,减少资金占用行为,遏制"壕沟效应";对于资产负债率较低的上市公司,可以采取措施适度分散股权,以实现对控股股东权力的制约,削弱其获取控制权私人收益的能力,增强"协同效应"。除此之外,上市公司也需要加强内部治理,提升管理水平,充分发挥董事会、监事会和独立董事的监督职能,赋予其更多的权力,确保其职能能够切实履行,对控股股东的权力形成有效制约,从而防范第二类代理问题遏制其资金占用行为。但在实现股权分散后,管理层的地位将会上升,管理层与股东之间的矛盾将会更加突出,第一类代理问题凸显。因此,在解决控股股东的资金占用问题的同时,也同样需要加强对管理层的监督，防止第一类代理问题，保护广大投资者的利益。

第二，银行主动参与企业监督管理，助力企业发展。银行一般都是作为企业的债权人为公司发展提供贷款，贷款到期收回本金并赚取利息。在企业经营状况较好时，银行尽力为企业发展提供资金，双方都能从这种合作中获益；但当企业经营出现问题时，银行为了控制风险，便强制性地收回资金，不仅没有助力企业发展，还很容易造成公司资金链断裂，更致使其经营困境雪上加霜，也不免被人叫作"晴天送伞，雨天收伞"。在企业的经营过程中，银行与普通股东不同，只是通过借贷资金获取利息，并不直接参与企业的经营决策，也很少对控股股东的资金占用等不良行为进行监管，这就造成债权人对企业的监管缺位，同时对所贷出的资金如何使用监管乏力，从而为银行产生坏账造成了巨大隐患。对此，银行可以进行适当转变，改变单纯的债权人角色，采取债转股或直接参股等方式为企业注资，投资前对企业进行充分考察，而不仅仅只是寻找现阶段那些资金状况良好的企业，在经营过程中对企业进行严格监管，并提供专业化的管理建议，助力优质企业的发展，同时保障资产安全。特别是在当前经济下行压力下，企业更加需要资金的支持，而许多银行却对企业进行"抽贷"致使其陷入困境。银行不能只看到眼前的风险，同样需要具备投资者的眼光来发现机遇，积极寻找那些未来有发展前景但目前暂时陷入困境的企业进行投资，支持其发展，这不仅是对企业正常经营的支持，更是对其自身资产安全的保障。

第三，监管部门对两类企业重点监控，强化债权人监管权力和意识。监管部门需要切实履行其监管职能以保护中小投资者的利益，对于高负债低持股比和低负债高持股比这两类企业重点监控，因为这两类企业的资金占用成本相对较低，控股股东有能力和动力进行资金占用行为。特别是对于高负债企业，其同时面临着高经营风险，更应重点关注。除此之外，监管部门还需要强化债权人的监管权力和监管意识，同时建立有效的信息披露机制，使公司的各项信息更加透明化，加大违法处罚力度,提高资金占用的成本,以此对控股股东的资金占用行为予以遏制。对企业资金占用的监管不仅要靠政府相关部门,外部治理机制特别是审计机构的参与同样十分重要,加强审计的独立性,使审计师能够公正、客观地对企业经营状况进行监督,充分发挥出审计的外部治理作用。

三、研究中的不足及未来研究方向

本章运用门槛面板回归模型考察了不同资本结构下控股股东的资金占用行为,深化了现有对资金占用问题的研究,在研究方法上也具有一定的创新性,但同时也存在许多不足之处,主要包括以下几个方面:

(1)对于研究对象范围的确定,本章选取了沪市上市公司为样本,而2003年证监会和国资委等部门通过一系列措施在一定程度上遏制住了上市公司的资金占用行为。A股上市公司的数据虽然具有代表性,但与之相比中国新兴资本市场,特别是新三板市场的资金占用等违法违规问题更加严重,中小投资者的利益面临的风险更大,但是限于新三板上市公司的相关数据获取难度较大,且数量庞杂,便没有做相关数据的收集工作。在后续研究中,可以采用抽样的方式选取更具有代表性的新三板上市公司数据来对资金占用问题进行研究,也会更加具有理论意义和现实意义。

(2)本章侧重研究了上市公司中控股股东持股比例与资金占用的关系,但持股比例只是影响控股股东资金占用行为的一个方面,除此之外,控股股东性质、企业性质、行业特征、董事长与总经理是否二职合一等,这些因素同样会对控股股东的资金占用行为有影响,这些因素尚未被纳入本研究中。同时,对于上市公司也没有依据行业、地区等因素进行分类,在后续研究中,可以根据控股股东和公司性质的不同将他们进行分类,并纳入回归模型中以得到更为准确的结论,从而能够更加深入地认识资金占用行为的内在发生机理。

(3)在本研究中对上市公司控股股东资金占用行为的衡量,采取的是其他应收款减去其他应付款与总资产的比值来表示,这一比值只是一个财务指标。而一个上市公司是否存在控股股东的资金占用行为,目前并没有形成一个准确的标准来对其进行界定。对于资金占用行为的界定需要结合公司的不同情况,建立一系列清晰的指标体系,只有这样才能对资金占用形成一套可行的预警机制,从而预防此种问题的发生与蔓延。

第四章　媒体关注与中国上市公司治理效率

  由于现代企业的发展,股份制经历了优胜劣汰后成为现今最普遍的公司组织形式。股份制公司的确有比较高的经营效率,然而由于所有权和经营权的分离产生了管理学中一个重要的分支——委托—代理理论,由此导致的代理问题也成了学术研究的重点关注领域。如何解决委托—代理关系双方利益冲突导致的代理成本问题一直是学者们研究的热点,许多学者都就优化公司治理结构、改善对管理者的激励机制等方面提出了建议。这些措施有一定的积极效果,但是随着经济的发展,上市公司的外部生存环境越来越复杂,市场竞争愈发激烈,仅仅通过公司内部治理结构的优化,无法达到预期的治理效果,因此结合外部治理机制来共同解决代理问题成为了一个新的思路。在西方国家中,媒体一直被认为是独立于司法、立法和行政权力外的"第四权",媒体在外部对公司治理的作用很早就有西方学者进行探究,他们对媒体在市场外部起到的监督作用给予了肯定,而且有学者发现在转型国家中,媒体发挥的积极作用更加明显。在中国现有的法律环境下,随着媒体在曝光公司问题、反腐反贪等方面越来越亮眼的表现,媒体发挥的独立的监督作用也受到了学者们的广泛关注。

  媒体通过对信息的挖掘、加工与广泛传播,可以降低企业利益相关者与经营者间的信息不对称程度,使股东、投资者等获得更多的信息,做出合理的投资决策。此外,媒体所造成的舆论效果也可以触发市场声誉机制,使企业管理人员减少不当行为。媒体还可以通过问题曝光与舆论压力引起行政监督管理部门的介入,使企业迫于行政压力改正违规行为。通过这些机制,媒体关注就可以达到降低公司代理成本的效果,而且由于科技的进步与网络的普及,媒体的传播渠道更为完善,类型更加丰富，除了以往对四大传统媒体的分类外，网络媒体异军突起，已经成为了现今不可忽视的媒体力量。

因此本章对媒体类型进行了细分，把网络媒体的影响力考虑在内，将媒体分为网络媒体、政策导向媒体和市场导向媒体，以期更加深入地了解各类型媒体的影响机制以及对上市公司代理成本的作用。通过对2010—2013年上海证券交易所主板A股上市的公司进行取样研究，实证检验了媒体关注度、媒体类型与代理成本之间的关系。实证结果表明，媒体关注对上市公司的代理成本有明显降低作用。而不同类型的媒体，作用效果确实各有不同。网络媒体可以显著减低全样本公司的代理成本，但是市场导向媒体和政策导向媒体对于全样本的代理成本并无明显影响。考虑到企业的产权性质不同，本研究又针对国有企业、民营企业进行了分组检验，实证结果表明政策导向媒体对国有企业代理成本有显著降低作用，市场导向媒体对民营企业代理成本有显著降低作用。因此，本章认为媒体可以作为公司治理的一种外部手段降低企业代理成本，并且我们应该合理利用不同类型的媒体使之充分发挥监督作用，提升公司的治理效率。

第一节 绪 论

一、选题背景与研究意义

（一）选题背景

随着经济全球化的影响日渐深入，世界经济已进入高速发展的阶段，现代企业在世界经济的舞台上发挥着越来越重要的作用。无论是处在经济发展先头梯队的发达国家还是势头迅猛的发展中国家，扶持企业发展是促进国家经济繁荣的重要手段。因而，如何经营好一家企业，让它成为一个屹立不倒的企业标杆，一直是学界乃至实业界备受关注的问题，对于该问题的探究，人们的努力从未停止。20世纪二三十年代起，伴随着所有权与经营权的分离，人们就从公司治理的角度开始研究企业的经营过程，而公司治理研究的切入点便是代理问题。

代理问题的出现可谓是企业制度发展到公司制的必然产物，企业间的优胜劣汰使得公司制脱颖而出，经理人和股东各司其职的确提高了公司的运营效率，然而其自身存在的缺陷也为企业管理带来了很大的问题，其中最突出的便是委托人和代理人之间的委托—代理关系所导致的代理成本问题。代理成本问题最早是由国外学者在解决委托—代理问题时引入的，它的发展伴随着经济社会的不断进步及企业管理情况的不断变化，从最初的发现"这种成本好像是一种现代股份制公司的必然产物"，到现在研究各个不同的经济组织（如合伙制企业、股份有限公司制企业、非营利组织等）细化的代理成本问题（如两类代理成本），这个问题变得更加多样化和复杂化，也逐渐得到了更多人的重视。

根据委托—代理理论，企业中的委托—代理问题主要来源于管理层和所有者之间的利益冲突。所有者把公司的管理权通过契约的形式交付给了管理者，管理者应该依照契约竭尽全力提高公司业绩。然而公司的管理层也是相对独立的理性经理人，在日常管理过程中他们可能会为了提高公司业绩而出现冒进或投机的行为，也会为了守住眼前的利益而做出保守的决策，这些都会对公司造成一定的剩余损失，也就产生了相应的代理成本，因此建立更有效的机制来抑制因此带来的代理成本显得尤为重要。

据此思路，众多学者都进行了有益的探索，总体看来，相关的机制可分为两部分——公司的内部治理机制和外部治理机制。公司的内部机制主要是通过董事会和管理层建立契约以确立两方的责任及义务，同时设计出相对合理的激励机制来引导经理人做出合理的决策使得股东权益最大化。在现今复杂的市场环境中，交易成本和信息不对称问题使得单纯依靠契约来解决问题显得有些力不从心，因此外部机制也引起了广泛关注。传统的外部治理主要包括相关行政管理法部门的监督及市场调控，随着时代的发展，经理人市场在不断完善，良性的市场竞争也成了外部治理的重要组成部分。然而在中国，经理人市场还不如发达国家成熟，未能发挥出应有的作用，因此媒体监督就成为了不可或缺的外部力量。

市场的繁荣发展离不开信息的传递，中国经济迅猛发展更是伴随着媒体的不断发声与进步。媒体揭露"银广夏""绿大地"等会计舞弊行为时，人们就已经开始关注到媒体的力量了，但是媒体对于公司的影响除了可以揭露会计舞弊，它还可以影响到公司经营的方方面面。2008年王老吉借着媒体对地震捐款的报道使得全国人民疯抢王老吉，王老吉一下从默默无闻变成驰名品牌，公司管理层的一举一动都被媒体所聚焦，因而对公司治理效果产生了明显的正向影响，由此可见媒体对于公司治理的影响也是举足轻重，不可忽视。媒体以其独立的视角和广泛的影响力，通过对公司管理人员及公司声誉的影响，能够弥补内部治理中不足的监督力量。因此深入探究媒体在公司治理中的作用，尤其是对代理成本的影响十分必要。然而随着媒体发展的与时俱进，媒体类型也更加多元化，网络媒体更是成为了不可忽视的部分。为了更好地研究媒体报道对代理成本的影响程度，本章试图通过聚焦在不同媒体类型对于代理成本的影响，来加深对媒体的监督作用的认识。

（二）研究意义

通过对过往文献的梳理，作者发现以往的文献对于降低代理成本的机制设计多着眼于内部治理机制的建设上，对于外部治理机制上的研究不如关于内部治理的研究多。因此本章的研究意义主要体现在以下几个方面：

第一，继续研究网络媒体对于代理成本的影响。随着时代的发展和互联网科技的成熟，"互联网+"已经俨然是未来发展的主要趋势，我们的生活未来都会和网络息息相关。而媒体的报道互联网化以及网络媒体的兴盛，更是让媒体有了翻云覆雨的本领。如今的一条普通报道便可产生巨大的蝴蝶效应，让公司内的管理人员与公司外部的利益相关者必须更加谨慎并且更注重市场的反馈，所以网络媒体已经成为了媒体监督中的新生力量，而且未来对于企业发展的影响更是不可估量。根据罗进辉（2012）的研究成果，已经验证了网络媒体的关注对于代理成本的影响，然而随着媒体力量的不断壮大，本章研究了之后几年的媒体报道对于代理成本的影响，以验证其研究成果的适用性。

第二，本章在媒体类型上更加细分地研究媒体报道对于代理成本的影响。我国的媒体很多是具有政府导向的，政府导向的媒体报道可能更多带有政府干预的色彩，因此相比于更加独立的市场导向财经媒体来说，其作用也不完全相同，因此本章对比了不同类型的媒体的影响效果。此外，由于中国发展的需要，现有的许多上市公司都是国有企业的性质，相比于民营企业来说，国有企业的产权性质就导致了它的代理成本问题主要集中在所有者缺位的问题上，而且国有企业还往往伴随着体量巨大，管理层次过多等问题，因此和民营企业代理问题的不同导致了中国研究代理成本问题更加困难。所以本章把产权性质也作为了一个重要的考虑因素，区分研究了不同的媒体类型对两种不同产权性质的企业的影响机制。

本章考虑到了"媒体类型"和"产权性质"这两个因素对于企业代理成本的影响，采集了相关样本对此展开研究，以期通过本章的研究能扩大该领域的研究范围，更深入和细化地研究媒体作为外部力量对于代理成本的影响，从而能结合中国国情，给相关监管部门以启示，并能对媒体的发展做出更好的引导。

二、研究思路与内容

（一）研究思路

现有文献大部分已经肯定了"媒体监督对于降低代理成本是有正面作用的"，然而以往的文献对于媒体作用的影响都是泛泛的研究，并没有区分各个媒体的影响效果。随着网络媒体的不断兴盛，加之中国特色的社会主义市场环境，使得诸多媒体都具有政治上的关联性，因而政策性媒体相对于一般的市场性媒体又多了一层影响力，所以政策导向型的媒体应该与市场导向型的媒体相互区分，分别研究它们对于代理成本的影响。

此外，由于改革开放，中国的市场的体制由计划经济转为市场经济，为市场上留下了许多实力雄厚的国有企业。而国有企业中无论体制

第四章　媒体关注与中国上市公司治理效率

和管理方式等和民营企业都不尽相同，媒体关注对于高层管理人员影响也不是完全一致。再加之不同的媒体类型，对于不同的企业所产生的影响更是需要我们区别研究，所以本章又把公司产权性质作为一个重要因素来进行分组研究。

因此，本章通过理论上的分析，找出相关的影响机制，然后得出相应的假设。之后通过设计实证模型，再进行实证分析来研究不同类型的媒体对于不同产权类型的上市公司代理成本的影响。

（二）研究内容

本章在根据现有文献，进一步研究了媒体报道对中国不同产权类型的公司代理成本的影响，同时细分了媒体报道的类型，考查不同类型的媒体在不同产权类型的公司下对代理成本的影响程度。因此按照以上研究思路，本章的研究内容包括以下几个部分：

第一节　绪论，主要对本章的研究背景、目的、意义以及本章所采取的研究思路、方法进行了解释。

第二节　国内外文献综述及简评，对国内外与媒体报道、代理成本等相关的文献进行了梳理，并根据对现有文献的阅读思考进行文献的评述。

第三节　媒体关注、媒体类型与代理成本理论分析，依据已有研究文献，结合中国的特殊市场制度环境，逐步理论推演媒体关注、媒体类型影响公司代理成本的作用机制。

第四节　研究设计，在理论分析的基础上提出本章研究假设，然后选取合理的研究样本和模型变量等。

第五节　实证分析，对样本数据进行分组性及全样本的描述性统计分析和多元回归分析。

第六节　研究结论与展望，综合展示了本章所做的实证研究的结论，同时，从外部媒体发展环境等方面提出了一些建议，让媒体发挥监督作用，以期能够降低上市公司的代理成本。

三、研究方法

本章主要使用了理论分析和实证研究的方法，通过定性分析与定量研究的方式，通过演绎、比较的方法得出研究的结论。

在理论分析部分，首先，通过对于近年来相关研究文献的梳理进行自己的重新分析和阐释；其次，通过对代理成本理论和媒体报道相关研究的分析提出了本章的假设。在实证研究部分，借鉴国内外成熟的研究模型，通过描述性分析与多元回归分析等方法，使用 Eviews6.0 等统计软件对相关数据进行了检验，进行从而得出了本章的结论，并形成了相关建议。

四、创新点

通过对文献的梳理发现，过往的研究对于媒体关注度与代理成本之间的关系已经有了一定的认识，奠定了非常良好的基础，然而大多数的研究都是对一种媒体类型或者把多种媒体报道混为一谈，很少有文献对比研究不同类型媒体对代理成本的影响机制和影响效果，因此本书的研究内容是一个创新。

此外，国有企业与民营企业的代理成本问题并不相同，过往文献也很少把国有企业和民营企业分开研究，至于把不同企业和不同媒体相联系的研究就更少了。因此本章的研究能够弥补以往研究的不足，把"公司产权性质"和"媒体类型"这两个要素作为分类研究的标准，结合中国市场的特色和特殊的制度背景，更加细致和深入地探索不同的媒体类型对于公司代理成本的影响，同时分组研究了媒体关注对于民营企业和国有企业不同的影响，以及各个媒体类型对其的相应影响。

在研究方法上，本章不仅采用了多元线性回归模型对媒体关注和代理成本之间的关系进行分析，本章还使用了分组研究的方法，把国有企业和民营企业、网络媒体、政策导向媒体与市场导向媒体分组研究，以分开探究其结果。

第二节 国内外文献综述及简评

一、媒体报道相关文献综述

（一）国外媒体报道相关文献综述

在理论界中首次探讨媒体与公司治理的关系的是来自国外学者Dyck and Zingales（2002），他们在文章中探讨了媒体是通过哪些途径来影响公司治理效果的。因此，他们给样本企业提出关于环境保护的问题，通过记录这些私营公司的反应从而找到了媒体在公司治理中发挥作用的渠道：媒体是通过两方面来影响公司治理的，一方面，是利用自身传播优势和信息获取渠道降低了大众和利益相关者对于信息获取的收集成本以及评估成本；另一方面，则是媒体会对企业的声誉造成一定的影响，从而触发了声誉机制的影响作用，进而影响公司治理效果。通过探究他们提出了观点：认为媒体监督是游离于法律制度之外的保护投资者的一种重要的制度。随后，两位学者又进行了媒体影响机制的深度探索，他们探究了媒体报道对高管负面行为的影响，通过 Dyck and Zingales（2004）对393个转让控制权股份样本的数据分析后发现，媒体舆论的确会减少管理人员的不当行为的发生，而且也会让他们停止对于小股东利益的侵占行为。而媒体之所以会产生这样的影响，主要是舆论会影响管理人员的职业声誉和在未来雇主心中的形象，从而会影响他们的自身利益。此外，通过对全球企业的分析，他们还发现，在媒体言论更加自由客观的国家中，媒体对于公司治理发挥的作用更加明显，最终可以保护投资者的利益。此外，Haw et al.（2004）证明了媒体对于高管侵占中小股东的利益方面也有正面作用。他们收集了9个东亚国家和13个欧洲国家的样本企业的经营数据，研究了公司的财务数据和所有权构成，发现在媒体监督力量较强的国家中，高管的控制权个人收益有明显减低。Dyck 等（2008）对俄罗斯"隐者基金"的研究发现，当投资基金作为上市公司的股东时，它们会利用媒体提高公司负面报道曝光率，从而能促进公司改进问题。这篇文章还指出，媒体报道曝光后会影响管理层的声誉并且会加大法律对管理人员的处罚力度，因此可以认为媒体发布的负面信息有利于公司治理采取相应的措施，而媒体舆论主要是通过影响高级管理人员的声誉，增加了不当行为的发生成本这些因素提高公司治理效果的。

而媒体舆论除了能够影响管理人员的行为，适当的媒体报道还可以减少股东等利益相关者及信息使用者与经营者之间的信息不对称程度，从而使公司管理更加透明，经营者和所有者之间的利益能够更加一致。Joe（2003）通过研究媒体报道和审计师审计报告鉴定结果之间的关系，说明舆论造成影响会影响审计师对于公司运营的信息，他的研究结论证明当媒体曝光上市公司的负面消息是，审计师会更有可能出具持保留意见的审计报告。而Tetlock（2007），Tetlock et al.（2008）的研究更进一步证明了媒体报道对于信息不对称的作用，因为媒体的报道使投资者可以获得更多公司运营方面的"隐性信息"，这些信息可以帮助提高上市公司的股价有效性。Fang and Peress（2009）的研究进一步拓展了上述结论，他们的研究证明了当投资者无法获取有效且足够的公司相关信息时，媒体广泛且持续的关注会提高信息透明的程度，有效缓解信息不对称的情况，这样公司的风险溢价会减少，回报预期也会适度降低，而投资者面临的交易风险也会随之降低，因此媒体就起到了外部监督的作用，保护投资者的利益。而Miller（2006）的研究进一步验证了该论点，并揭示了媒体的监督动机。Miller的研究指出，媒体天然便会追寻社会热点事件，因为它们为了自身的商业利益和未来会驱使它们揭露企业的问题而提升它们在媒体市场的声誉和商业价值。因此在此内在驱动的影响下，媒体在缓解信息不对称方面就会自然发挥出重要的作用。Bushee et al.（2010）的实证检验结果证实了媒体监督可以有效降低信息不对称的程度，他通过对纳斯达克市场上的1000多家样本公司的研究证明，媒体可以通过影响上市公司的盈余报告信息环境来提高信息透明度。这些研究都证明了媒体关注对于信息有效性的作用。

第四章　媒体关注与中国上市公司治理效率

媒体监督对于公司治理的有利影响还体现在其他方面。Joe et al. (2009) 的研究证明了媒体可以提高董事会的监督效率，通过财经媒体投资者对上市公司董事会的有效性评价，该研究证明了当董事们不积极行为被曝光后，公司董事会的尽职率得到明显提升并改进了公司治理效果。Chen et al. (2013) 的研究一方面证明了媒体关注可以降低投资人与公司管理人员间的信息不对称程度，可以提高公司治理效率；另一方面不当的媒体报道也会对投资者的信心造成影响，从而导致他们的投资失误。Kim O (1994) 的研究证实媒体关注可以提高公司业绩，而且会减少公司高管人员薪酬过高的现象，提升他们的工作效率。

综观国外学者的研究结果，可以发现媒体的外部监督在降低信息不对称，减少管理人员不当行为等方面有着较明显的积极作用。媒体监督发挥作用的机制主要是通过降低信息不对称程度以及发挥声誉机制的作用。此外，媒体还可以提高董事履职程度，更加合理分配管理人员薪酬，提高公司业绩，因此媒体监督对于公司治理有着比较正面的影响。

（二）国内媒体报道相关文献综述

中国对于媒体监督作用的研究呈现了逐渐发展，充分适应中国市场特征的规律，由于中国同国外发达国家的市场情况的不同，中国媒体发挥的作用和机制也有所区别。

张烨 (2009) 通过分析中国媒体所处的环境和中国公司治理的现状，认为媒体报道可以减少投资者的信息获得成本，将内幕交易的发生可能降低，从而在证券市场中达到保护投资者的作用。郑志刚 (2007) 在关于公司治理角色的文献综述中提出，在新兴市场国家，法律制度外的监督角色非常重要，在短期内仅通过法律来充分保护投资者利益是不可能的，应该考虑包括媒体在内的外部监督力量来帮助公司进行治理。媒体监督的重要性被逐渐肯定后，国内学者们对于媒体监督的关注也越来越高。

于忠泊、田高良等 (2011) 进一步研究了媒体监督在公司治理中扮演的角色，它们从盈余管理的视角找到了媒体的作用机制。媒体关注会使管理人员更加注重如何满足市场预期。由于媒体营造的巨大压力使管理人员不再只关注眼前的短期业绩，他们会更加重视公司的长远利益，他们的行为也会更偏向项目带来的盈余，从而减少了对公司长期利益的侵害，提高了公司绩效。而梁红玉等（2012）结合了现今最流行的"大数据"理论，研究了媒体关注对公司治理的影响，研究认为正面的媒体曝光会减少经营者与股东、投资者间的信息不对称程度，从而降低了代理成本，减缓了经理层与所有者间的利益冲突。熊艳、李常青等（2011）用案例分析的手法，深入分析了"霸王事件"的始末，探讨了媒体对"轰动效应"的传导机制，最终研究认为媒体虽然从市场外部可以帮助完善现有的监管体制，但是从经济后果和声誉影响来看，它也是一把双刃剑。在一定程度上，媒体的过度曝光对资本市场的正常运作也产生了不利影响。戴亦一、潘越等（2011）通过实证检验发现媒体的监督作用与政府管制也有无可分割的关系。他们收集了2004—2009年间发生财务重述的上市公司，研究发现在媒体所有报道中，只有企业的负面报道可以降低公司发生财务重述问题的可能性，正面报道则无明显影响。此外，媒体监督力量强弱与政府营造的媒体发声环境有着重要关联，政府管制会降低媒体的监督作用。贺建刚等（2008）通过对五粮液公司治理问题的深入分析，研究了公司关联交易在媒体关注的作用下对大股东利益现象的影响。该案例说明中国的很多市场纠正机制是不足以约束并促使公司改进公司治理问题的，即使有媒体监督的作用，大股东滥用公司控制权进行利益输送进而侵害中小股东的行为并没有停止。在中国，不仅需要更健全的市场机制，更有力的媒体监督，还需要政府规制的介入才能有效治理公司发生的问题。醋卫华和李培功（2012）进一步研究了媒体负面报道与问题企业之间的关系，他们发现在他们取样的发生治理问题的公司中，有多于1/2的公司在受到行政监管部门调查之前，都被媒体曝光过相关问题。同时两位学者还认为媒体确实在中国可以发挥出积极的监督作用，然而在中国并不健全的法律环境下，媒体监督的作用相比西方国家有所减弱。杨德明和赵璨（2012）的研究进一步说明了中国的媒体监督与国外媒体的差别，他们通过研究

A股市场1274个上市公司的高管薪酬情况，发现在中国媒体的声誉机制并不像西方国家那样行之有效。中国的声誉机制所带来的市场作用并未完全发挥，媒体的监督作用并不能完全落实到公司治理中来，媒体监督的力量略显薄弱，因此需要引入行政监管部门的力量来发挥应有的作用。这些文献可以证明，在中国媒体确实可以积极主动地发挥出外部监督的作用，然而不同于西方国家的作用机制，在现有市场条件下，中国媒体的监督力量不足以发挥出治理功能，还需要政府规制的力量来补足。

李培功和沈艺峰（2010）则提出了适应中国国情的媒体监督作用机制，那就是引入行政介入。他们通过实证研究，将"中国董事会排行榜"中获选"最差董事会"的50家公司作为研究样本，证实了媒体在公司治理方面的正面作用。但是通过研究这50家公司的改进作用机制，他们发现在中国经理人市场不完善，法律机制不健全的环境下，中国媒体发挥外部监督作用是通过引起行政介入的力量实现的，而这一途径也是有效解决中国公司治理问题的主要途径。同时他们还将媒体分类为政策导向报与市场导向报，分别验证了不同媒体类型的作用，进一步肯定了在中国政府规制的经济作用。

而罗进辉（2012）则肯定地说明了在中国网络环境迅速发展的情况下，网络媒体对于缓解公司两类代理成本的作用，并且明确指出，媒体对于缓解第一类代理成本有着更加有效的作用。逯东、付鹏等（2015）则参考了李培功和沈艺峰以及罗进辉的分类方法，通过对2009—2012年A股市场5800家上市公司的实证研究，证明了媒体监督对于提高内部控制质量有着有效的作用，并且研究证明了网络媒体可以明显提高内部控制质量，但是市场媒体没有明显的积极作用。同时还证明了，网络媒体可以提高中央国有上市公司和民营上市公司的内部控制质量，地方国有企业由于对媒体的过度管制，影响了媒体监督作用的充分发挥。而沈艺峰、杨晶等（2013）的研究也肯定了在现在网络媒体发达的环境下，网络舆论可以触发外部治理机制，引起相关监管部门的介入以及资本市场的惩罚，但是无法引起公司内部治理的相关措施。通过研究网络舆论与上市公司定向增发的关系，该研究肯定了网络媒体对于公司治理的正面作用。网络媒体的迅猛发展也伴随着媒体类型的细化，现在自媒体更是成为了信息传播的主流，以微博为代表的自媒体在我们的经济与日常生活中发挥着越来越重要的作用。何贤杰、王孝钰等（2016）就针对最新的网络媒体——微博所带来的信息披露与公司治理间的关系进行了研究，研究发现公司治理水平越高的公司，越积极设立公司的官方企业微博，通过微博公司会发布更多非强制披露的信息，减少了股东、投资者等利益相关者与管理人员的信息不对称程度。然而它的更加深入的作用机制仍需要更多学者进行研究。

因此，分析国内学者关于媒体报道的文献，我们可以清晰地看出国内研究发展的脉络，我们在国外研究成果的基础上逐渐摸索出了适合中国国情与市场特点的治理机制。我们的研究与外国研究成果有很多不谋而合之处，在中国我们需要媒体作为外部监督力量补充，而且通过多个学者的实证研究，媒体监督确实有利于公司治理。然而，在中国公司治理却没有发挥出如外国学者所阐述的效果，这主要是由于中国声誉机制不完善的原因，因此在中国还需要行政监管机构代表的官方力量来进行补充，媒体就充当了行政介入的引子。而且研究还指出，正是由于中国行政力量的强大性，在我们利用行政力量帮助企业改进治理问题时，还要防止行政管制对于媒体监督的影响。随着中国科技、经济的不断发展，人们思想意识的不断进步，在网络环境下媒体类型尤其是网络媒体的迅速崛起，中国关于媒体研究还在不断细化，一直与时俱进地关注媒体监督与公司治理间的关系，以期更好地促进中国经济发展。

二、代理成本相关文献综述

（一）国外代理成本文献综述

关于代理成本的研究，国外学者也是从1976年代理问题首次被提出后开始逐渐进行深入研究的。Jensen and Meckling（1976）在文章中提出了代理成本这个概念，他们将代理成本简单解释为解决公司产生的代理问题所发生的成本，代理成本由四个部分组成：签约成本、委托人的监督成本、代理人的保证支出和剩余损失。而代理问题的形成则是因为管理人员很容易发生的"道德风险"以及"逆向选择"问题，这两个问题的产生会导致委托—代理关系中委托人与代理人间的利益冲突，导致代理人会侵害一部分委托人的利益，从而产生了代理问题。然而这只是存在于经营者与所有者间的代理问题，更多存在于股权相对分散的企业，随着经济的发展，股权集中成了更多公司的常态。Shleifer and Vishny（1986）的研究发现当公司股权较为分散时，小股东只能"用脚投票"，使得"搭便车"行为越来越多，这会造成公司代理成本的升高。Laporta 等（1999）研究了全世界 27 个不同国家的公司代理成本后发现，大股东由于掌握更多的控制权会侵害小股东的利益，这样就产生了大股东与小股东间的代理问题，这也是公司的一项代理成本。而代理成本对公司的影响不言而喻，Bernanke and Gertler（1990）的研究就说明了代理成本高对公司的危害，它会使公司内外部融资成本产生差异，使外部融资成本升高。

那么如何减少公司的代理成本呢？不同的学者从各个角度进行了研究，以期找到相关的影响因素。从经营者行为方面，Fama（1980）的研究发现，当经理人的行为可以使委托人和代理人的利益更趋一致时，公司代理成本会降低。当经理人关注到企业内部的未来发展有利于自己在外部就业市场中的发展时，他们会更多考虑公司股东的利益而愈加勤勉，从而减少剩余损失。而 Mitchell D. 等（1986）利用实证模型探索了可以影响管理者行为的因素—公司的激励机制，合理的报酬激励对经理人的行为产生影响，尤其在管理者职业生涯起步阶段，对于减少代理成本方面有积极作用。关于管理人员的激励机制的设置，多位学者证明了管理层持股是一个值得考虑的途径。Francis J, et al.（2009）通过实证发现公司的代理成本与内部股权结构组成无明显相关关系，而管理层是否持股则会影响代理成本的高低。管理层持股到底会增加还是降低代理成本，主要取决于持股比例。Morse 等（2010）也对管理层持股比例进行了研究，他们发现当公司高管人员从股东会内部选拔时，公司的代理成本低于外部聘任高管人员。从而证明了，当职业经理人的持股比例升高时，代理成本会降低。Davidson, et al.（2006）的研究也支持了此项观点，他们对比了上市公司 IPO 前后管理层持股变动与代理成本的变化，研究发现管理层持股比例的升高可以降低代理成本，而这种作用与公司是否 IPO 无关。降低代理成本不仅需要管理人员行为的改进，也需要公司内部治理制度的约束。Fama and Jensen（1983）的研究发现，当公司内部存在关于经理人经营决策和决策评估相互独立的制约机制时，公司的代理成本会降低。当公司外部出现股票控制权回收机制时，即使代理问题出现，也可以降低代理成本。Jensen（1986）通过对自由现金流在企业中的运动过程的研究，进一步探究了影响代理成本的因素，他将导致代理成本的问题总结为：委托人与代理人利益不一致，信息不对称，激励机制不相容，小股东搭便车行为等。

通过梳理关于代理成本问题的国外文献，我们可以发现国外学者从代理问题的产生到对其影响因素和影响机制的探索进行了诸多努力。但是更多的是注重了内部机制设定与管理者内部激励的改善，对于外部环境对于代理成本的影响，外国的学者们并未作深入的研究。

（二）国内代理成本文献综述

由于中国处于社会主义的初级阶段，仍属于发展中国家的行列，而且正处于经济转型期间，因此，中国的市场经济环境与国外发达国家有很多不同。随着中国国有企业改革的不断进行，中国上市公司的股权集中现象更加明显，因此，在中国大股东与小股东间的利益冲突也更加明显。

中国学者针对中国国情，结合中国国有企业比例占优的现状探究了降低中国上市公司降低代理成本的因素。在公司内部治理方面，许多学者都针对代理成本与公司的资本结构间关系进行了研究。晏艳阳和陈共荣（2001）通过对中国债券市场的研究，发现当公司的债务融资比重升高时，上市公司的股东、高管、债权人间的利益冲突会降低，代理成本也会降低。更多学者探究股权集中度与代理成本间的关系。宋力和韩亮亮（2005）的研究发现当公司股权结构优化后，上市公司代理成本会适当降低。他们对证券市场上1080家上市公司的实证研究发现股权制衡制度会对代理成本产生明显的正向影响，而股权集中程度则会显著降低代理成本，因此合理设置公司的股权集中程度和股权制衡制度可以缓解代理问题。随后秦彬和肖坤（2007）关于公司股权结构与两类代理成本研究，张欣和宋力（2007）通过典型相分析法对股权结构与代理成本间的深入研究，吕景胜和邓汉（2010）通过对2009年完成股权分置改革的中小板制造类企业的分析研究，也证明了股权集中度、股权制衡制度等内部资本结构构成因素的提高都可以减低代理成本，这些研究都支持了股权集中度与代理成本呈现负向关系的研究结论。除了股权集中程度、股权制衡制度等因素，公司内部治理的其他因素也是国内学者的研究内容。平新乔等（2003）对2002年国有企业改制调查的实证研究用最大似然估计法证明国有企业的代理问题会降低企业经营效率。他认为，在国有企业中，有效解决代理问题的方法是使财产控制权和所有权两权分离。曾庆生和陈信元（2006）的研究发现在我国企业的终极控制权性质会与代理成本之间有显著相关关系，而董事会是否独立则无法影响代理成本，这说明董事会的监督作用在国企中并不显著。随后还有学者针对企业的产权性质进行了更深入的研究，李寿喜（2007）通过电子电器行业进行研究后发现，终级控制权为国家所有的企业其代理成本较高，产权所有者为个人或混合所有的企业代理成本低。但是随着企业规模的扩大，产权差异带来的代理成本间的区别会减少。同时，无政府管制的自由的市场竞争环境会有利于降低产权差异导致的代理成本差别。李明辉（2009）通过对2001—2006年上市公司的大样本数据的研究，发现监事会的履职率、董事会独立性、董事长与总经理两职分离都会对公司的代理成本产生积极影响。在外部治理因素方面，吴晓辉等（2012）将外部制度与内部资本配置两项因素相结合，系统研究了在中国创业企业中影响公司代理成本的因素。结果发现，资本自由程度是影响代理成本的主要原因，而这些主要受到来自外部的政府干预以及内部的创新产权制度的构成两方面的影响。

通过对国内学者对代理成本研究成果的梳理，我们发现，国内学者在研究方面主要集中于股权集中程度、终极控制权行政以及公司资本结构组成、董事会治理效果方面，这些也是主要针对于公司内部治理的因素进行研究的。而外部治理方面，中国学者也进行了研究，但是研究内容主要集中于政府管制方面，还需要对外部影响因素进行进一步的探究。但是总的来说，中国学者的研究更加适合中国的国情，对于中国代理问题的理论研究做出了贡献。

三、简　评

本章通过对国内外学者对于媒体报道、媒体类型和代理成本间的文献进行整理和对比后发现，国内外学者对媒体监督对于公司治理的作用从很早就进行了研究，到了现在研究结果可以说是非常丰富，总体来说国内外学者都对媒体外部监督作用进行了肯定，无论从理论还是实践角度都证明了对于公司治理的有利影响。尽管媒体报道也存在着客观性问题，在中国媒体存在的新闻环境也不如西方一些国家自由，但是瑕不掩瑜，媒体对于公司问题的报告在减少管理层不当行为、合理化管理层薪酬、提高董事会履职率等方面确实有积极作用。但是媒体关注对于公司治理的影响机制，中外学者的结论有所不同。除了国外学者提出的通过缓解信息不对称问题、触发市场声誉机制外，中国学者还强调了政府规制行为的力量，而且在中国由于国有企业在证券市场中的占比更高，行政监管部门的介入有着更好的降低代理成本的效果。由于中国经理人市场尚未成熟，声誉机制的治理作用不如国外发达国家明显。此外，国内学者还针对媒体类型的不同，研究了不同媒体作用的区别。但是由于网络媒体的发展年限较短，因此这方面的研究还不够充分，但是相关学者也一直在与时俱进的进行研究，以期获得更多有益的结论。相比学者们对于媒体报道作用的研究，代理问题一直是学者们研究所关注的重点，而且研究结果更加全面，研究方法也更加丰富。但是关于降低代理成本的因素的研究中，许多学者更多还是把注意力放在了内部治理因素上，尽管他们也研究了外部因素，但是对于媒体这个独立的"第四权"与代理成本之间的关系还是少有学者涉猎的，对于媒体更深入的研究也是非常少。

从治理效果来看，内部治理无疑是最终实现减缓公司代理问题的有效手段，然而仅仅期望内部治理自发进行改进和监督是不现实的，因此外部的监督和约束就至关重要。在现有法律的条件下，媒体无疑是外部监督的有力候选者，通过对于信息的挖掘和传播，以及对于舆论的营造，媒体可以代表小股东以及投资人等利益相关者监督经理人的举动，从而获得更好的公司治理结果。因此，本章认为，深入研究媒体监督作为外部治理手段对代理成本的影响更有利于完善中国资本市场的监督机制，有利于促进中国市场经济的不断发展。

第三节　媒体关注、媒体类型与代理成本理论分析

一、相关概念的界定

（一）媒体关注

所谓媒体，是一个音译词汇，音译为"媒介"，其意义就是两者之间。媒体有两种意思：一是指代承载信息的物体；二是指存储、呈现、处理、传递信息的实体。总而言之，媒体就是承载信息或传输和控制信息的材料和工具。媒体作为现代传播方式的主要力量，在社会信息传播和促进社会进步等方面有着极大的贡献。

媒体关注，是媒体通过对其报道的数量反映出媒体对相应事件的关注程度。而媒体报道则是指现行媒体基于其第三方的立场，对社会中出现的各种事件和现象，通过对事实的如实报道并加以深度加工，呈现出

的或正面或负面的评论、分析和结论。媒体的报道可以引起社会的关注和舆论,因而能够成为独立于立法、行政和司法之外的"第四权",在扩大公共信息传播,约束政府行为和完善监督体系等方面都起到了重要的作用。

(二)媒体类型

媒体按照其形式来分,可分为平面媒体(如报刊、书籍、光电等),电波媒体(如广播、电视等)和网络媒体(网络索引、动画、论坛等)。中国现行的媒体就只有这三类,而这些媒体而按照其出现的先后顺序,则有了我们所熟知的传统媒体和新媒体之分。传统四大媒体包括:报纸、杂志、广播、电视,而随着科技的进步发展,网络科技所衍生出的网络媒体和移动网络媒体则成了新媒体的代表。尤其是在现在的大数据时代,随着5G网络的即将到来,新媒体的发展日新月异,它在传统媒体的基础上有以下特点:交互性与及时性,海量性和共享性,多媒体化和超文本化,个性化与社群化。

本章把媒体按照其传播形式和渠道分为了网络媒体和报纸媒体。网络媒体是在现在科技水平下,投资者和股东们接受外部信息的主要渠道,因而网络媒体的关注度对受众的决策有比较重要的影响。而报纸媒体尤其是财经类报纸一直是人们比较信赖的传播媒介,发行量也比较大。在报纸媒体中,按照媒体的政治关联程度,把《中国证券报》、《证券日报》《证券时报》《上海证券报》作为政府导向媒体;把《中国经营报》《经济观察报》《21世纪经济报道》和《第一财经日报》作为市场导向媒体。政府导向型媒体是相关行政机构指定的上市公司信息披露的专门报纸,具有半官方色彩,具备传达政策导向的功能(李培功、沈艺峰,2010);而市场导向媒体则属于市场影响力和受众覆盖方面的龙头媒体,其报道更加独立并能反映市场风向,因而有如此区分。

(三)代理成本

由于代理成本是随着公司制的产生而衍生出的,由于企业所有权和管理权的分离而导致了委托代理关系的出现,从而使得股东和高层管理

第四章 媒体关注与中国上市公司治理效率

者在利益不一致的情况下对公司经营造成的损失。为了解释代理成本，Jensen 和 Meckling 在 1976 年首先把代理成本定义为"一名或多名委托人聘用另一代理人代表他们行使某些职责，而委托人会授予一部分职责"的这样一份契约。随后，他们又把代理成本界定为"签约成本，委托人的监督支出、代理人的保证支出和剩余损失四项之和。"代理成本的定义描述了股权高度分散的公司中代理成本的产生原因，这也就是所谓的第一类代理成本问题。然而很多公司都存在大股东控股的现象，因此代理成本还应该包含股东间的代理成本问题。

1999 年，La Porta 等人发表了一篇文章，突破了传统的研究对象，不再着眼于股权分散的公司，而是去分析股权相对集中的公司。他的研究发现股权集中才是全球企业的一个普遍现象，大股东在管理的过程中会因为自身的利益而与其他股东产生利益冲突，因而产生了大股东侵占小股东利益的动机。可是大股东与小股东之间的代理问题的形成条件则源于企业的控制权与现金流索取权的分离。这种分离来源公司层级叠错的控股关系，终极控制人不需要投入大量的资金通过对其他股东的控制即可获得相当大的投票权。因而，控股股东利用控制权获得更多利于自身的收益，从而侵占了其他股东应该共同分享的公司利润，使得大股东代理其他小股东的控制权产生了一定的利益损失，从而产生了第二类代理成本。

关于代理成本，本章参考罗进辉（2012）及罗炜、朱春艳（2010）的方法，使用总资产周转率来衡量公司股东与公司直接管理人员之间的代理成本。总资产周转率主要用于衡量由于经理的不当决策或偷懒行为导致的资产低效使用引起的代理成本问题。具体来说，当总资产周转率越高，股东与管理人员之间的代理成本越低。

根据罗进辉（2012）的解释，总资产周转率能够反映管理层对以闲暇享受代替努力工作所带来的代理成本的控制效率。而相对于企业管理人员在职消费或股东利益侵占来说，管理人员的投机主义或不当行为更容易被媒体人员发现或被从业人员检举，从而使不当行为得到曝光或收到惩罚。究其原因，是因为管理人员相比股东来说，属于公司运营舞台的"台前人员"，而股东更多扮演的是"后台"角色，因此当公司受到惩罚时，管理人员往往会成为惩处的直接对象。因此总资产周转率对于代理成本变动的影响敏感程度会相对来说更加明显。

二、媒体关注、媒体类型对代理成本的影响

关于媒体关注对于代理成本的影响机理，国内外的学者得到了丰富的研究成果，Dyck、Zingales（2002）开创性地提出了媒体通过影响公司声誉来改善效果的三种途径；Dyck、Volchkova、Zingales（2008）则提出了财经媒体影响经理人决策来降低代理成本的四种途径；国内学者如李培功、沈艺峰（2010）认为在我国媒体主要是通过引起行政监管部门介入实现的。通过对以往学者文献结论的总结，本章认为媒体关注对于代理成本的影响主要是通过以下三种机制：信息传播机制、声誉机制和行政介入机制，并且这三种机制无论从事前约束还是事后监督方面，都可以对代理成本有所影响。事前，可以约束管理者的不当行为；事后则揭露公司问题，营造舆论压力，造成公司声誉减损、引起行政介入等。

此外，李培功等人（2013）还发现，由于中国国情决定，中国的媒体行业按照控制权可以分为国家所有制的媒体和市场企业制的媒体。两种媒体的控制权所属不同，其传播渠道和特点等方面都有所区分，各类媒体在三种机制中起到的作用也各不相同。政策导向媒体发布的报道和对不合规企业的规劝对于企业的影响力非常大，尤其是在中国国有企业数量占优的情况下，本章首先分析媒体关注对代理成本研究的机制，并具体分析在三种机制中，不同类型的媒体其对代理成本的不同影响。

（一）信息传播

1. 信息不对称理论

信息传播机制包含了信息传播的来源、形式、途径等环节，是由信

息传播者、信息传播途径、传播媒介和信息接受者构成的整体。媒体通过信息传播机制对代理成本产生影响主要是依据信息不对称理论。信息不对称理论是指在市场经济活动中，各类掌握不同信息的人员中获得更多信息的一方相比处于信息劣势一方所获得的竞争优势。这一点在企业中则体现在经理人与股东、投资者等其他信息使用者的信息不对称。其他外部信息使用者获得公司信息的方式主要是通过公司信息披露，而市场要求强制披露的部分无法满足所有需求，因此自愿披露部分就会被管理者操纵，从而最大限度地维护自身利益。

2. 影响机制

媒体关注在缓解信息不对称方面就主要是通过媒体广泛的传播渠道，巨大的受众基础和丰富的信息来源实现的，而三种类型的媒体：网络媒体、市场导向媒体和政策导向媒体均可以帮助信息的传播。而媒体对于企业事前约束的作用，也体现于此。

媒体，尤其是无政治关联的媒体如网络媒体和市场导向媒体由于需要自负盈亏，它们只有通过获得民众广泛的关注和足够的信任才能不断通过信息传播盈利，因此这类媒体有很强的动机去挖掘一些可能让人们关注的消息，并进行深入剖析和持续报道。而这些关注和报道，尤其是对于公司问题的揭露，一方面，会对管理层产生一定的压力，使他们的行为曝光在镜头下，从而使管理层严谨行事，不轻易做出不当行为；另一方面，媒体站在第三方的立场上，以客观的角度观察企业的运作和管理，可以给广大股东更多公司披露以外的信息，在一定程度上引导投资者的决策，通过对公司股价的影响而对管理层施加压力，以减少代理成本。在挖掘信息、寻找热点和主动传播方面，网络媒体和市场导向媒体的作用体现的较为明显，由于它们披露的更加丰富的信息，可以明显降低信息不透明程度，降低代理成本。此外，媒体的报道也缓解了企业与行政监管部门之间的信息不对称现象。行政监管机构通过媒体对于企业信息的报道和问题的揭发更有助于了解企业情况，尽早帮助企业改进问题。由于政策导向媒体所传达内容本身就具备了一定的行政意味，行政监管部门对于政策导向的媒体所刊发的信息有更强的敏感性,因此在这方面政策导向媒体则有比较明显的优势。

(二) 声誉机制

1. 声誉理论

声誉,顾名思义最简单地定义便是声望和名誉。声誉对于一个企业管理人员的重要性不言而喻,它代表了公众对管理人员的能力、经营业绩、公众关系管理、履约水平及社会地位的评价。声誉包括两个方面:一方面是管理人员的个人声誉,对于高级管理人员尤其是职业经理人来说,这是他在经理人市场上的无形资产;另一方面它也代表着企业的公众形象,形成了企业的一部分无形资产。

声誉之所以能规范公司经理人及董事的行为,是因为相应的反应机制。声誉机制包含了两个方面内容:一是相应的评价内容;二是对其声誉进行社会评价的市场机制,建立相应的秩序和约束规范,推进公众和政府对于管理人员声誉的重视。声誉机制发挥作用是需要一定的外部基础的,首先,需要市场中有完善的产权制度;其次,还需要规范的政府行为;再次,良好的信息传输机制;最后,有效的法律环境以及宽松的政府管制。

2. 影响机制

在中国现有的法律条件下,使声誉机制发挥作用的主要途径就是依靠声誉信息传输体制。传输体制发挥作用的关键就在媒体传播这一环节,媒体在传播信息时都会根据自己的理解据以加工,从而形成了各媒体不同的声音,而声誉的形成很大一部分就是媒体广泛传播的内容给在无形中公众留下的印象。声誉机制会发挥作用是因为不良的声誉会在无形中为公司形象和管理层人员的未来发展带来损失。公司的董事和管理人员的声誉来源于过去的表现,媒体对于他们过去表现的报道会加以评述,这样就形成了舆论会影响人们对经理人的印象。一旦形成了不好的声誉就会变成经理人难以摆脱的污点,即使之后改正了不当行为,那些过去的不良声誉也如影随形。在媒体的关注下,那些声誉有损的管理人，一旦被曝光就很难再找到合适的雇主，因此声誉机制对于经理人的职业发展有着至关重要的影响，故而声誉机制的存在对管理者事前的约束起到了正面的影响，在媒体关注下管理者会避免做出不当行为以防止自己声誉受损。此外，当媒体曝光公司问题时，不仅会对公司股价造成影响，对高管的声誉也有损失。当公司问题曝光时，公司业绩会下滑，而高管作为公司的幕前经营者就必须为此承担责任，那么高管的工作能力便会受到质疑，其专业性的声誉就会受到损失。当公司受到处罚时，高管作为公司运营上的负责人会代表公司接受处罚，他们自身也可能会承担相应惩罚及批评，这也会影响他们自身的声誉。

网络媒体和市场导向媒体由于更擅长信息挖掘，受众更多，因此对于声誉机制起到主要作用，尤其是市场导向媒体所代表的专业财经报纸有更专业、深入的评论，更容易形成舆论影响，从而使经理人在事前有更强的自我约束的意识。在事后监督方面三种类型的媒体也都有正向作用，不同与另外两种媒体对于舆论的影响力，政策导向媒体视通过其行政影响力对公司和管理人声誉尤其是针对国有企业产生影响的。当公司问题得到曝光时，国有上市公司的高管往往会有降级或停职等行政处罚，这些都会引起公司和自身声誉的损失，因此公司会积极改进问题，即使高管人员进行了更替也会在责令整改期间更加勤勉，从而降低代理成本。

通过影响声誉机制对于事后的监督和改进有很大的促进作用，一旦公司出现问题，迫于声誉和维持公司公众形象的压力企业会迅速做出反应，以期迅速止损以获得公众原谅。而高管人员在此期间也会注意并减少自己不当的行为而减少公司的代理成本。

（三）行政介入

1. 规制行政理论

规制行政是指通过限制行政相对人的权利和自由来进行行政管理的活动，简单地说就是行政管理单位根据市场需要限制企业和公众的一些权力和自由以便于管理。政府规制分为社会规制和经济规制，本书中产生影响的主要是经济规制。经济规制，是指对行政管理单位对企业及其经济活动的规制。"市场调配也存在着自发性、盲目性和滞后性的一面，国家必须对市场加以正确的指导和调控。"如果任由市场自由竞争，"市场调控失败"现象就会发生。尤其是中国的市场经济特征，更需要行政单位做出调整。中国的市场制度是由计划经济体制转化而来，营造了相对宽松的经营环境，市场体制和行政规制不够健全，因而在部分地区存在着企业钻空子，造成了环境动荡、坑蒙拐骗、假货蔓延的现象，不利于市场的发展，因此合理的行政规制更具有威慑力。虽然从确保市场主体的活力，推动社会经济飞速发展的角度看，必须充分保障市场主体的自主性，而不宜提倡任何规制。然而，在中国现有的市场环境下，若完全听任自由竞争，在所有领域都废除规制，实行不规制，反而不利于确保国民经济的健康发展和效率性。

2. 影响途径

媒体关注引起行政规制的机制是建立在媒体降低了企业与行政监管部门信息不对称基础上的，当媒体舆论压力或其引发的行政压力足够大时就会触发行政介入。在三种不同的媒体类型中，政策导向媒体由于拥有更强大的行政影响力，更容易引起行政进入来促进公司代理成本的降低。

近年来，中国上市公司的违法行为屡禁不鲜，很多企业还明知故犯、一犯再犯，基于中国上市公司中的国有企业占据半壁江山，通过对问题企业案例的研究发现，它们的背后都有一股强大的力量支持，那就是地方政府。各地方政府与企业往往是互相帮扶的关系，政府可以帮助企业顺利地运行，规避很多行政环节的麻烦，而企业每年营业状况好就会为政府创造更高的税务增收。企业和政府的联系关键点就是企业的高级管理人员和董事，通过他们对于政企关系的不断润滑和巩固，企业中的很多问题都会被二者联合隐瞒，使得相关监管部门无法及时地发现问题或者知而不查。而政策导向媒体与行政监管部门有天然的联系和震慑力，他们表达的意见、揭露的问题代表了我国最有影响力的中央媒体的意见，因此监管部门相较其他媒体更有可能发生介入行为。此外，政策导向媒体会对国有企业背后的力量起到一定的震慑作用，从而能够使监管部门更顺利进行介入和管理，使企业按照规定提高治理效率，使管理者减少对公司剩余损失的侵占，降低代理成本。

网络媒体和市场导向媒体不容易在行政上施加影响，但是当社会舆论对于监管部门介入的呼声足够大时也会引起监管部门的介入。三鹿奶粉事件便是最好的案例。行政介入在事后监督方面有很积极的影响，在我国现有条件下，根据李培功和沈艺峰（2010）的研究，在转型国家中，行政介入是媒体在公司治理中发挥作用的主要机制，因此在降低代理成本方面行政介入发挥了非常有效的作用。

三、研究假设

通过上文的理论分析及先前学者的研究成果，本章认为媒体报道之所以能够发挥其外部监督作用是建立在市场中的声誉机制、缓解管理人员和股东的信息不对称以及政府规制介入的机制上的，通过这些机制媒体就可以从事前约束和事后监督两方面来发挥作用，从而减低企业的代理成本。此外，本章认为媒体的不同类型对于企业的监督作用影响也不尽相同，应该具体分析其影响程度。又由于中国上市企业的产权性质中有明显的类别区分，因此，媒体对于不同性质企业的作用也是本章的研究内容。

详细说来，媒体的最基本也是最广为人知的作用就是信息传播，而当今企业之间的战争更可谓是信息之争，股东和管理层之间所持信息差别越小，那么他们的信息摩擦就越小，代理成本中的声誉损失部分就越小。然而如何减少企业中股东与管理者之间的信息差异呢？现今的制度要求企业必须强制披露一定的财务信息，与此同时企业也可以自愿披露企业消息，信息披露是现在资本市场中利益相关者获取及时、有用的消息的主要渠道。然而现在市场中选择自愿披露的上市企业还是少数，因此仅仅通过强制披露的企业指标远远无法满足利益相关者的信息需求。

而媒体作为客观的第三方，对于消息的天然敏感性与热点的自发追求行为就以非官方的形式提供了更多的信息。比如对于企业高层管理人员的深度访问以及他人对于企业的举报或曝光等行为，既可以提升企业披露质量，也可以提供更多报表外的信息，从而缓解了企业中的信息不对称问题。

此外，媒体对于企业的监督还体现在引发行政介入的行为中。企业治理效率的提升有以下几点：

第一，靠企业的自身制度与管理监督，从而在内部不断改正问题、提高效率、铲除管理隐患，而在外部，在中国经济转型的特殊市场条件下，媒体监督治理作用是通过公司信息被曝光进而引发行政监管机构的关注与介入来实现的（李培功和沈艺峰，2010）。而且行政监管机构的介入相较于投资者自己通过法律诉讼等渠道，在阻止他人侵害、保护自身合法利益方面，效果更加明显（Pistor and Xu，2005）。媒体关注和报道提高了企业违法违规行为被揭发的可能性，其引起的行政介入使得企业需要对其违法违规行为付出更多的行政管理成本，从而促使这些企业不得不纠正自身的违法行为、加强自我约束，减少此类行为的发生（贺建刚和魏明海，2012）。由此可知，经过媒体对于企业信息的传播，行政监督管理部门可以掌握更多企业的信息，能够尽早解决这些信息反映出的企业的隐藏问题。此外，对于重大的企业治理问题如重大金额的会计舞弊、企业高级管理人员的贪腐等问题，由于媒体的高度关注可以引发监管部门的及早介入、高级行政监管部门对于下一级机构的监督与行政措施的执行。因此，媒体报道对于引起的政府规制与介入行为，对于企业减少违法违规行为，降低行政管理成本，减少"逆向选择"等方面有促进作用，因此可以降低公司的代理成本。

第二，媒体的曝光最容易影响人们对于企业或管理人员的印象，而声誉无论对于企业还是高层管理人员，尤其是职业经理人有着极为重要的影响。声誉自古以来就为人们所重视，尤其是在中国这样一个有着深厚文化传统的古老国度，它更是不能被人忽视的精神追求。古有文天祥

第四章 媒体关注与中国上市公司治理效率

"留取丹心照汗青"的以死明志,来保全自己的声誉;近有老舍先生对于污名的誓死抵抗,为了好的声誉人们愿意为之付出生命,可见声誉在潜移默化中对我们产生的影响。对于声誉的追求不仅仅在于个人,更适用于企业。声誉可以说在无形中影响着企业的管理行为,而对于声誉的构建,媒体报道也有着强大的影响力。根据声誉理论(Fama,1980;Fama and Jenson,1980),经理人以往的声誉和形象,会对其未来获得报酬水平的高低以及在经理人市场的竞争力大小造成影响。媒体的报道让很多企业高管暴露在人们的视野中,接受来自未来可能雇主的监督和审视,因此在媒体关注下,企业管理人员会更加注意自己的行为,以期为自己营造出在行业中良好的声誉,从而能在职位转换中为自己赢取好的印象。尤其在中国市场经济迅猛发展的现在,人才竞争更加激烈,根据2016年12月发布的《2017离职与调薪调研报告》中指出,2016年人才流动明显加快,离职率高达20.2%,平均在职时间为25个月,因此为自己营造良好的声誉就成为职业发展中的重要议题,从而使得管理人员减少不当行为,减少在职浪费及偷懒行为。而声誉对于企业的影响作用也相似,良好的声誉会减少企业的行政管理成本,与此同时良好的声誉对于促进企业销售也有着积极的影响。因此,为了构建良好的声誉,经理人会为了提升个人竞争力并提高企业声誉而对于企业曝光的问题采取积极的态度,改进企业问题。此外,即使媒体并未曝光企业问题,对于处在媒体曝光压力下的企业,经理人也会收敛不当行为,降低企业剩余损失,减少企业行政管理成本,从而降低代理成本。

综上所述,在信息技术不断发展的条件下,媒体发言的环境愈发自由,从自身动机来看,媒体只有得到了足够的关注度和良好的声誉才能有更多的商业利益,因此媒体有强烈的动机去报道企业以及高管人员的问题,从而形成了市场外部的独立监督体系。尽管我国在相关媒体报道环境、资本市场发展以及法律条件上与发达国家还有差距,也许其发挥的监督力量不如一些西方国家,然而在现有条件下,媒体依然是投资者、小股东保护自身利益的有效途径。因此，本章认为，媒体报道通过消息的广泛传播能够减少股东与管理者之间的信息不对称，能够减少企业与行政监管机构的信息不对称问题，引发行政介入。此外，通过对于职业管理人员和企业声誉的影响，能够提高企业改进问题的积极性并减少其不当行为，因此，在这些作用下可以有效降低企业的代理成本，提高企业治理效率。为此本章提出第一个研究假设。

假设 1：媒体关注度更高的上市公司，代理成本更低。

术业有专攻，每个人都有不同的特点因此也能够发挥出不同的作用。媒体也同样，不同类型的媒体有着不同的传播渠道、传播动机和盈利模式，因此决定了它们对于企业报道的内容也不尽相同，因此对于公司治理的影响力大小就不一样。

通过分析媒体影响代理成本的机制，媒体主要是通过消除股东与经营者之间的信息不对称、市场的声誉机制和引发行政监管部门的介入等方式来降低代理成本的。无论是网络媒体、市场导向媒体还是政策导向媒体，都具有最基本的广泛传播信息的功能，因此在消除信息不对称方面，三种媒体都有积极的影响作用。然而具体来说，政策导向媒体往往具有一定的权威性和行政影响力，因此政策导向媒体往往不盲目追求传播的数量，而更加注重所报道内容的真实性和影响力。因为政策导向媒体代表了行政单位的公信力，因此发布的内容从信息的可靠性来说比较高，谨慎度很强，但是及时性和广泛性可能不够理想，其内容经过反复确认后会和其他媒体内容有比较高的重合性。而网络媒体由于其信息获取渠道广泛，传播速度快，覆盖面广，对于企业的消息传播有广泛的影响力。而且网络媒体的商业盈利就来源于人们对于信息的点击量和信息的及时性，因此在消除信息不对称方面，网络媒体具有天然的优势，一方面，它具有强烈的信息挖掘和传播动机，只有在第一时间获得独家垄断的消息，才能够提高媒体曝光量和点击率，从而能够获得人们的关注，获得商业盈利。另一方面，由于网络媒体激烈的竞争环境，越早发布的消息越具有竞争优势，而这一点相对于其他类型的媒体对资本市场的影响更加明显。加之由于网络媒体发布内容形式多样，如简报、专题分析、网络视频、娱乐段子等方式，利于人们对于信息的接受，而且便于深度挖掘相关信息。再加上现在网络的普及，网络媒体俨然已经成为了媒体的主流形式，因此在减少信息不对称方面有比较明显的作用。而市场导向媒体也具有传播的强烈动机，和网络媒体相似，由于完全自负盈亏，市场导向媒体也需要更多的曝光量才能够盈利，然而和网络媒体有所不同，市场导向媒体还要保证更高质量信息输出。在中国市场导向媒体更加符合西方媒体的运营模式，根据 Jensen（1986）的研究，市场媒体对于企业违规等事件报道具有强烈的动机，主要表现在两个方面：①市场导向媒体具有明显的规模报酬递增的特征，如《第一财经日报》，因为需要事前采访调查等投资，因此生产一份报纸的成本较高，而生产额外需求的报纸其边际成本就会降低。因此市场导向媒体需要报道能够获得大众关注的话题才能够降低分摊成本，提高商业盈利。这就导致容易获得大众关注的企业违规行为自然而然成为媒体监督和报道的主要内容（Dyck，et al.，2010）。②由于媒体的外部性特征，使得媒体对于信息报道的先后顺序有极强的敏感性，做优先报道消息的媒体，其获得盈利和社会声誉对于媒体有着非常大的吸引力，因此在这两个因素的影响下，市场媒体具有较强的报道动机。对于消除不对称信息方面也有着较明显的作用。

然而，李培功和沈艺峰（2010）的研究认为，在转型国家中，媒体公司治理作用的发挥是主要通过引起行政介入发挥作用的。由于法律制度的缺失，行政治理被看作是一种保障投资者利益的替代机制（Pistor and Xu，2005；严晓宁，2008）。在一定场合下，行政治理可能比正式的法律治理更有效（Rafael，2000）。在中国现有上市公司中，国有企业仍然占据大部分江山，现在虽然国有企业一直在深化改革，然而企业中高级管理人员的任命仍然和行政级别相互关联，采取市场公平竞争方式的企业仍然不多，所以相对于声誉机制，由行政监管机构介入引起的行政处罚和压力对于企业的威慑力更大。因此在引起行政介入方面，媒体类型的作用差别更加明显。行政导向媒体本身就和行政监管部门息息相关，行政导向媒体曝光的企业很容易引起监管机构的注意，并及时地对企业做出合理的措施。此外，行政单位中由于存在明显的制度级别，不同级别的单位拥有不同级别的职权，更高级别单位有监管职责，然而却不经常复查下属单位的监管处理，因此很容易出现收买下级单位的现象，由于行政媒体曝光也会引起更高一级的监管单位的注意，因此高级别行政单位的介入也会提高监管效果，确保行政治理结果不会因为腐败发生监管链条破裂的情况。因此无论从引起行政介入发生的概率还是效果来看，政策导向媒体都具有比较明显的优势。而网络引起行政介入则主要通过强烈的社会舆论，由于社会舆论给监管部门造成的压力导致监管部门发起政府规制行为。市场媒体显然也可以营造舆论，然而相比于网络媒体，市场导向媒体的受众不如网络媒体广泛，其传播速度也不如网络媒体迅速，因此市场媒体在引起行政介入方面的作用可能不如另两种媒体作用显著。

尽管声誉机制在中国还不够成熟，然而随着现在市场环境的发展，很多较发达城市尽管没有出现专业的经理人市场，但是猎头公司等的出现也促进了高级管理人才的市场竞争，因此媒体对于管理人员的报道也就会影响他们未来的职业声誉和职业形象。而在这方面，政策导向媒体就不如网络媒体和市场导向媒体对于报道的积极性，而且网络媒体由于消息源头更多，传播速度更快、更广，会更加容易对管理人员的声誉产生影响。因此，从以上几种媒体类型的作用来看，本章提出假设2。

假设2：在中国市场条件下，相较于网络导向和政策导向媒体，市场导向媒体的监督作用对代理成本的影响更弱。

媒体是一种典型的公共产品，具有极强的外部性，媒体治理能够发挥作用是需要一定外部条件的，根据醋卫华、李培功等学者的研究，当媒体处于市场经济的环境下，媒体能否主动发挥作用主要取决于两方面：一方面，取决于媒体自身所处的外部环境是否有利于其发挥舆论监督的作用；另一方面，监督和揭露企业中存在的公司治理问题能否为媒体赢得社会声誉，赚取商业利益，是媒体是否愿意发挥公司治理作用的另一个重要影响因素（醋卫华和李培功，2012）。在纷繁的外部环境因素中，政府所代表的行政因素与媒体的关系是最为复杂与重要的。首先，政府可以通过使用行政权来对媒体施加压力，影响其报道内容；其次，政府对于媒体的所有权更是可以让媒体成为政府的发声器，最著名的事例就是1972年水门事件中尼克松政府对于该事件的压制。而政府管制甚至影响媒体的这种情况，现在也依然屡禁不绝，即使在信奉"新闻自由"的国家里，这种情况也比比皆是（Core J E, et al, 2008）。根据Djankov等（2003）对全球97个国家和地区媒体所有权类型的统计，数据显示有多于29%的报纸、60%的电视台和72%的电台是由政府拥有并掌握控制权的。因此，在此情景下，在政府掌握所有权后，媒体对特定事件的报道内容可能会引起政府的不满，或者其报道内容会影响到相关利益集团的既得利益，从而通过政府向媒体施加外部压力。

而这时，媒体从监督中获得的边际收益就会远远低于因政府干预和政治压力带来的边际成本，媒体进行监督的动机会大大降低。此外，由于立法管制的存在，媒体自由言论的权利也取决于政府，市场中各个媒体的竞争格局也深受政府的影响，因此政府可以从根本上影响媒体报道的内容（李培功和徐淑美，2013）。因而在不得不考虑政府对于媒体的影响的先决条件下，结合中国市场发展的特点，媒体对于国有企业和民营企业的报道意愿和报道内容就会有所不同。

国有企业作为国家控股的企业，和政府具有天然的联系。再加上国有企业的高级管理人员的聘任与职业发展往往具有浓重的行政色彩，政企不分家已然是国有企业的一个特点。因此在企业发生问题时，国有上市企业就极有可能利用政府背景隐藏问题。即使问题被曝光，相对于民营上市企业，它们也更容易因为政治关联找到合适的保护伞，使问题"大事化小，小事化了"，从而避免对企业产生严重的后果。此外，由于和行政机构的联系,对于政府机构的税收贡献,国有企业也可能会通过政府对媒体施加压力,从而避免媒体关注。因此由于以上因素的影响,媒体在面对国有上市企业时,就失去积极曝光的动机,其报道内容也有失公允。而民营企业作为自负盈亏的商业组织,在现有宽松的管制条件和较公平的法律环境中,其管理行为主要受市场引导和控制。加上由于民营上市公司对媒体没有过多的干预手段,因此媒体为了自己商业利益和社会声誉就会产生积极的报道动机,而且报道内容比较客观,可以更好地发挥出媒体治理的监督作用,因此提出本研究的第三个假设:

假设3:相比于国有上市企业,在民营上市企业中媒体对于代理成本的影响更明显。

第四节 研究设计

一、研究样本

(一) 样本选择

本章选取2010—2013年期间的数据,考虑到2008年发生的金融危机以及危机后的市场缓冲过程,本章数据的选择始于2010年,又考虑到2013年度迈入了微政务时代,2013年也是政府舆论反腐的重要发展期,因此本章的数据截至2013年。本书选取上海股票交易所A股主板市场的所有上市公司作为研究样本,由于上市条件以及披露制度等方面的不同,本研究选择的样本范围剔除了中小板和创业板的上市公司。本章的媒体报道相关数据都是通过手工收集整理的,主要来源于"百度新闻搜索引擎"(http://news.baidu.com/)和CNKI的《中国重要报纸全文数据库》中的《中国证券报》《上海证券报》《证券日报》《证券时报》《中国经营报》《第一财经日报》《21世纪经济报道》和《经济观察报》等,从而区分为网络媒体、政策导向媒体和市场导向媒体。本章使用的公司财务指标以及治理结构数据均来自于上海国泰君安（CSMAR）数据库。为了更加有效地对数据进行研究分析，本章按照以下原则对总样本进行了筛选，具体筛选规则如下：

（1）由于金融保险行业的异质性，因此本章剔除了金融和保险行业的上市公司样本。

（2）ST类公司正处于股票交易特别处理阶段，其公司运营状况处于异常期，因此本书剔除了处于ST及*ST状态的上市公司样本。

（3）个别样本中由于上市时间过晚等问题出现不同的数据缺失，所以本书剔除具有缺失数据的上市公司样本。

（4）此外，由于A股、B股市场计量货币等方面的差异，同时在这两个证券市场上市的公司可能对其公司财务指标产生一定的影响，因此本章剔除了同时在A股、B股市场发行股票的公司。

（5）由于媒体报道筛选过程是根据公司简称进行主题筛选的，因此去掉了简称容易有异议或者筛选结果与公司治理无关的公司，如武昌鱼、白云机场、中国电影等。

经过上述规则的遴选，本章最终得到四年一共628个上市公司共计2512个样本数据。

（二）数据来源

为了分类研究，本章把媒体类型分为了网络媒体、市场导向媒体和政策导向媒体。网络媒体包括各类新闻网站现在已成为了广大投资者获取信息的主要渠道之一（饶育蕾等，2010），因此把百度新闻（http：//news.baidu.com/）中包含公司简称的标题按照年度进行分别检索。百度新闻搜索引擎会自动产生相应的新闻报道数量，由于有些公司当年没有相关报道，因此本章采取了把报道数量加1后，取自然对数的方法得到了网络媒体关注指数（MEDIA1）。根据百度新闻搜索引擎的官方说明，其新闻来源覆盖了1000多个综合以及地方新闻网站，其中也包括了报纸杂志及广播电视等媒体的网站，但是并不包括企业网站及个人网站提供的消息，因此采取百度新闻搜索引擎可以代表网络媒体的关注情况。

在报纸媒体中,由于《中国证券报》《证券日报》《证券时报》和《上海证券报》是证监会官方指定的上市公司信息披露的专门报纸,其中《中国证券报》和《上海证券报》的主管单位为新华通讯社,《证券日报》的主管单位是经济日报报业集团,《证券时报》的主管单位是人民日报社,由于主管单位的产权特殊性,这四份报纸就具有了一定的政策传达性,所以本书把这四份报纸定义为政策导向媒体。由于CNKI的《中国重要报纸全文数据库》对这四份报纸的覆盖率高达99.9%,因此本章手工收集了从2010—2013年间这四份报纸关于各上市公司的报道,同样为了便于对数函数的计算,本章按照公司简称选用主题搜索的方法,将所得报道数量的数值加1后,进行自然对数运算,得到的数值作为政策导向媒体的关注指数(MEDIA2)。

参照政策导向媒体关注指数的运算方法,对于市场导向媒体的关注指数,本书在报纸媒体中,选取《中国经营报》《经济观察报》《第一财经日报》和《21世纪经济报道》作为市场导向媒体。由于这四份报纸在市场影响力和受众覆盖范围方面属于同类市场中财经报纸的龙头地位,它们常常通过原创的深度报道间或持续报道来一马当先地揭发上市公司的不当行为如财务舞弊等,而且相对于市场中其他财经媒体,这四家报纸会给出具体可靠的证据,因此在媒体监督方面有着榜样的作用。CNKI《中国重要报纸全文数据库》对这四份报纸的媒体报道覆盖率也达到了99.9%,因此本书按照公司简称进行主题检索后,得到了2010—2013年间所有样本公司的报道数量。此时同样采取将报道数量加1后取自然对数的方法,从而得到了市场导向媒体的媒体关注指数。

二、变量测量

在本研究的假设基础下,本章的被解释变量为上市公司的代理成本,解释变量为媒体关注度即媒体关注指数。

(1) 代理成本（AC）由于代理成本是衡量委托人与代理人之间因委托代理关系形成的成本，其度量方法很难从定义中直接衡量，不利于直接量化，关于代理成本的衡量方法在学术界也一直使用静态的研究方法。因此，本章使用总资产周转率来衡量公司股东与公司直接管理人员之间的代理成本。

(2) 媒体关注指数（MEDIA）本章用媒体的关注指数来衡量媒体关注的程度，并用媒体对各个公司的报道数量来衡量关注程度，因此选取了媒体报道数加一后数值的自然对数作为媒体关注指数。

(3) 公司规模（SIZE）在代理成本的所有影响因素中，公司规模是其中一个较为重要的因素，因此在实证研究中，作为公司特征变量的衡量因素，这是一个必须考虑的控制变量。张兆国等（2008）在探索代理成本和公司资本结构间的关系时已证明，公司的规模与代理成本呈现反向变化的规律。然而还有学者表明，公司规模越大管理人员建立的个人管理集团也越大，因而也可能会造成代理成本问题更加严重的现象。这可能是由于不同行业的代理成本不完全相同的原因，因此为了方便研究，也为了缩小公司规模之间的倍数差别从而减少误差，本研究采取公司总资产自然对数值作为公司规模的研究指标。

(4) 总资产收益率（ROA）作为衡量公司绩效和管理水平的一个重要的财务指标，总资产收益率衡量了企业利用全部资金获取利润的能力。在资产相对稳定的情况下，利润的变动就会造成资产收益率发生相应变化，因此资产收益率就可以反映企业盈利的稳定性以及持久性。而盈利水平是否稳定也会对管理人员的工作绩效产生影响，从而会进一步影响他们投机行为的意愿，因此会影响到公司的代理成本。因此本研究采用净利润与公司总资产的比值来衡量公司管理人员管理水平和盈利稳定性。

(5) 独立董事比例（INBOARD）在公司治理中，内部治理往往通过董事会和独立董事来发挥约束作用。自从2001年证监会发布了《关于在上市公司建立独立董事制度的指导意见》以来，独立董事已经成为了公司制衡制度中不可或缺的部分。独立董事作为一个监督管理者不背离股东权益的独立力量，对于减少代理成本来说具有有益的影响。然而在我国，独立董事制度没有发挥出像西方国家那样的作用，根据谢俊（2008）的研究，独立董事比例以及董事会持股比例、公司规模这几个因素与公司的代理成本呈现出了"倒U型"关系，因此我们有必要将独立董事比例的影响考虑在内。

（6）管理层持股比（MSHARE）管理层持股已经成为现代公司治理中常用的对于管理层的激励手段。在理论上，管理人员持股是减少"道德风险"和"逆向选择"行为的有效方法。因此在衡量股东是否有足够的不当行为动机上，管理层持股的比例有着较大的影响。而且管理层持股的激励机制，在一定程度上会缓解管理人员与股东间的矛盾，使双方的利益更加趋于一致。

（7）两职合一（CEO）董事会、监事会、管理层作为现代公司治理的三巨头，尽管监事会有监督的义务，但是董事会对于管理人员仍然有着巨大的监督和威慑作用。在董事会召开的时候，总经理需要向董事会汇报相关管理工作及业绩。然而当公司的董事长和总经理的角色合二为一的时候，对公司业绩和公司成长性的影响也不能分析出来，学界对于两职合一的研究结果也不尽相同（谢劫等，2006）。因此本章将两职合一对董事会监督作用的影响考虑在内，把董事长兼任总经理的情况取值为1，不兼任取值为0，以研究该因素对于代理成本的影响。

（8）上市公司年限（AGE）上市公司能否稳定持续对于公司的稳定性至关重要，这也在一方面反映了管理人员的经营水平。在上市公司年限较长的公司里，公司治理结构也较为稳定，因此本章将上市公司的存续年限也作为了一个控制变量，采用IPO后经历的年数加1后取自然对数的方法，作为上市公司年限的指标。

（9）资产负债率（LEVERAGE）资产负债率反映了公司资本的资本构成，是公司总负债与总资产的比率，它反映了公司财务风险以及公司前景对于代理成本的影响。企业的负债对于企业经营者来说，是一个经营企业灵活的杠杆工具，适当的资产负债率既可以规避过高的风险，又可以合理利用财务杠杆，让企业能够更快发展。资产负债率的高低在一定程度上会影响管理者的行为，现有研究关于资产负债率和代理成本间的关系有着不同的结果。有的结果显示负债水平与代理成本负相关，有的研究显示负债对于代理成本没有明显影响。因此，本章对公司的资产负债率的影响进行探究和分析。

（10）行业（INDUSTRY）每个行业都有属于自己的特点，各个行业具有不同的行业特征，正如一个民谚所言"隔行如隔山"，因此不同行业间产生的代理问题也各有特色。为了考虑行业特征这一变量，本章将行业进行简单分类，将制造业赋值为1，非制造业赋值为0。由于制造业直接体现了一个国家的生产力水平，而且中国的制造业依旧处于国家的支柱产业地位，发展态势较为良好，因此本章主要探究了媒体对制造业和非制造业的代理成本的作用是否不同。具体的变量表，如表4–1所示。

表4–1 变量定义与模型

变量类型	变量名称	符号	变量含义
被解释变量	代理成本	AC	销售收入/总资产值
解释变量	媒体关注指数	MEDIA1	网络媒体关注指数：网络媒体报道数+1后取自然对数
		MEDIA2	政策导向媒体关注指数：政策导向媒体报道数+1后取自然对数
		MEDIA3	市场导向媒体关注指数：政策导向媒体报道数+1后取自然对数

续表

变量类型	变量名称	符号	变量含义
控制变量	公司规模	SIZE	公司总资产的自然对数
	资产收益率	ROA	净利润/公司总资产
	独立董事比例	INDBOARD	独立董事人数/董事会人数
	管理层持股比例	MSHARE	管理层所持股份数/公司总股份
	两职合一	CEO	董事长和总经理是否为一人兼任,是取值为1,否则为0
	上市公司年限	AGE	上市公司IPO的年限+1的自然对数
	资产负债率	LEVERAGE	公司总负债/总资产
	行业	INDUSTRY	制造业为1,否则为0

三、研究模型

为了验证本研究提出的假设,本章分别就三种不同的媒体关注指数设计了三个混合面板模型。为了克服以往混合截面数据模型容易发生的变量与解释变量间的相关关系,本章采取了面板数据模型,利用Eviews6.0软件进行回归分析,设计的三个回归模型分别为:

模型1: $AC_{it} = a_i + \beta_1 MEDIA1_{it} + \lambda_j Z_{it} + \varepsilon_{it}$

模型2: $AC_{it} = a_i + \beta_2 MEDIA2_{it} + \lambda_j Z_{it} + \varepsilon_{it}$

模型3: $AC_{it} = a_i + \beta_3 MEDIA3_{it} + \lambda_j Z_{it} + \varepsilon_{it}$

以上的三个混合面板模型中,AC表示研究变量代理成本,MEDIA1、MEDIA2和MEDIA3分别表示网络媒体关注指数、政策导向媒体关注指数和市场导向媒体关注指数,而Z表示控制变量,分别为公司规模、资产收益率、独立董事比例、管理层持股比例、两职合一、上市公司年限、资产负债率以及行业。β 表示媒体关注度对代理成本的影响系数，a 表示方程的常量，ε 表示回归方程的残差。

第五节 实证分析

一、描述性分析

（一）媒体关注度描述性分析

表4-2展示了媒体关注指数所代表的媒体关注度的描述性统计结果，该统计选取的时间区间为2010—2013年，上市公司共计628个，样本总量总计为2512。

表4-2 2010—2013年媒体关注度指数变量统计

时间	统计量	2010	2011	2012	2013	全样本
MEDIA1	均值	5.395	5.488	5.745	6.016	5.661
	标准差	1.608	1.508	1.313	1.033	1.403
	最小值	0.690	0.000	0.690	2.200	0.000
	最大值	11.980	9.780	9.780	9.360	11.980
MEDIA2	均值	1.519	1.645	1.574	1.468	1.552
	标准差	1.251	1.245	1.240	1.275	1.254
	最小值	0.000	0.000	0.000	0.000	0.000
	最大值	5.150	5.220	5.180	5.510	5.510
MEDIA3	均值	0.631	0.701	0.700	0.673	0.676
	标准差	0.890	0.956	0.911	0.888	0.912
	最小值	0.000	0.000	0.000	0.000	0.000
	最大值	4.780	4.730	4.380	4.650	4.780

对于网络媒体关注指数（MEDIA1），在2010年的均值为5.395，在4年间的平均水平最低，2010—2013年的网络媒体关注指数在逐年递增，2013年数值的均值为6.016，较2012年平均高了0.621，均值上升的同时，标准差却在逐年降低，从2010年的1.608，降低到了2013年的1.033，最大值出现在2010年，为11.980，最小值为0，出现在2011年；在全样本的均值为5.661，标准差为1.403，由此可见网络媒体关注指数随着时间的推移，平均水平在稳步上升，而且波动也逐渐减小，这说明了样本公司的网络关注度水平逐渐趋于一致，从侧面说明了网络媒体关注内容的广泛。政策导向媒体关注指数（MEDIA2）的均值在2011年时达到了最高水平，为1.645，最小值为2013年的1.468，标准差的波动变化不大，2010—2013年4年的标准差基本维持在1.2附近波动，整体的均值为1.552，标准差为1.254。通过时间对比分析发现，在2010—2013年4年间的政府导向媒体的关注指数的并无较大、有规律的变化。在市场导向媒体关注指数（MEDIA3）的均值比较中发现，相比而言在2011年和2012年的均值较大，2010年和2013年的均值相比较低，而标准差也是在2011年和2012年较大，可见在2011年和2012年间市场导向媒体关注度呈现波动大、平均水平高的特点。整体来看，市场导向媒体关注度指数的平均值为0.676，标准差为0.912。

（二）国有企业与民营企业频数统计

本章不仅研究了全样本公司媒体关注指数对其代理成本的影响，还深入探究企业性质（国有企业和民营企业）对模型的影响，表4-3统计了民营企业和国有企业的频数结果，表现显示，研究样本中，民营企业由848家，达到了全部样本的33.8%，而国有企业为1664家，占比为66.2%，比民营企业高了32.4%。由此也解释了表4-2中的政策导向媒体关注指数比市场导向媒体关注度更高的原因，正是由于国有企业过高的比例使市场导向的媒体在报道时受到更多阻碍，因而关注指数更低。此外，正是由于如此高的国有企业数量也验证了本章假设3的必要性。

表4-3 企业性质的频数统计

	数量	百分比（%）
民营企业	848	33.80
国有企业	1664	66.20
总 计	2512	100.00

（三）全样本描述性分析

表4-4对剩余变量进行全样本的描述性统计。对于被解释变量代理成本AC，全样本均值为0.999，最大值达到了11.680，最小值为0.003，可见数据的极差较大，同时标准差为42.417，由此来看数据的波动性也较大，因此说明了代理问题的复杂性。对于控制变量公司规模，均值为22.373，最大值和最小值分别为27.166和16.520，标准差为1.370，标准差小于均值，可见公司规模2010—2013年的全部样本中的波动较小。资产收益率ROA，均值为0.043，整体来看，全部样本的收益较好，平均来看为正向的盈利，其中最大收益率为7.696，最小收益率为-1.495。独立董事比例INDBOARD的均值为0.368，其中最大的公司的独立董事比例达到了0.667，最小的比例为0.125，标准差为0.054。管理层持股比MSHARE的均值为0.373，最大值为0.840，最小值为0.022，标准差为0.163。对于0~1哑变量两职合一，均值为0.101，平均来看，两职合一的样本公司占比较低，大部分样本，都不为两职合一。上市公司年限AGE的均值为2.486，最大值为3.178，标准差为0.462。资产负债率LEVERAGE，其均值为0.552，最大值高达12.127，最小值为0.032，标准差为0.413，可见资产负债率数据的波动也较小。最后的行业哑变量中，均值为0.537，总体平均来看，制造业企业的占比仍然超过了一半，可见制造业依然在中国经济中占据着重

要的经济地位。

表 4-4 变量的描述性分析

	AC	SIZE	ROA	INDBOARD	MSHARE	CEO	AGE	LEVERAGE	INDUSTRY
均值	0.999	22.373	0.043	0.368	0.373	0.101	2.486	0.552	0.537
最大值	11.680	27.166	7.696	0.667	0.840	1.000	3.178	12.127	1.000
最小值	0.003	16.520	-1.495	0.125	0.022	0.000	0.000	0.032	0.000
标准差	42.417	1.370	0.208	0.054	0.163	0.301	0.462	0.413	0.499
样本量	2512	2512	2512	2512	2512	2512	2512	2512	2512

二、相关性分析

表 4-5 展示了文中变量间的 PEARSON 系数相关性分析结果。由表格可得出以下几点结论：①网络媒体的关注度会对代理成本产生显著的降低作用，市场导向媒体也会对代理成本产生降低作用，这也与本章的假设1相吻合；②我们可以发现，公司规模越大，获得媒体关注的程度越高，两者呈现显著正相关关系，而且公司规模也与资产周转率表示的代理成本呈正相关，说明公司规模越大，代理成本越低；③公司管理人员持股比例越高，公司绩效越好，这样的公司越容易受到媒体的关注，而且公司管理人员持股比例越高，其公司代理成本也会降低；④当公司上市年限越长，其代理成本越低，管理越来越有经验，媒体日常的关注度可能会随之降低。

表 4-5 相关性系数矩阵

	AC	MEDIA1	MEDIA2	MEDIA3	ROA	SIZE	MSHARE	CEO
AC	1.000							
MEDIA1	0.123**	1.000						
MEDIA2	0.021	—	1.000					
MEDIA3	0.051**	—	—	1.000				
ROA	-0.114**	0.010	0.000	0.010	1.000			

续表

	AC	MEDIA1	MEDIA2	MEDIA3	ROA	SIZE	MSHARE	CEO
SIZE	0.105**	0.437**	0.443**	0.408**	-0.401*	1.000		
MSHARE	0.068**	0.096**	0.069**	0.059**	0.016	0.367**	1.000	
CEO	-0.006	-0.022	-0.017	-0.010	0.053**	-0.093**	-0.140**	1.000
INDBOARD	-0.017	0.09	0.021	0.056**	-0.003	0.065**	0.041*	0.017
AGE	0.148**	-0.132**	-0.150**	-0.119**	-0.003	-0.187	-0.205**	0.037
LEVERAGE	-0.010	-0.088**	-0.036	-0.020	-0.149**	-0.010	-0.027	0.091**
INDUSTRY	0.062**	0.025	0.008	0.003	-0.034	-0.101**	-0.074**	0.072**

注：**和*分别代表在1%和5%水平上（双侧）显著相关。

三、回归结果与分析

下面首先对全样本的媒体指数以及关注度对上市公司代理成本的影响因素进行回归分析，以代理成本 AC 为被解释变量，分别以网络媒体关注指数（MEDIA1）、政策导向媒体关注指数（MEDIA2）、市场媒体关注指数（MEDIA3）为自变量，企业规模 SIZE、资产收益率 ROA、独立董事比例（INDBOARD）管理层持股比例（MSHARE）、两职合一（CEO）、上市年限（AGE）、资产负债率（LEVERAGE）、行业（INDUSTRY）作为控制变量进行回归，结果如表 4-6 所示。

表 4-6 全样本的回归结果

变量	模型1 系数	模型1 T统计量	模型2 系数	模型2 T统计量	模型3 系数	模型3 T统计量
MEDIA1	0.031	4.555***	—		—	
MEDIA2	—		0.019	1.060	—	
MEDIA3	—		—		0.007	0.712
SIZE	0.034	4.832***	0.051	7.219***	0.046	6.591***
ROA	0.069	0.168	0.011	0.259	0.009	0.225
INDBOARD	-0.119	-0.764	-0.132	-0.840	-0.135	-0.860

续表

变量	模型1 系数	模型1 T统计量	模型2 系数	模型2 T统计量	模型3 系数	模型3 T统计量
MSHARE	0.264	1.807*	0.273	1.863*	0.273	1.858*
CEO	-0.016	-0.544	-0.012	-0.408	-0.013	-0.455
AGE	0.182	9.437***	0.176	9.108***	0.178	9.226***
LEVERAGE	-0.004	-0.173	-0.012	-0.580	-0.011	-0.545
INDUSTRY	0.066	3.828***	0.072	4.163***	0.071	4.078***
常量	-1.163	-6.787***	-1.339	-7.520***	-1.243	-6.950***
R^2	0.100		0.099		0.099	
拟合优度	0.097		0.096		0.096	
F统计量	16.742		14.449		14.377	
P值	0.000		0.000		0.000	

注：***、**和*分别表示在1%、5%和10%的水平下显著。

表4-6分别为网络媒体关注指数、政策导向媒体关注指数、市场导向媒体关注指数为自变量的三个模型的回归结果，首先观察回归方程的拟合效果，三个模型的 R^2 值为分别为0.100、0.099 和 0.099，拟合优度分别为0.097、0.096 和 0.096，虽然拟合效果不算理想，但是在0.1附近，拟合度也可以接受。接下来对回归方程的显著性，使用F统计量，表中的F统计量都大于30，且该统计量对应的p值为0，通过了显著性检验，由此认为以上的三个线性回归方程的整体是显著的。

通过对回归方程的系数进行检验，表4-6对系数的显著性检验中，对于模型1，网络媒体关注指数（MEDIA1）的系数为0.031，T检验统计量对应的p值通过了1%的显著性检验，所以认为网络媒体关注指数能够对上市公司的代理成本产生显著的影响作用，且系数为正。由理论分析可得，当资产周转率越高，代理成本越低，因此网络媒体关注指数的变高会对代理成本产生显著的降低作用。但是从该结果分析，政策导向

第四章 媒体关注与中国上市公司治理效率

媒体和市场导向媒体则均为通过 T 检验，因此均无法对代理成本产生显著的影响。

通过 3 个模型对于代理成本的影响分析，控制变量对代理成本的影响分析中，变量公司规模 SIZE、管理层持股比例 MSHARE、上市年限 AGE、行业类别 INDUSTRY 以及资产负债率 LEVERAGE 在模型 1 中对应的系数通过了显著性检验，因此这些因素都是可以对公司代理成本产生显著影响的因素。由系数可知，公司规模 SIZE、管理层持股比 MSHARE、上市年限 AGE、行业类别 INDUSTRY 的系数虽为正，但它们会对上市公司的代理成本产生显著的负向影响，公司规模、上市年限越长、管理层持股比例越高的企业的代理成本越低，制造业的代理成本也相对更低。此外，资产负债率 LEVERAGE 的系数为负，但与代理成本是同向变化的，当公司的资产负债率越来越高时，公司的代理成本也随之升高。

因此，通过对网络媒体关注度的分析，假设 1 可以得到验证，媒体的关注度越高，代理成本的确越低。但是假设 2 中，网络媒体可以对代理成本产生显著的降低作用，但是政策导向媒体是否比市场导向媒体的作用更好并无法进行估量，因此假设 2 不能得到完全验证。

具体分析假设 2 不能得到验证的原因有：①相对于网络媒体的报道数量来说，政策导向和市场导向媒体的报道数量少了很多，网络媒体的报道数量均值为 578.01 条，而政策导向媒体的报道数量均值为 5.32 条，市场导向媒体的报道数量均值为 8.26 条，因此后两者的数量过少相比网络媒体来说其作用就不够显著。②由于全样本中既包括了国有企业，又包括了民营企业，而且国有上市公司占有更大比重，因此，两者的具体影响无法体现出来，为此，我们有必要对国有企业和民营企业的数据进行分组分析。

下面分别比较媒体关注度指数对国有和非国有性质的上市公司代理成本的影响差异，表 4-7、4-8、4-9 分别展示了网络媒体、政策导向媒体和市场导向媒体在两种企业间的回归结果分析。

表4-7 网络媒体关注在不同产权性质企业的对比分析

变量	国有企业 系数	国有企业 T统计量	民营企业 系数	民营企业 T统计量
MEDIA1	0.029	3.256***	0.033	3.311***
SIZE	0.044	4.972***	0.013	0.934
ROA	0.009	-0.202	0.083	0.815
INDBOARD	-0.120	-0.623	-0.167	-0.602
MSHARE	1.531	1.243	0.245	1.535*
CEO	-0.024	-0.578	-0.001	-0.010
AGE	0.194	8.403***	0.168	4.554***
LEVERAGE	-0.060	-1.394	0.008	0.371
INDUSTRY	0.080	3.723***	0.040	1.336
常量	-1.369	-6.595***	-0.660	-2.019**
R^2	0.359		0.307	
拟合优度	0.355		0.300	
F统计量	13.397		4.007	
P值	0.000		0.000	

注：***、**和*分别表示在1%、5%和10%的水平下显著。

观察回归方程的拟合效果，国有企业和民营企业的 R^2 和调整的 R^2 值都大于0.3，可见模型1的回归方程拟合效果是比较好的。显著性检验中F统计量对应的p值为0，通过了显著性检验，由此认为两个回归方程的整体是显著的。

从解释变量系数的显著性检验结果看来，无论是对国有企业还是民营企业来说，网络媒体对两种产权性质企业系数均在1%水平下显著，并且系数为正。因此网络媒体可以显著降低两种产权类型上市公司的代理成本。而且由于民营企业的系数比国有企业的变量系数更高，因此可以认为网络媒体对于非国有企业中代理成本的降低效果比国有企业中更好。假设3得以证明。

下面对国企和民营企业在政策导向媒体关注下对代理成本的影响进

行对比分析，结果如表4-8所示。

表4-8　政策导向媒体关注在不同产权企业的对比分析

变量	国有企业 系数	国有企业 T统计量	民营企业 系数	民营企业 T统计量
MEDIA2	0.011	1.207*	0.002	0.659
SIZE	0.061	6.913***	0.032	2.369**
ROA	-0.007	-0.144	0.091	0.882
INDBOARD	-0.126	-0.758	-0.099	-0.299
MSHARE	1.351	1.071	0.247	1.533
CEO	-0.017	-0.395	0.001	0.025
AGE	0.196	8.202***	0.158	4.200***
LEVERAGE	-0.066	-1.769*	0.004	0.158
INDUSTRY	0.088	4.098***	0.042	1.398
常量	-1.467	-7.137***	-0.806	-2.624**
R^2	0.356		0.305	
拟合优度	0.352		0.298	
F统计量	12.314		2.7597	
P值	0.000		0.003	

注：***、**和*分别表示在1%、5%和10%的水平下显著。

检验回归方程的拟合效果，国有企业和民营企业的R^2值都大于0.3，可见模型2的回归方程拟合效果是比较好的。显著性检验中F统计量对应的p值为0和0.003，通过了显著性检验，由此认为两个回归方程的整体是显著的。

对系数的显著性检验中，我们发现政策导向的媒体对于国有企业的代理成本有显著降低作用，但对民营企业代理成本并无显著影响。这可能一方面是由于政策导向媒体的报道量中对于国有企业的报道更多；另一方面就是在2010—2013年，由于中国反腐力度加大，从2012年开始由媒体发布的反腐、反贪的数量明显增加，很多企业对于媒体提前放出要揭发的噱头可谓是闻风色变,而这些曝光消息都是针对国有性质的部门及企业的。又因为政策导向媒体有一定的官方影响力,因此国有媒体在此时间内对于政策导向媒体的敏感度更高,政策导向媒体在这段时间发布的内容也会配合舆论风向对于国有企业更加关注,这也与现实情况相吻合。

下面对国企和民营企业的市场导向媒体关注度对代理成本的影响进行对比分析,结果如表4-9所示。

表4-9 市场导向媒体关注在不同产权企业的对比分析

变量	国有企业 系数	国有企业 T统计量	民营企业 系数	民营企业 T统计量
MEDIA3	0.001	0.101	0.022	1.313*
SIZE	0.059	0.109***	0.025	1.852*
ROA	-0.007	-0.156	0.082	0.800
INDBOARD	-0.137	0.161	-0.169	-0.605
MSHARE	1.436	1.283	0.253	1.575*
CEO	-0.018	-0.436	0.001	0.003
AGE	0.291	8.762***	0.161	4.354***
LEVERAGE	-0.073	-1.713*	0.003	0.139
INDUSTRY	0.286	4.008***	0.043	1.441
常量	-1.473	-6.742***	-0.737	-2.190**
R^2	0.356		0.306	
拟合优度	0.353		0.299	
F统计量	12.143		2.950	
P值	0.000		0.001	

注:***、**和*分别表示在1%、5%和10%的水平下显著。

检验回归方程的拟合效果,无论国有企业还是民营企业的R^2都大于0.3,可见模型3的回归方程拟合效果可以接受。显著性检验中F统计量对应的p值为0与0.001,通过了显著性检验,由此认为两个回归方程的整体是显著的。

表4-9对系数的显著性检验中，民营企业中解释变量MEDIA3的系数为0.022且在10%的水平下显著，因此认为市场导向媒体在民营企业中可以对代理成本产生显著降低的作用。这可能是由于中国的市场导向媒体一方面对于国有企业的报道阻碍更大，另一方面则是由于市场导向媒体主要是通过声誉机制发挥作用的，而民营企业中人才的市场化配置比国有企业更加深入，因此声誉机制在民营企业中可以发挥更好的作用。因此市场导向媒体对于非国有性质的企业有更显著的影响。

四、稳健性检验

下面对回归结果进行稳健性检验，将被解释变量——代理成本的衡量标准设置为销售管理费用率，它是通过将销售费用与管理费用相加后与销售收入的比值，可以衡量企业管理人员过度在职消费引起的代理成本，用AC2表示，当销售管理费用升高时，管理人员在职消费水平也升高，因此代理成本也会随之增加。解释变量依然为媒体的关注指数分别为网络媒体关注度指数（MEDIA1）、政策导向媒体关注度指数（MEDIA2）、市场导向媒体关注度指数（MEDIA3）。将企业规模SIZE、资产收益率ROA、独立董事比例（INDBOARD）、管理层持股比例（MSHARE）、两职合一（CEO）、上市年限（AGE）、资产负债率（LEVERAGE）、行业（INDUSTRY）作为控制变量进行回归，结果如表4-10所示。

表4-10 稳健性检验

变量	模型1 系数	模型1 T统计量	模型2 系数	模型2 T统计量	模型3 系数	模型3 T统计量
MEDIA1	-0.025	-13.066***	—	—	—	—
MEDIA2	—	—	-0.003	-1.226	—	—
MEDIA3	—	—	—	—	-0.011	-1.096
SIZE	0.031	11.191***	0.043	14.035***	0.037	4.952***

续表

变量	模型1 系数	模型1 T统计量	模型2 系数	模型2 T统计量	模型3 系数	模型3 T统计量
ROA	-0.003	-0.184	-0.001	-0.070	0.004	0.093
INDBOARD	-0.129	-2.821***	-0.097	-1.452	-0.147	-0.937
MSHARE	-0.120	-4.804***	-0.102	-3.664***	-0.188	-3.278***
CEO	0.013	1.344	0.015	1.329	0.004	0.156
AGE	-0.140	-16.895***	-0.130	-14.895***	-0.180	-9.453***
LEVERAGE	-0.065	-4.454***	-0.079	-5.171***	-0.012	-0.559
INDUSTRY	0.059	7.345***	0.061	7.457***	0.072	4.185***
常量	-1.016	-15.185***	-1.135	-14.735***	-1.105	-6.170***
R^2	0.233		0.198		0.052	
拟合优度	0.230		0.195		0.049	
F统计量	84.496		68.471		15.228	
P值	0.000		0.000		0.000	

注：*** 表示在1%的水平下显著。

以上的回归方程中，模型1和模型2的拟合度均大于0.1，可见方程的拟合效果可以接受，模型3的拟合效果较差。方程整体的显著性检验中，F检验统计量对应的p值均通过了显著性检验，所以认为三个模型的整体是显著的。最后对系数显著性进行检验，结果表明网络媒体关注指数的系数显著为负，认为网络媒体的关注能对公司的代理成本产生显著的降低效果。然而市场导向媒体和政策导向媒体的系数都没有通过显著性检验，这也与我们的结果一致。在控制变量中，公司规模SIZE、管理层持股比MSHARE、上市年限AGE、都能对代理成本产生显著的负向影响，这也与我们的实证结果一致。不同的是行业类型INDUSTRY却对销售管理费用率产生了正向影响，而LEVERAGE则对代理成本产生显著的负向影响。此外独立董事比例INDBOARD也能通过控制管理人员的过度消费来降低公司的代理成本。

通过稳健性检验可知,结果与实证结果一致,即网络媒体关注指数能对代理成本产生显著的降低作用,而市场导向媒体和政策导向媒体的关注度都不能对代理成本产生显著的影响,所以判断稳健性检验通过,模型设计是合理且稳定的。

第六节 研究结论与展望

一、研究的主要结论

本章的结论如下:

(1)假设1是完全成立的,即在上市企业中,受到媒体关注度越高的企业,代理成本越低。网络媒体无论在全样本还是分组检验的样本中均可以对代理成本产生显著的降低作用;而政策导向媒体在分组检验中对国有企业的代理成本产生显著降低作用,市场导向媒体在分组检验中对民营企业的代理成本也产生了显著降低作用,因此假设1成立。

(2)关于假设2,本章就三种不同类型的媒体作用进行了对比,认为市场导向媒体对代理成本的作用可能不如另外两种媒体显著,而本书的假设2就实证结果来说并不能被验证。从全样本的实证分析结果看,只有网络媒体可以产生显著影响,而且其治理作用无论是对国有企业还是民营企业来说都有效果。但是市场导向媒体和政策导向媒体的治理效果在全样本中并不突出,它们只对特定产权性质的企业产生影响,因此现在只可以肯定网络媒体对代理成本的影响效果,但是政策导向媒体和市场导向媒体的治理效果孰优孰劣并不能区分。

(3)假设3在网络媒体和市场导向媒体中是成立的,也就是说对于自负盈亏的媒体来说,媒体监督的作用对于非国有的上市公司效果更显著,这主要是由于一方面媒体报道可以缓解信息不对称问题;另一方面在民营企业中,声誉机制可以发挥一定治理作用。然而对于国有企业来说,网络媒体和政策导向媒体可以发生显著影响,说明行政介入仍然是治理国有企业的有效措施。

假设 2 和假设 3 并没有完全通过验证，而且政策导向和市场导向媒体的作用在全样本中不显著，可能主要是由于以下原因造成的：

第一，现在网络媒体已然成为人们获取消息的主流方式，政策导向和市场导向媒体的报道数量比网络媒体报道数量少了很多，所以网络媒体的治理效果最为显著。此外由于中国的国有企业仍然占据较大比重，会对全样本结果产生影响，所以最终政策导向与市场导向媒体的作用不显著也可以理解。

第二，在中国的现有国情下，行政介入相比声誉机制更加成熟，因此从理论上政策导向媒体可能会有显著的治理效果。但是由于本章数据的收集时间正处在对国有企业反贪反腐的敏感时期，国有企业内部问题积重难返，因此国有企业可能比民营企业对政策导向报的敏感程度更高。另外，政策导向媒体也可能会跟随舆论导向对国有企业更加关注。因此，对于政策导向媒体来说，在这个时期内，对国有企业的治理效果更显著也与事实相符。

第三，市场导向媒体对国有企业报道所受到的阻碍会比民营企业更多，这点从模型 3 对全样本和分组检验的实证结果可以验证。因此市场导向媒体对于国有企业的治理效果就不明显，因此结合第二点和第三点，在中国现有媒体发展环境和市场治理机制下，市场导向媒体和政策导向媒体的作用各有优劣。因此本章证实了媒体关注会显著降低上市公司的代理成本，且不同类型的媒体对于代理成本的作用效果也不同。

二、管理启示

（一）健全法律制度，减少政府干预，创建良好媒体环境

媒体之所以能够成为受人们所信任的信息来源，就是由于它所传达信息的客观与独立性，这不仅与媒体自身息息相关，更受到行政管制、市场机制的影响，这两点对于财经媒体来说更为重要。由于财经媒体的报道会对很多企业的声誉、绩效、股价等产生影响，因此会受到来自多方利益相

关者的干扰，所以为了保证媒体在市场中能够发出真实自由的声音，我们应该通过完善的法律制度及其他机制为其营造自由的新闻环境。

在法律层面上，应该出台相关法律来保护媒体发声的权利。每当媒体揭发出企业真实问题时，企业都会马上进行"公关"，利用"舆论战"转移公众注意力，从而逐渐淡化问题，使媒体无法发挥治理作用。还有一些企业为了报复媒体揭发，会对媒体进行股份收购，从而使媒体对其彻底息声。因此，要使媒体发挥出效果，还需要法律明确媒体揭发报告行为的权责，保证其安全。另外，对于网络媒体和市场媒体，由于要自负盈亏，媒体企业也需要追求商业利益，达到股东的期望，但是当股东内部有太多其他企业投资者时，媒体也会沦为企业的发声器，丧失公信力。因此对于媒体企业的管理，也需要法律进行规定。

在相关机制方面，政府应明确对媒体的规制机制，只有达到了规制条件，才能对媒体进行限制。当政府对媒体进行干预时，媒体的报道动机会降低，这点对国有企业尤其明显。国有企业与政府机构关系密切，因此政府干预往往会变成国有企业的保护伞，使国有企业对媒体报道进行阻碍。

（二）加强媒体内容管理，增加媒体的创收点，坚持新闻价值

因为媒体报道内容的影响力巨大，所以其报道内容的质量必须有所保证。媒体如同一把双刃剑，当它对社会、企业中存在的问题进行揭发时，它就是一把透视镜，带我们发现表面看不到的现象。但是，当媒体的报道失实的时候，它就成了一面哈哈镜，让我们丧失对真实的判断，这样不仅会造成经济损失，更会造成永不消退的精神损失。

媒体说真话不难，难的是一直说真话，更难的是让一直说真话的媒体盈利。媒体也需要获得经济利益，尤其随着自媒体的发展，媒体信息的来源更加广泛，为了赚取流量，许多媒体已经折服在了利益之下，比如多次发生的"假捐款"事件。此外，广告收入也是媒体的重要收入之一，为了得到有力的经济支撑，假广告、回避曝光股东企业问题，也成为了现在广泛存在的现象。所以应当坚持新闻价值与媒体自身的发展，二者之间如何取舍对于媒体来说也是难题。

因此只有加强对发布内容的管理，坚持报道真实事件、客观深入地分

析、坚持新闻报道精神才能赢得发展的主动权。一方面，建立良好的公众印象并赢得声誉，从而能依靠新闻质量获得盈利；另一方面，还要丰富企业的盈利模式，不能仅仅依靠广告收入、一时的轰动效应来获取利益，还可以通过其他的形式来增加自身的创收点，从而获得坚持真理的经济基础。对于政府等行政监管部门来说，也应该加大对不实新闻、不良媒体企业的处罚力度，起到一定的震慑作用，帮助媒体加强内容管理。

（三）行政部门应利用不同媒体的治理力量，形成有效治理机制

在中国现有的制度和环境下，媒体对于市场的监督治理作用已经不能忽视，因此行政监督部门也应该合理利用媒体的力量，帮助市场恢复秩序。不同的媒体有不同优缺点，在各个领域发挥的治理效果也不同，因此行政监管部门可以与媒体合作使监管更有效率。随着网络的普及和媒体的发展，网络媒体已经成为现今最流行的传播手段。而中国的行政监督部门也应该与时俱进，利用新手段不断提高监管效率，帮助企业改进问题。

三、不足与研究展望

本章的不足之处有以下几点：①由于网络等新媒体的冲击，报纸媒体的发行量与影响力日渐降低，因此考虑到媒体类型的影响力，本章的数据选取截至2013年，并没有选取最近两年的数据，所以结果与现状可能存在误差。②由于篇幅所限，本书没有检验公司代理成本对媒体关注的交互影响。③本章的研究着眼于媒体关注对公司代理成本的影响，但由于目前的测量方法所限，使用媒体关注度不能完全准确地衡量出媒体关注对公司代理成本的实际影响效果，因此与实际情况可能存在偏差。鉴于此，在未来的研究中，可以把研究重点放到更新、传播更广泛的新媒体中去，对新媒体的影响机制和效果进行深入研究。此外，还可以考虑在企业内进行深入访谈或以问卷调查的形式实际测量媒体对管理层和股东行为的影响效果。最后，本章在实证中发现，有一些企业会更容易受到媒体关注，从而有较低的代理成本，因此未来的研究还可以考虑分析二者间的交互作用，更好地探究两者之间的影响。

第五章　绿色金融业务与中国商业银行的价值

目前，中国经济面临着调结构、转方式的考验，绿色经济成为中国经济发展的必然选择。金融为实体经济提供资金支持，对经济的发展起着重要的促进和推动作用，绿色经济的发展离不开绿色金融的支持。商业银行在我国金融系统中扮演着举足轻重的角色，要想实现传统金融向绿色金融的转变，就需要商业银行积极主动的践行绿色金融理念，为其他金融机构做好示范作用。商业银行如何更好地发展绿色金融，对中国绿色金融体系的建立乃至绿色经济的发展有着重要影响。绿色金融产品是商业银行发展绿色金融的主要抓手，完善的绿色金融产品体系有助于引导社会资源有效的流向绿色产业。然而，目前中国商业银行对绿色金融产品的经济效益存在争议，商业银行的绿色产品体系不够完善，商业银行缺乏发展绿色金融的内生动力。因此，对中国商业银行绿色金融产品以及商业银行发行绿色金融产品的股价效应进行研究就有了重要的理论意义和现实意义。

本章对中国商业银行绿色金融产品的发展状况进行总结概述，分析目前商业银行绿色金融产品发展存在的问题，以绿色金融产品的发行对商业银行股价影响为研究对象，针对绿色金融产品对商业银行产生的影响进行理论分析，认为发行绿色金融产品是商业银行积极履行社会责任的表现，商业银行通过推行绿色金融产品可以降低商业银行的环境风险，帮助商业银行拓展新的利润增长点。基于绿色金融产品对商业银行的积极影响，当商业银行发行绿色金融产品时，会使投资者对商业银行的发展前景产生良好预期，市场和投资者会关注和持有商业银行股票，从而对商业银行的股价产生正面效应。然后利用事件分析法，对6家上市商业银行发行绿色金融产品的股价效应进行实证研究，实证结果显示，商业发行绿色金融产品的确可以对商业银行的股价产生显著的正面影响。本章的研究结论证明了商业银行发行绿色金融产品，发展绿色金融是符合经济发展趋势的选择，是市场和投资者认可的行为，商业银行发行绿色金融产品可以产生显著的正面的股价效应，因此商业银行应积极建立完善的绿色金融产品体系，更好的发展绿色金融。在此基础上，本章也为商业银行建立完善的绿色金融产品体系提出了政策建议，借此帮助商业银行更好的发展绿色金融，进而为促进中国绿色经济的发展做出贡献。

第一节 绪 论

一、研究背景

21世纪以来，全球经济飞速发展，但经济发展的同时也带来了一系列的问题，其中环境问题尤为严峻。保护环境，实现可持续发展已经成为全球各国发展过程中的关注点。环境问题严重制约着全球经济的发展，全球各国在环境问题的应对上进行了积极的协商探讨。1972年100多个国家代表召开了"联合国人类环境会议"，探讨人类环境发展问题。1992年，近200个国家及其代表在里约热内卢召开了联合国环境与发展大会，各国代表在会上就全面控制温室气体排放达成共识，签订了《联合国气候变化框架公约》。为了把温室气体含量控制在可接受的水平，1997年84个国家在东京签订了《京都议定书》。2009年，哥本哈根会议成果寥寥，最后只达成了无法律约束力的《哥本哈根协议》。2015年，近200个国家在巴黎气候变化大会上签订了《巴黎协定》，该协定约定签约国共同为2020年后全球应对气候变化行动做出安排。

改革开放以来，中国经济发展迅速，人民生活水平稳步提升。经济高速发展的同时，发展中存在的问题同样不容忽视，以前重视发展忽视环境保护，先污染后治理的粗放式发展理念给我国环境、资源造成了严重破坏，越来越多的事实证明，这种粗放的发展方式最终会制约中国经济的发展。转变经济发展方式，实施绿色可持续发展已经成为唯一出路。金融为实体经济提供资金支持，对经济的发展起着重要的促进和推动作用，绿色经济发展离不开绿色金融。中国政府近年来陆续出台多项政策来推动绿色金融的发展，2016年中国更是首次将绿色金融纳入到G20峰会的金融议题中，绿色金融研究小组在峰会上明确了绿色金融的定义，设计了增强金融体系，动员私人资本开展绿色投资能力的7项措施，国家政策的积极支持和政府的高度重视为我国绿色金融发展提供了良好的发展背景。虽然国家政策大力支持发展绿色金融，但目前除了少部分商业银行积极探索绿色金融业务外，还有许多商业银行对发展绿色金融缺乏积极性，对发展绿色金融的战略意义缺乏深刻的认识。根据有关资料显示，虽然2016年年底的绿色信贷余额比2013年年底的绿色信贷余额增长了2.31万亿元，但绿色信贷余额占各项贷款的比重并未有明显的增长。中国环境与发展国际合作委员会课题组的研究指出，从2015—2020年，中国绿色金融融资需求约为15万亿~30万亿元；从2015—2030年，中国绿色金融融资需求大约为40万亿~123万亿元，其中公共部门只能提供15%的融资需求，其余大部分需通过金融市场进行融资，巨大的融资需求需要完善的绿色金融产品体系来满足，就当前我国商业银行的绿色金融产品发展水平显然是无法满足这一巨大的绿色融资需求的。如何让商业银行意识到绿色金融产品的积极影响，调动商业银行不断完善绿色金融产品的内在动力和积极性，帮助商业银行更好的发展绿色金融，使其为中国发展绿色经济服务是目前迫切需要解决的问题。

二、研究意义

绿色经济已成为未来全球经济发展的必然趋势，绿色金融对绿色经济发展起重要的支撑作用。商业银行在促进绿色金融发展进而实现中国经济绿色发展的进程中扮演着重要角色。对中国商业银行来讲，发展绿色金融不仅能履行自己作为核心金融机构的社会责任，同时也能帮助商业银行在激烈的竞争环境中调整自身结构，促进自身转型升级，实现自身长期稳定发展。然而，目前中国商业银行绿色金融发展水平与国外尚存在较大差距，大多商业银行意识不到发展绿色金融的积极意义，对绿色金融的发展仅限于应付政策要求的层面，缺乏发展绿色金融的内在动力，没有把发展绿色金融上升到自身发展战略层面。本章通过研究分析商业银行的绿色金融产品对商业银行产生的积极影响，认为这些积极影响最终会使商业银行在发行绿色金融产品时得到市场和投资者的支持和认可，市场和投资者会积极关注和持有商业银行的股票，从而推动商业银行股价的上涨，并通过实证分析证实发行绿色金融产品的确可以提升商业银行的股价。以此让商业银行意识到发行绿色金融产品，发展绿色金融能得到市场和投资者的认可，可以提升商业银行的价值，最终调动商业银行发展绿色金融的内在动力和积极性，并为商业银行建立完善的绿色金融产品体系提出政策建议，帮助商业银行更好的发展绿色金融，使其在提升自身价值的同时，为中国绿色金融体系的建立乃至中国经济绿色发展做出贡献。

综上，本章的研究意义有以下两方面：

第一，目前，国内学者对商业银行绿色金融的研究主要是以定性研究为主，在理论层上分析商业银行发展绿色金融对其自身的影响，本章在前人研究的基础上从发行绿色金融产品的股价效应进行定量研究，丰富了相关研究。

第二，本章通过研究绿色金融产品的发行对商业银行股价的影响，证实发行绿色金融产品是市场和投资者认可的行为，可以提升商业银行的价值。在研究过程中也分析了商业银行绿色金融产品发展存在的问题，同时为商业银行完善其绿色金融产品体系提供政策建议，帮助其更好的发展绿色金融，使其为中国绿色经济的发展做出贡献。

三、国内外研究综述

第二，关于绿色金融及绿色金融产品

工业革命以后，西方发达国家的社会生产力得到了巨大的提升。工业化推动社会经济快速发展的同时，也带来了严重的环境问题。工业化发展初期，资源的利用率较低，经济发展往往以破坏自然环境、耗费大量自然资源为代价，未意识到环境、资源对人类可持续发展的重要意义。日益严峻的环境、资源问题逐渐引起了人们的重视。绿色金融概念于20世纪80年代首次被提出，之后各学者、机构等纷纷对绿色金融的内涵进行了定义，但至今尚未形成统一的标准。Mark A. White（1996）分析了环境对金融发展的制约，首次定义了"绿色金融"的概念，提出应把环境因素作为金融决策的影响因素之一，并利用金融工具实现环境保护。Salazar（1998）认为绿色金融是实现环境保护所必需的金融创新，是连接金融产业和环境产业的重要桥梁。Cowan（1999）认为绿色金融应围绕发展绿色经济的资金融通问题展开，属于绿色经济与金融学的交叉学科。绿色金融应通过研究如何使用多样化的金融工具进行环境保护。Sonia Labatt，Rodney R. White（2002）认为环境金融领域包括所有以提高环境质量和转移环境风险为目标的市场型工具，并为金融机构和企业提供了改善环境表现所必需的战略、技术和金融产品。中国关于绿色金融的研究起步较晚，安伟（2008）根据绿色金融理论实践的研究成果，对绿色金融的内涵进行了概括，并对绿色金融的环保节能机理进行了说明。王元龙（2011）认为中国的绿色金融体系基本框架包括健全绿色金融制度、发展绿色金融市场、创新绿色金融工具、培育绿色金融机构和完善绿色金融监管。中国绿色金融体系的构建应从优化宏观政策环境与构造和完善微观经济基础这两个方面出发。张承惠、田辉等（2016）认为未来中国绿色金融发展面临绿色金融概念不清晰、绿色发展战略的顶层设计存在缺陷、相关法律制度不完善、绿色金融相关市场和产品存在缺陷、缺乏政策和人才等配套。针对以上问题，其提出应推动绿色金融立法、完善信息协调和共享、完善绿色金融政策支持体系、引导金融机构加快绿色金融产品创新、大力培育中介服务体系、发挥政策性金融机构在绿色金融领域的引导作用等方面构建完善中国的绿色金融体系。目前中国学者对绿色金融的观点主要有以下三种：一是认为绿色金融是一种特殊的金融政策，政府或者金融机构在进行各种金融活动时，会将环境因素作为开展金融活动的一个衡量因素，对环保企业给予一定的政策优先支持；二是认为绿色金融是一种为了实现环境保护和可持续发展而进行的金融创新，认为绿色金融是各种考虑环境保护金融工具的统称，绿色金融包括绿色债券、绿色股票、绿色保险等；三是认为绿色金融是一种以实现环境保护和可持续发展为目的的特殊的金融活动和发展战略，要求金融机构在开展金融活动时遵循环境保护和可持续发展的基本原则，引导社会资源流向环保产业，实现经济与环境资源的协调发展，同时也实现金融机构自身的可持续发展。

随着对绿色金融内涵的界定逐渐清晰，学者们就发展绿色金融的必要性进行了研究。Marcel Jeucken（2001）首次分析了银行与可持续发展之间的互动关系，认为银行在对待环境保护的态度分为抗拒、规避、积极、可持续发展四个阶段，银行在可持续发展中扮演着重要角色，其研究让人们意识到银行等金融机构发展绿色金融在转变经济发展方式中的重要作用。Graedel、Allenby（2004）论证了金融和环境保护之间重要关系，指出金融在环境保护中所起的重要作用，然后从产业和环境角度出发，把金融服务业合理的融入到环境保护理论框架中。国内学者主要从绿色金融对中国经济绿色发展和金融机构自身发展两个方面论述发展绿色金融的必要性。于永达、郭沛源（2003）论证了金融与可持续发展的关系，指出绿色金融可以有效促进中国经济的可持续发展。王卉彤、陈保启（2006）在提出环境金融概念和介绍国外常见环境金融产品的基础上，指出银行努力提高自己的环境责任，捕捉更多的环境机会，能实现金融创新与循环经济的双赢。何建奎、江通（2006）认为

第五章　绿色金融业务与中国商业银行的价值

绿色金融是金融业发展的一个重要趋势，不良的环境表现会导致金融机构盈利能力下降，风险升高，因此发展绿色金融是实现经济可持续发展的需要，也是金融机构自身发展的必然要求，并为中国绿色金融发展提出建议。邓常春（2008）认为面对气候变化带来的风险和机遇，金融业应构建环境金融，促进实现经济的可持续发展。董昕（2015）认为发展绿色金融是增强我国国际金融市场竞争力的根本保障，现阶段中国绿色金融的认知程度低、金融机构利益导向与社会责任间存在矛盾、市场体系不完善以及缺乏良好的激励机制。其认为应从完善绿色金融制度、积极开发绿色金融产品强化绿色金融发展理念以及完善绿色金融监管等方面入手，逐步构建中国的绿色金融体系。

商业银行在中国的金融体系中扮演着重要角色，商业银行如何发展绿色金融对中国整个绿色金融体系的建立意义重大。崔文馨、胡援成（2014）以兴业银行为例，研究指出商业银行的绿色金融融资模式可分为传统信贷模式、非信贷融资模式和排放权金融模式三大类，结合兴业银行的具体案例对各种绿色信贷模式进行了剖析，指出商业银行在绿色信贷推广方面面临的问题，并针对这些问题提出了相关的政策建议。代玉簪、郭红玉（2015）对国外商业银行绿色金融实践进行研究，详细地阐述了发达国家商业银行的绿色金融理念与政策和发达国家商业银行所进行的绿色金融业务创新，根据发达国家商业银行的绿色金融实践成果对中国商业银行绿色金融发展提出建议，认为商业银行发展绿色金融应积极采纳国际准则，加强绿色金融创新能力，不断丰富绿色金融产品和服务，提高风险管理能力，完善内部环境风险的管理。麦均洪等（2015）运用联合分析法对商业银行绿色信贷的影响因素进行分析，结果表明：商业银行在实施绿色金融的过程中积极性不高，企业的还款能力依然是金融机构考虑的首要因素。曹干卿（2016）对商业银行在绿色金融视角下的个人金融业务转型进行了研究，指出了中国商业银行个人金融业务目前所面临的挑战，从绿色金融的国家发展战略，发展绿色金融是供给侧改革的重要环节且发展绿色金融可以提高市场竞争力等方面出发，认为绿色金融是个人金融业务可持续发展的必然选择，并提出商业银行应提高个人金融服务绿色金融产品的创新能力，开创绿色金融个人业务新模式等建议。殷红、马素红等（2017）在总结国外商业银行绿色金融体系的基础上，结合中国商业银行绿色金融发展情况，提出商业银行应从组织架构、政策制度、产品体系、流程管理、风险管理、企业文化、信息披露等七大方面入手，构建绿色金融体系。

商业银行绿色金融产品是商业银行发展绿色金融的主要抓手，但国内学者对商业银行的绿色金融产品的研究较少，对绿色金融产品的研究主要集中在对整个国家层面的绿色金融产品的研究，翁智雄、葛察忠等（2015）就国内外绿色金融产品进行了对比研究，其研究认为，现阶段我国绿色金融产品主要由环保产业指数产品、环保节能融资产品和碳金融产品构成。目前，环保产业指数产品尚处于起步阶段，发展空间较大；环保节能融资产品发展迅速，抵押授信方式多样；碳金融产品形式丰富，产品发展创新较快。虽然中国绿色金融产品的发展取得了一定的进展，但是与发达国家绿色金融产品相比，中国绿色金融产品在产品类别、服务对象范围、发展速度、融资规模等方面仍有较大的进步空间。

（二）关于商业银行股价

Barber 和 Odean（2008）的研究认为，投资者关注度上升意味着关注某只股票的个人投资者数量增加，因此，这只股票被购买的可能性增加，对股票短期需求增加意味着股票价格上涨。王惟希（2013）通过对国内外已有关于商业银行声誉、商业银行公司价值以及声誉对企业影响的文献进行整理，得出商业银行具有声誉重要性高、声誉影响因素复杂以及声誉传播快等特征，并通过实证得出声誉事件的性质决定对公司价值影响趋势，好的声誉对商业银行的价值有提升作用。侯军霞（2014）通过研究指出不良存款率对商业银行的股价有负的影响，不良贷款率越低，银行的长远发展前景越明朗，投资者越会增加股票的购买,从而促使银行股价上升。

(三) 关于绿色金融产品对商业银行股价的影响

目前对文献中就绿色金融产品与商业银行股价之间关系的研究几乎没有,但学者们就绿色金融对商业银行的影响方面进行了大量研究。

R Chami (2002) 认为声誉可以对金融企业价值产生正面影响,发展绿色金融有利于金融机构的健康发展。Paul Thompson (2004) 对银行贷款和环境信息披露之间的关系进行了研究,结果表明,银行为了保证贷款业务的收益,往往不愿进行全面的环境信息披露。Jeucken (2006) 从经济与金融可持续发展角度出发,提出发展绿色金融有利于实现金融机构可持续发展。Bert Scholtens 和 Lammertjan Dam (2007) 通过对比采纳赤道原则的银行和未采纳赤道原则的银行,发现采纳赤道原则的银行信贷风险相比未采纳赤道原则的银行的信贷风险更低,说明发展绿色金融可以降低银行的信贷风险。2007 年国际金融公司通过调查指出,由于追求利润最大化,部分金融机构并未在日常经营中把环境因素考虑在内。切实贯彻赤道原则,发展绿色金融的金融机构出现了短期运营成本的增加。Climent F (2011) 对绿色金融产品的经济效益进行了研究,发现在 1987—2009 年期间,绿色基金的表现比传统的具有相似特征的基金要低。然而投资者却更愿意投资绿色基金,因为其看好绿色企业的可持续性和声誉。而在 2001—2009 年期间,绿色基金实现的调整后回报与传统基金没有显著差异。作者认为 1987—2009 年期间绿色基金的低收益是因为当时稀少的绿色股票导致绿色基金投资不足。由其研究可见,投资者比较看好绿色金融产品,且在不同时期,绿色金融产品的经济效益可能不同。国内方面,杜莉、张鑫 (2012) 对绿色金融、社会责任与国有商业银行的行为选择进行了研究,该研究认为发展绿色金融是银行业发展的内在要求,是银行业加快金融创新的内在动力,商业银行应在银行内部治理机制中拓展绿色金融内涵,把绿色金融政策和规则内在化,将绿色金融的地位提升至影响银行控制权和经营决策的水平,并利用网络技术实现绿色化金融服务。于岩熙、王吉恒 (2015)

认为商业银行发展绿色金融可以降低银行信贷资金面临的环境风险，同时引导资金流向可持续发展的产业也可以为商业银行带来新的商机。汪江（2016）通过分析绿色金融与绿色信贷、赤道原则的关系，认为商业银行发展绿色金融既是经济转型的需要，也是其提升自身市场竞争力和社会形象的需要。何凌云、吴晨等（2018）运用系统 GMM 回归方法分析了 9 家上市商业银行绿色信贷与其竞争力之间的关系，结果表明绿色信贷对商业银行的竞争力有明显的提升效果。马浩文（2017）通过对股票选择行为和股票持有时间两类绿色投资行为的结构方程模型进行分析，认为环境信息对公众投资者的股票选择行为和股票持有时间均有显著影响。公众投资者更偏好投资和长期持有具有良好环境信息披露的股票。

（四）文献述评

通过对国内外文献进行总结可以发现，绿色金融是为了应对日益严峻的环境问题所提出的，绿色金融是指金融机构在开展金融业务时，不能只片面的追求经济效益，还应把金融活动所产生的相关的环境影响考虑在内，通过绿色金融来引导社会资源流向绿色产业，从而实现经济的可持续发展。绿色金融的最终目的是在保护生态平衡的条件下实现经济发展，进而实现人类社会的可持续发展。绿色金融已经成为中国金融发展的必然选择，商业银行作为中国金融体系的核心，对中国绿色金融的发展至关重要。当前国内学者对商业银行发展绿色金融的研究主要集中在定性的分析发展绿色金融对商业银行产生的影响上，关于商业银行绿色金融产品以及发行绿色金融产品对商业银行股价影响的研究几乎没有。本章在前人研究的基础上，对中国商业银行绿色金融产品发展现状进行梳理，对发行绿色金融产品与商业银行股价之间的关系进行研究，以丰富相关研究。

四、研究内容与方法

本章主要从文献梳理、理论分析、实证研究三个方面入手展开关于

第五章 绿色金融业务与中国商业银行的价值

发行绿色金融产品对商业银行股价影响的研究。首先，通过对与本章研究相关的国内外文献进行系统性的梳理，了解绿色金融的相关内涵以及商业银行发展绿色金融的重要性，为本章研究方向的选择，研究思路的确定以及实证研究的设计方面奠定文献基础。其次，基于企业社会责任理论及银行环境风险管理理论，从理论层面分析发行绿色金融产品对商业银行股价产生的影响，为之后的实证研究奠定理论基础。再次，以我国上市商业银行为研究对象，通过事件分析法就绿色金融产品的发行对商业银行股价的影响进行实证分析，研究发行绿色金融产品对商业银行的股价产生怎样的影响。最后，在总结本章研究结论的基础上，为商业银行完善绿色金融产品体系、更好的发展绿色金融提出政策建议，并对以后的研究进行展望。

本章具体研究内容如下：

第一节　绪论，阐述本章的研究背景、研究意义，国内外研究综述主要介绍了与本研究相关的绿色金融产品，以及绿色金融产品对商业银行股价影响的研究进展，通过对已有研究成果的梳理，提出尚需要进一步研究的地方。这样就为本章研究方向的确定、研究思路的形成以及实证方法的选择等方面奠定了文献基础。最后介绍本章的主要研究内容和研究思路，并说明本研究的创新之处。

第二节　商业银行绿色金融产品发展现状及其股价效应。对商业银行绿色金融产品以及商业银行绿色金融产品的发展状况进行了总结分析，然后分析了绿色金融产品对商业银行的影响。一是基于企业社会责任理论，将商业银行发行绿色金融产品视为其积极履行社会责任的表现，分析发行绿色金融产品对商业银行的影响。二是基于商业银行环境风险理论，分析绿色金融产品对商业银行风险的影响。三是基于发行绿色金融产品对商业银行经营范围扩大的角度，分析发行绿色金融产品对商业银行的影响。在此基础上对商业银行发行绿色金融产品的股价效应进行分析。

第三节　商业银行发行绿色金融产品股价效应的实证分析，根据研究内容和实证模型，选取研究样本及数据，并对样本和数据的来源及选择进行说明。其后，计算绿色金融产品的发行对事件窗口内股价的超常收益率，并对超常收益率的显著性进行检验，最后得出实证结果，并对实证结果进行分析。

第四节 研究结论及政策建议，对本章的研究内容进行总结，得出研究结论，在此基础上，提出相关政策建议以及今后的研究展望。

文献研究法：通过阅读大量相关文献，梳理分析绿色金融与商业银行股价相关理论基础，为下文发行绿色金融产品对商业银行股价影响的实证研究打好基础。

实证分析法：采用事件分析法就商业银行发行绿色金融产品的股价效应进行分析研究。

经验总结法：根据国外绿色金融产品的实践经验，针对中国商业银行建立完善的绿色金融产品体系提出政策建议。

五、创新之处

本章对商业银行发行绿色金融产品的股价效应的研究，在研究对象和研究视角上有创新意义。

研究对象上的创新之处：中国绿色金融起步较晚，商业银行绿色金融产品的发展尚不成熟，相关的研究文献不多，本章对商业银行绿色金融产品的研究可以为以后该领域的发展提供一定的参考和借鉴。

研究视角上的创新之处：国内外学者关于商业银行发展绿色金融的研究大都集中在定性分析发展绿色金融对商业银行的影响，鲜有学者就商业银行绿色金融产品的发展状况以及绿色金融产品发行对商业银行价值的影响方面进行研究。本章对中国商业银行绿色金融产品发展状况进行概括总结，并创新性的就商业银行发行绿色金融产品对商业银行股价的影响进行研究。

第二节 商业银行绿色金融产品发展现状及其股价效应

一、商业银行绿色金融产品介绍

自从党的十七大提出："转变经济增长模式"以来，绿色金融逐渐成为金融业发展的新趋势。近年来国家大力支持绿色金融的发展，陆续出台了促进绿色金融发展的法律法规及政策文件。2007年政府下发了《关于防范和控制高污染行业贷款风险的通知》，标志着中国绿色信贷政策正式实施。该通知要求银行在审查贷款的过程中增加对环境风险的评估，用金融手段来控制污染企业的发展。同年，国务院又颁布了《关于落实环保政策法规防范信贷风险的意见》，为绿色信贷政策的落实提供保障。2012年，中国银监会发布了《绿色信贷指引》，该文件被称为推动商业银行发展绿色信贷的纲领性文件。"十三五"规划把"生态环境质量总体改善"作为今后五年经济社会发展的主要目标之一，对绿色发展设立了硬指标。2015年中国人民银行发布《绿色债券支持项目目录》，推动落实绿色金融体系的国家战略，加快绿色金融体系建设。上述政策措施表现出了中国已把发展绿色金融作为经济发展的一项国策，未来我们会坚定不移地走绿色发展之路。根据国家绿色发展目标估测，未来几年中国每年绿色融资需求会在2万亿元以上。因此，无论是从国家政策支持角度还是市场需求角度来讲，中国绿色金融发展前景都非常广阔。商业银行在国家政策的大力支持下对绿色金融进行了探索，陆续推出了一系列的绿色金融产品，本章对中国商业银行目前推出的绿色金融产品进行梳理，并将其分为三大类进行介绍。

（一）绿色信贷

绿色信贷是指商业银行在开展贷款业务时，会将该融资行为所产生的环境效益考虑在内，对具备环境正效应的企业或项目提供贷款支持。

目前，绿色信贷仍然是商业银行绿色金融的核心产品，《关于落实环境保护政策法规防范信贷风险的意见》的发布，标志着中国绿色信贷制度正式建立。2012年银监会又发布了《绿色信贷指引》，对银行业发展绿色信贷做出了更为具体的要求，推动了银行业绿色信贷业务的规范发展。在国家政策的支持和引导下，商业银行的绿色信贷规模发展迅速，根据银监会披露的信息显示，国内21家主要银行机构的绿色信贷余额从2013年年底的5.20亿元增加至2017年6月底的8.22万亿元，且绿色信贷质量良好，2017年6月底，国内主要银行节能环保项目和服务不良贷款余额241.7亿元，不良率0.37%，比各项贷款不良率低1.32%。商业银行在绿色信贷的实施过程中，也对绿色信贷产品进行了一定的创新，针对新兴的能源合作项目，商业银行推出了未来收益权质押融资产品；对节能环保产业，商业银行提供了节能贷款以及排污权抵押融资等创新性绿色信贷产品。

（二）绿色金融债券

绿色金融债券是金融机构法人依法在银行间债券市场发行的、募集资金用于支持绿色产业项目，并按约定还本付息的有价证券。相较于普通金融债券，绿色金融债券对信息披露的要求更高，债券发行人需要说明拟投资的绿色产业项目类别以及环境效益目标等信息。中国绿色债券起步较晚，2015年12月，中国人民银行在银行间债券市场推出了绿色金融债券，并规定绿色金融债券可以纳入相关货币政策操作的抵押品范围，使绿色金融债券具备了较强的流动性。商业银行等金融机构可以通过发行绿色金融债券，在债券市场进行筹资，利用筹得的资金支持环保节能等绿色产业项目。2016年1月27日，浦发银行在全国银行间债券市场发行了200亿元的绿色金融债券。次日，兴业银行也通过银行间债券市场发行了100亿元的绿色金融债券。此后，交通银行、工商银行等也在银行间债券市场进行了绿色金融债券的发行。

（三）碳金融产品

碳金融产品是一种新兴的绿色金融产品，目前商业银行的碳金融产品包括碳排放权抵押融资、碳合约交易业务、碳资产支持证券等。碳排放权抵押融资是企业以自身碳配额、CCER等碳资产作为抵押物的融资业务。拥有碳配额和CCER等碳资产的企业,可以将碳资产作为抵押物获得银行授信,为企业低碳项目发展提供资金支持。碳合约交易业务是指银行为企业提供的碳金融相关的一系列产品和服务,帮助企业顺利开展碳排放项目,提高节能环保企业在碳排放交易市场的议价能力。碳资产支持证券是一种以碳资产收益为支持的证券融资产品。2016年农业银行将项目主体所辖风电场未来的风电收费权作为基础资产进行证券化,发行了国内首单绿色资产支持证券。

二、商业银行绿色金融产品发展现状

在发展绿色金融方面,最具代表性的兴业银行从2006年开始,在国内推出能效项目融资业务,探索可持续发展。2008年兴业银行公开承诺采纳赤道原则,成为中国首家"赤道银行"。2009年首次采用赤道原则为福建华电绿色金融项目完成融资。2010年推出碳质押贷款、低碳信用卡等绿色金融产品。2016年成为国内首家获准发行绿色金融债券的银行,并成功发行了100亿元绿色债券。截至2017年4月底,该行已累计为上万家节能环保企业或项目提供绿色金融融资超过1.2万亿元,融资余额达5670亿元,同时贷款不良率仅有0.38%。除兴业银行外,其他商业银行绿色金融产品发展情况如表5-1所示。

表5-1 中国各商业银行绿色金融产品发展状况

工商银行	2007年,在全行范围内推行"绿色信贷环保一票否决制"
	2011年,推出碳金融合约交易业务,有效提高了国内节能环保企业在国际碳排放权交易中的议价能力
	2012年,推出排污权质押贷款业务
	2013年,建立绿色信贷分类与企业评级的关联,实行信贷全流程的绿色信贷环保一票否决制
	2016年,在全国银行间债券市场成功承销发行境支首支绿色金融债券

续表

浦发银行	2006年，启动能效融资国际合作
	2008年，率先推出首个针对低碳经济的综合服务方案《绿色信贷综合服务方案》
	2009年，成功推出和完成国内银行业的第一单CDM财务顾问业务
	率先在同业中推出并完成首单国际碳资产抵押业务
	2010年，推出并完成首单合同能源管理保理融资和未来收益权质押融资，大力支持服务产业
	2011年，推出首个建筑节能融资产品
	推出并完成合同能源管理保理融资产品，进一步支持节能服务产业
	2012年，推出《绿创未来—绿色金融综合服务方案2.0》
	2014年，推出国内首单"碳债券"，填补了国内与碳市场相关的直接融资产品的空白
	2016年，成功发行境内首单绿色金融债券，实现了国内绿色金融债券从制度框架到产品发行的正式落地
招商银行	2010年，发行首只绿色文明生态理财产品—"金葵花"安心回报系列之生态文明特别理财计划
	2011年，组建了绿色金融产品小组，对排污权抵押贷款、节能收益抵押贷款、法国开发署（AFD）绿色转贷款、绿色设备买方信贷、绿色融资租赁、清洁发展机制（CDM）融资综合解决方案等六大产品进行推广与完善
中国银行	2016年，发行境外绿色金融债券，用于支持中国银行已经投放或未来即将投放的绿色信贷项目
交通银行	2008年3月，实施以环保为基础的授信准入、风险管理和一票否决制
	2016年11月，成功发行第一期300亿元绿色金融债券
建设银行	2009年，推出了"民本通达—环保益民"综合服务方案
	2011年，把节能减排指标融入年度信贷政策，实施"环保一票否决制"

根据前面对商业银行绿色金融产品发展状况的分析我们可以总结出，商业银行作为中国金融体系的核心机构，在国家政策中也对绿色金融进行了探索和实践，目前也取得了一定的进展，为中国的生态文明建设做出了一定的贡献。然而，相较于银行在中国金融体系中的重要地位，其绿色金融的发展水平还远远不够，尚不能满足中国绿色金融发展的要求。中国商业银行尚未建立一个完善、合理的绿色金融产品体系，

第五章　绿色金融业务与中国商业银行的价值

商业银行的绿色金融的发展还存在以下几点问题：

第一，目前中国商业银行绿色金融产品主要以绿色信贷和绿色债券为主，大多数商业银行在银监会的政策要求下被动开展绿色信贷业务，缺乏对绿色金融业务的创新探索。虽然近年来少部分商业银行在绿色金融业务方面进行了一些创新，如兴业银行的碳配额质押融资、个人低碳信用卡等，但与国外相比，中国商业银行绿色金融业务创新范围相对较小，创新缺乏深度，许多产品只是对国外产品做了细微改动，不能完全适应中国国情。虽然部分商业银行在碳金融等新兴绿色金融业务方面进行了尝试，但总体来看，其规模及影响力十分有限。在面向个人的绿色金融业务方面，产品匮乏，个人绿色金融产品只有绿色信用卡。显然，目前中国商业银行的绿色金融产品尚不能满足本国绿色金融发展的需求。

第二，目前，除少数商业银行，如兴业银行、浦发银行等成立了专门的绿色金融发展机构外，大多数商业银行还没有设立专门的绿色金融发展组织机构去专门负责绿色金融业务的开展和监督，绿色金融业务仍是零散发展的状态。绿色金融业务作为商业银行新兴的业务，其技术要求较高，业务模式和监管方式比较复杂，要想更好的发展绿色金融业务，就需要商业银行成立专门的组织机构，专注于绿色金融业务的研究，设计专业合理的绿色金融业务发展模式，并对绿色金融业务进行专业的风险管理和监督。

第三，发展绿色金融离不开专业人才的支持，发展绿色金融业务需要具备金融、生态、产业结构等广泛知识背景的专业人才，具备综合性知识的人才对绿色金融机制有更深刻的认识，可以帮商业银行实现绿色金融业务的不断创新，也有助于对商业银行的绿色金融项目进行专业全面的风险评估和收益分析，确保绿色金融项目的有效性。然而，目前中国商业银行尚未形成对绿色金融专业人才的培育机制，商业银行绿色金融专业人才较为缺乏。

综上所述，商业银行的绿色金融不仅是实现中国绿色经济发展的需求，也是实现其自身可持续发展的必然选择。目前中国商业银行尚未建立一个完善、合理的绿色金融产品体系，商业银行在绿色金融发展方面还存在许多问题，中国商业银行绿色金融产品的发展水平远远不能满足未来本国绿色融资需求。存在这些问题的主要原因是因为商业银行尚未意识到绿色金融的重要意义，缺乏发展绿色金融产品的动力和积极性。

三、绿色金融产品对商业银行的影响分析

近年来，商业银行面临的竞争日趋激烈，经营状况不容乐观，商业银行的转型升级刻不容缓。绿色金融的出现为商业银行的转型升级提供了重要的契机，绿色金融产品作为新兴的金融产品，对改善商业银行的经营状况、提升商业银行的发展前景意义重大。

（一）绿色金融产品对商业银行环境风险的影响分析

企业的环境风险是指由于环保政策、环保法规的出台所造成的企业经营活动受到影响甚至中断，进而对企业价值造成损失的风险。一般而言，政府及监管部门为了实现环境保护的目标，会出台相应的环保政策法律法规限制高污染、高耗能企业的发展。环保法律法规的出台会对双高企业的经营活动产生较大的影响，给企业经营带来较大的风险。

银行面临的环境风险是指银行为双高企业提供资金支持，双高企业面临较大的环境风险，当环保政策法律法规出台时，双高企业的经营会受到巨大影响，商业银行作为这类企业的资金提供者，就可能因为这些企业的环境风险而面临着估值风险、信用风险、法律风险、信誉风险等。其中，估值风险是指金融机构所持有的"高污染、高能耗"企业股票或其他有价资产的价值会因为环保政策等的实施出现明显缩水。信用风险是指环保政策等的变化极大可能会引起高污染行业经营状况的巨大下滑，从而导致贷款违约率和不良贷款率的上升，产生信用风险。法律风险是指一旦企业发生环境事故，那么为企业提供融资的商业银行也会面临被起诉的风险。信誉风险则指商业银行对污染企业提供融资，间接加剧了对环境的破坏，对商业银行的信誉造成影响的风险。

商业银行的贷款业务主要集中在对企业的贷款上，过去的十几年间，第二产业发展迅速，融资需求较大，商业银行为第二产业提供了大量的资金支持。第二产业中的企业大多是高污染、高能耗企业，近年来

第五章 绿色金融业务与中国商业银行的价值

环境压力和资源问题使国家日益重视环保节能问题，中国逐渐开始进行去产能、调结构的改革。在此背景下，高污染、高能耗产业的发展方式已不再符合中国经济的发展要求，政府会出台一系列政策限制这些企业的盲目发展，政府政策会对这些企业的经营状况产生巨大冲击，使企业陷入经营危机中。在这种背景下，商业银行为"双高"企业提供融资服务很容易使"双高"企业面临的环境风险转化成商业银行的环境风险，造成商业银行不良贷款率的上升。绿色金融产品将环境因素考虑在内，商业银行发行绿色产品能减少对"双高"企业的融资服务，大大降低商业银行因为对"双高"企业提供融资服务而面临的环境风险，降低商业银行不良贷款率。此外，商业银行绿色业务的服务主体往往具有较高的社会责任感，因此商业银行为这些主体提供融资服务时，不良贷款产生的概率会小很多。根据银监局披露的消息显示，从2013—2017年6月，国内主要绿色信贷的不良率分别是0.32%、0.20%、0.42%、0.49%、0.37%。我们将此期间绿色信贷不良率与同时期各类贷款整体不良率作比较，2013—2017年6月绿色信贷不良率和同期各项贷款整体不良率对比如图5-1所示。

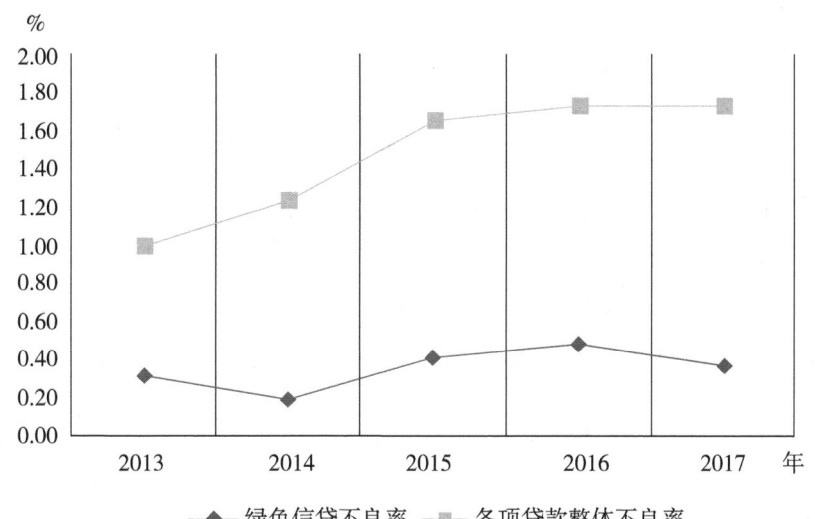

图5-1 绿色信贷不良率与各类贷款整体不良率对比

由图 5-1 可以看出，绿色信贷的不良贷款率远低于同时期各类贷款整体不良率，由此也说明了绿色金融产品确实可以降低商业银行的不良贷款率。不良贷款率的升高会大幅减少商业银行利润，使商业银行面临严重的经营风险。商业银行通过绿色金融产品可以降低商业银行面临的环境风险，降低商业银行的不良贷款率，提高商业银行的资产质量，增加商业银行的利润。对投资者而言，绿色金融产品可以增加商业银行的利润，会增加商业银行未来现金流量，进而提升商业银行的价值，因此，当商业银行发行绿色金融产品时，投资者会选择投资商业银行的股票。此外，国家绿色金融政策、日益趋严的环境监管政策、对企业长期价值和环境风险管理的关注也推动着投资者更加深入认识到环保问题的重要性，国内学者黄民礼对环境风险与投资者偏好产生的影响进行研究，发现投资者在进行投资决策时会权衡由于企业的环境风险而给自身带来的潜在损失，投资者往往偏好于持有环境风险较低、环境形象较好的企业的股票。综上，绿色金融产品能降低商业银行环境风险，降低商业银行的不良贷款率，有利于商业银行的稳定发展。

（二）绿色金融产品对商业银行声誉的影响分析

传统经济学理论认为企业的唯一目的就是以股东的利益为中心，通过经营实现股东利益最大化。随着经济社会的发展，企业在社会中扮演的角色、发挥的作用越来越重要，与此同时企业经营过程中带来的问题也不断凸显出来，例如企业发展对环境造成的破坏、企业与工人间的劳资矛盾、企业对社会公益事业的消极态度等。这些问题促使经济学界对企业的社会责任有了不同的见解，越来越多的学者认识到企业不应只单纯地为股东的利益负责。1953 年，Howard R. Bowen 在其《企业家的社会责任》一书中提出企业家具有按照社会期望的目标和价值观，来制定政策、进行决策或采取行动的义务。以后学者在 Bowen 的理论基础上对企业责任进行了更深入的研究和完善。当前经济学界普遍接受的企业社会责任理论认为企业的社会责任主要包含企业的盈利责任、社会责

第五章 绿色金融业务与中国商业银行的价值

任、环境责任。

商业银行作为一种特殊的金融机构，其首要目的是实现自身的盈利，满足股东的利益诉求。与此同时，商业银行作为中国金融体系的枢纽，支配着社会资源的流向，对中国金融体系的运转、国家政策的实施有着重要的示范、推动作用，因此，商业银行履行其社会责任、环境责任对社会的发展、政府政策的实施以及商业银行自身的发展有重要的意义。绿色金融产品的发行是商业银行积极履行其社会责任的表现。

互联网金融的兴起和金融脱媒的发展趋势，对商业银行核心业务造成了非常大的冲击。互联网金融改变了人们的理财和支付方式，拿最典型的互联网金融产品余额宝来说，它的收益性高于银行存款，相较于股票、债券等理财方式，它还具有灵活、低风险、低门槛等特性，因此，余额宝自推出以来，广受人们青睐，越来越多的用户把银行账户上的资金转入余额宝，造成了商业银行存款的明显下降。存款作为商业银行开展其他业务的基础，对商业银行的盈利有重要影响，存款的下降会造成商业银行盈利的大幅下降。金融脱媒的背景下，金融市场将加强直接融资的便利性，提升直接融资的比重，提高金融市场的融资效率。商业银行作为典型的间接融资机构，金融脱媒无疑会削减商业银行的融资业务，加剧银行业的竞争。面对日趋激烈的市场竞争，商业银行需要不断提升自己的核心竞争力。企业声誉理论认为，声誉是企业的一种无形资产，良好的企业声誉会为企业带来更多的资源及经济利益。企业积极履行其社会责任的行为通常会具有正面的影响，有助于企业树立良好的社会形象，提升企业的声誉。绿色金融产品的发行可以引导资源流向环境保护和资源节约型企业，限制高污染、高能耗企业的发展，从而促使其转变生产技术，实现生产方式由高污染、高能耗向低污染、低能耗的转变。这些措施有助于我国的环境保护和资源节约，有助于改善人类的生存环境，是商业银行积极履行社会责任的表现。积极履行社会责任可以为商业银行带来良好的声誉。以兴业银行为例，自开展绿色金融业务以来，兴业银行陆续获得最具社会责任上市公司、最佳绿色银行、亚洲可持续银行奖冠军、全国减排先进集体、世界环保大会"碳金社会公民"等荣誉。商业银行作为一种金融中介机构，良好的声誉可以提高客户对商业银行的信任度和忠诚度。具备良好声誉的商业银行也代表着该商业银行经营状况良好，符合国家政策导向，能够适应经济形势的发展趋势。虽然商业银行声誉的价值并不能在商业银行资产负债表中列示出来，但它是确实存在的，是可以为商业银行创造价值的一种无形资产。声誉是一种难以被模仿、难以被复制的一种无形资产，良好的声誉可以形成商业银行的核心竞争力，帮助商业银行在激烈的市场竞争中立于不败之地，为商业银行带来长久的收益。

四、绿色金融产品对商业银行盈利的影响分析

商业银行业务同质化严重，传统业务竞争异常激烈，互联网金融也加剧了银行的传统业务竞争。仅靠传统业务已不能满足商业银行未来发展的需要，商业银行应主动寻求业务创新，调整优化自身的业务结构，拓展业务范围。为了实现中国产业结构的转型升级，目前中国政府大力支持环保节能产业的发展，由此产生的绿色融资需求和绿色金融服务需求对商业银行而言也是一个新的机遇。绿色融资需求是环保、节能、清洁能源、绿色交通、绿色建筑等领域在一定时期内发展所必需的融资服务，据中国环境与发展国际合作委员会发布的《绿色金融改革与促进绿色转型研究》报告显示，未来一段时间中国具有巨大的绿色融资需求，报告指出，2015—2030年期间，中国绿色融资需求大约为70.1万亿~123.4万亿元。面对如此大的绿色融资需求，商业银行通过发展绿色金融，为有绿色融资需求的企业提供绿色产品和服务，拓展业务范围，完全可以获得新的利润增长点，实现自身可持续发展。以上分析可知，绿色金融产品存在巨大的市场空间，能为商业银行提供新的利润增长点，有利于提高商业银行的盈利水平。

五、发行绿色金融产品的股价效应分析

股票市场是资本市场的重要组成部分，对于上市企业而言，企业的

第五章 绿色金融业务与中国商业银行的价值

股票价格是其资本市场价值的外在表现。股票市场上的投资者根据其对上市企业未来价值和盈利预期做出理性判断，然后做出投资决策。在有效市场的假设下，投资者可以获得与投资决策相关的各种信息，并通过这些信息形成对企业资本市场价值的合理预期，最后做出投资决策。理性投资者对企业资本市场价值的预期具有一致性，因此这种投资者一致性预期和群体性投资决策会直接改变股票的供求状况，进而对股票价格产生影响。

发行绿色产品对商业银行股价的影响也是通过影响投资者的预期所产生。股票市场上的投资者得知商业银行发行绿色金融产品这一消息后，投资者会分析绿色金融产品会对商业银行产生什么样的影响，并据此对商业银行未来的价值和盈利形成理性的预期，投资者根据自己的预期进行投资决策，最终对商业银行的股价产生影响（见图5-2）。

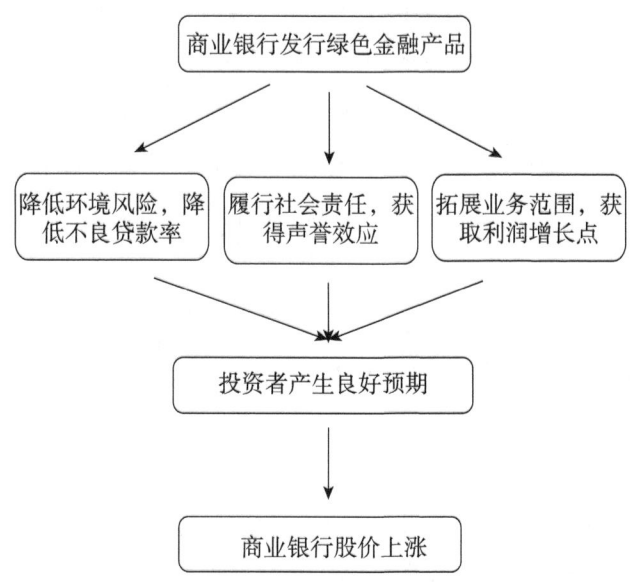

图5-2 发行绿色金融产品对商业银行股价影响机制

由上面的分析可知，发行绿色金融产品是商业银行积极履行社会责任的表现，绿色金融产品可以降低商业银行的不良贷款率，拓展商业银行的业务范围,改善商业银行的经营状况,绿色金融产品对商业银行的这些积极影响,会使商业银行在发行绿色产品时,使投资者对商业银行的前景产生良好预期,投资者会选择关注和持有商业银行股票,进而引起商业银行股价的上涨,从图5-2说明商业银行发行绿色金融产品的股价效应。

第三节 商业银行发行绿色金融产品股价效应的实证分析

一、模型建立

事件分析法由 Dolley(1933)在《普通股分拆的特征与程序》一文中首次提出。事件分析法的作用原理为:假设市场是理性的,那么某一事件发生所产生的影响就会迅速通过市场的相关指标的变动体现出来。事件分析法最初被应用于金融领域,用来分析金融数据对一个公司市场价值的影响。金融市场上会有各种消息、政策、产品等事件的发生,在市场理性的前提下,这些事件的影响会通过资产价格的变动体现出来。基于以上特点,事件分析法在金融领域的研究中,作为一种实证分析方法被广泛地应用。本节研究绿色金融业务的开展对商业银行股价的影响符合事件分析法的应用条件,因此采用事件分析法作为本节的分析方法。

在事件分析法被首次提出后,引起学者关注的同时,后来研究者也逐步对事件分析法进行了完善。至20世纪60年代末,在众多学者的努力下,最终确定了现在普遍使用的事件分析法的基本步骤。事件分析法通过估计窗口进行参数估计,然后根据参数计算出事件窗口期的正常收益率,根据事件窗口期实际收益率与正常收益率的差额即超额收益率,来评价事件对股价是否产生了影响。完整的事件分析法包含以下七个步骤:

(1) 事件定义。包括对事件本身的定义和事件窗口的定义。事件本身的定义是指确定研究的事件，事件窗口的定义包括确定估计窗口、事件窗口和事后窗口。事件分析法逻辑清晰、严谨，考虑到可能存在时间提前泄露的情形，因此选择时间窗口时会把事件发生前的一段时间选做估计窗口，考虑到事件发生后带来的滞后效应，会把事件发生之后的一段时间选做事后窗口。

(2) 确定选取样本标准。在确定所要分析的事件之后，需要确定事件样本的选取标准，根据这个标准选取事件样本，然后分析事件对所研究问题的影响。

(3) 计算正常收益与超常收益。在分析某一事件对公司价值的影响时，需要确定正常收益率和超常收益率，正常收益率是指假设该事件没有发生时，公司的期望收益率，超常收益率是指事件窗口期实际收益率与正常收益率之差。正常收益率的测算方法有统计学方法和经济学方法，统计学方法一般有市场模型、常数均值收益模型。经济学方法有根据投资者行为判断进行分析的经济学分析模型。

(4) 参数估计。使用所选取的估计窗口的数据来对正常收益模型进行参数估计，为计算事件窗口期的正常收益率做准备。在进行参数估计时，事件窗口和估计窗口不能重叠，以免事件本身对正常收益率的参数估计产生影响。

(5) 统计检验。通过假设检验程序对累积异常收益率进行检验，以判断在特定显著水平上所研究事件是否对股票收益产生影响。

(6) 得出实证结果。用设计的检验程序对数据进行检验，根据检验结果，得出实证结果。

(7) 实证结果分析。对所得出的实证结果进行分析。如果实证结果与预期相符合，则该实证结果可以为事件的预期理论影响提供佐证，如果实证结果与预期结果不一致，则要对该实证结果进行合理理论解释，分析产生该结果的原因。

根据事件分析法的基本步骤及本章的研究内容建立如下模型。

（1）日收益率的计算。收益率的计算一般有总回报率法、线性回报率法和对数收益率法，其中对数收益率有以下优点：①对数化可以在不改变数据间相关关系的前提下使数据更加平稳，同时削弱了数据的异方差和共线性，有利于计算。②收益率本身是一个复利的概念，用对数收益率可以更直观地显示收益率的变化。③对数化收益率有利于不同时期的指数对比。考虑到对数收益率的这些优点，本章一致采用对数收益率来计算银行和市场的收益率。商业银行股票收益率和 A 股市场股票收益率计算公式如下：

$$R_{it} = LN(P_{i,t}/P_{i,t-1}) \quad (5-1)$$

$$R_{mt} = LN(P_{m,t}/P_{m,t-1}) \quad (5-2)$$

其中，R_{it}，R_{mt}分别指商业银行 i 和股票市场在交易日 t 时的日收益率，$P_{i,t}$，$P_{m,t}$分别表示商业银行 i 和股票市场在交易日 t 时的收盘价。

（2）事件窗口期正常收益率的计算。事件窗口期正常收益率是指事件窗口期未发生该事件时股票的收益率，正常收益率的计算主要有市场调整法、均值调整法和市场模型法三种，其中市场模型理论基础清晰，应用广泛成熟，目前国内外研究普遍使用市场模型进行计算，因此我们选择建立市场模型来计算正常收益率，市场模型如下：

$$R_{it} = a_i + \beta_i R_{mt} + \varepsilon_i \quad (5-3)$$

其中，R_{it}，R_{mt}为商业银行 i 和股票市场在交易日 t 时的日收益率，a_i为常数项，β_i为斜率项，ε_i为随机误差项。

将估计窗口期的商业银行股票和股票市场日收益率进行回归分析，得出参数估计值 a'_i 和 β'_i，正常收益率计算公式如下：

$$R'_{it} = a'_i + \beta'_i R_{mt} \quad (5-4)$$

（3）超常收益率的计算。超常收益率是指事件窗内的实际收益率与正常收益率的差额，超常收益率可用下式表示：

$$R'_{it} = a'_i + \beta'_i R_{mt} \quad (3-4)$$

第五章 绿色金融业务与中国商业银行的价值

（3）超常收益率的计算。超常收益率是指事件窗内的实际收益率与正常收益率的差额，超常收益率可用下式表示：

$$AR_{it} = R_{it} - R'_{it} \quad (5-5)$$

其中，AR_{it} 表示商业银行 i 在交易日 t 的股票超常收益率，R_{it} 为时间窗口内，商业银行 i 在交易日 t 的股票实际收益率。

当分析的样本为多只股票时，我们还需要计算这些股票的平均超常收益率，事件窗内交易日 t 的样本股票平均超常收益率表示如下：

$$AAR_t = \frac{1}{n} \sum_{i=1}^{n} AR_{it} \quad (5-6)$$

上述平均超常收益率仅反映事件窗内的某一交易日的平均超常收益率，为了更好地反映事件对股票收益产生的影响，我们还需要计算事件窗内按时间累积的累积平均超常收益率，累积平均超常收益率是平均超常收益率的简单加总，样本股票的累积平均超常收益率表示如下：

$$CAAR_t = \sum_{t=t_1}^{t_2} AAR_t \quad (5-7)$$

（4）显著性检验。对 $CAAR_t$ 进行 T 检验，以分析发行绿色金融产品对相关商业银行股价影响是否显著。

显著性假设如下：

H_0：累积平均超常收益率为 0，发行绿色金融产品对相关商业银行股价无影响。

H_1：累积平均超常收益率不为 0，发行绿色金融产品对相关商业银行股价有影响。

对 $CAAR_t$ 进行 T 检验，可表示如下：

$$t_{CAAR_t} = \frac{CAAR_t}{s(CAAR_t)/\sqrt{n}}$$

其中，式中 $s(CAAR_t) = \sqrt{\frac{1}{n-1} \sum_{i=1}^{n} (CAAR_{it} - CAAR_t)^2}$。 (5-8)

在显著水平 α 下,对事件窗口内的 $CAAR_t$ 进行检验,如果检验得出的 T 值大于临界值,则表示拒绝零假设,说明发行绿色金融产品会对商业银行的股价产生影响。

二、实证分析

(一)事件窗口定义

事件窗口的定义是事件分析法的核心步骤。绿色金融产品的公告日期可以通过商业银行的官方网站进行收集,由于商业银行绿色金融产品的公告日和实施日基本保持一致,因此,本章把绿色金融产品的公告日定义为事件的发生日,即"0"日,把"0"日前一个交易日定义为"-1","0"日后一个交易日定义为"1"日,其余交易日以此类推。为了尽可能的反映出事件对长短不同事件窗内收益率的影响,本章分别选取[-10,10][-30,120]作为事件窗,事件窗前120个交易日作为估计窗口。

(二)样本选择及数据来源

在选择事件样本时,需要根据所要研究的问题,选择对该问题产生影响的事件有关的样本,以此根据样本对所研究问题的影响来分析事件对所研究问题的影响。本章主要研究商业银行发行绿色金融产品对商业银行股价的影响研究,考虑到数据的可得性和研究的全面性,本章收集了2007—2016年之间中国商业银行具有较大影响力的绿色金融产品发行事件,为避免同一商业银行发行的绿色金融产品相互影响,本章在选取同一家商业银行发行的不同的绿色金融产品时,其相互之间的发行时间间隔大于200天。另外所选取的银行股票在所研究时间范围内应无增发配股、多次停牌等会对股价产生重大影响的事件。根据以上原则本章最终选取工商银行、招商银行、浦发银行、兴业银行、华夏银行、中国银行这6家A股上市银行股价为研究对象,这6家商业银行股价数据及上证综指数据均来源于 Wind 金融数据库,股票的收益率和上证综指的收益率根据上述数据计算得出。这些绿色金融产品的公布日可以在相应的商业银行官网上获得。最终所选取的绿色金融产品有：工商银行的绿色信贷产品、碳金融合约交易产品；招商银行的绿色信贷综合服务产品、中法绿色中间信贷第二期；浦发银行的绿色债券、碳排放权抵押融资产品、建筑节能专项融资产品、绿色金融综合服务产品；兴业银行的个人低碳信用卡、绿色信贷资产支持证券；中国银行的绿色金融债券；华夏银行的"京津冀"大气污染防治融资创新产品，如表 5-2 所示。

表 5-2　绿色金融产品及其发行银行、发行日期汇总

发行银行	产品名称	日期
工商银行	绿色信贷	2007 年 10 月 08 日
工商银行	碳金融合约交易产品	2010 年 03 月 21 日
招商银行	绿色信贷	2008 年 12 月 09 日
招商银行	中法绿色中间信贷第二期	2010 年 03 月 15 日
浦发银行	绿色债券	2014 年 05 月 08 日
浦发银行	碳排放权抵押融资产品	2015 年 02 月 16 日
浦发银行	建筑节能专项融资产品	2011 年 05 月 10 日
浦发银行	绿色金融综合服务产品	2012 年 10 月 29 日
兴业银行	个人低碳信用卡	2010 年 01 月 28 日
兴业银行	绿色信贷资产支持证券	2016 年 01 月 05 日
中国银行	绿色金融债券	2016 年 07 月 18 日
华夏银行	"京津冀"大气污染防治融资创新产品	2016 年 09 月 23 日

（三）参数估计

根据上文定义的估计窗口数据对市场模型的参数进行估计，即根据估计窗 [-130, -10] 内 120 个交易日的商业银行和上证综指日收益率，对市场模型中的 α_i、β_i 进行估计。市场模型如下：

$$R_{it} = \alpha_i + \beta_i R_{mt} + \varepsilon_i \quad (5-9)$$

其中，R_{it}，R_{mt} 为商业银行 i 和股票市场在交易日 t 时的日收益率

（根据商业银行股票和上证综指的日收盘价计算出的对数收益率），α_i 为常数项，β_i 为斜率项，ε_i 为随机误差项。

根据12个样本的数据进行回归分别得出12组 α_i 1 β_i 值，如表5-3所示。

表5-3　样本参数估计结果

样本	α	β
工商绿色信贷	-0.0019790	0.8463775
工商碳金融合约交易产品	-0.0001205	0.8030026
浦发建筑节能专项融资产品	-0.0000339	0.9183315
浦发绿色金融综合服务产品	-0.0005423	0.8172693
浦发绿色金融债券	0.0002807	1.1634520
浦发碳排放权抵押融资产品	-0.000766	1.2832780
兴业个人低碳信用卡	-0.0009411	1.1034000
兴业绿色信贷资产支持证券	0.0010265	0.7637565
招商绿色信贷综合服务产品	-0.0008832	1.2741430
中行绿色金融债券	-0.0005478	0.5554502
华夏京津冀大气污染防治融资创新产品	0.0001156	0.5110369
招商中法绿色中间信贷项目二期	-0.0006467	1.0249000

（四）正常收益率和超常收益率的计算

超常收益率是衡量事件对对象影响的重要指标，超常收益率等于事件窗内的实际收益率与事件窗内正常收益率的差额，要计算超常收益率先要计算出事件窗口内的正常收益率。根据上文求出的 α、β 的值，带入到正常收益率公式中，第 i 只股票 t 交易日的正常收益率公式如下：

$$R'_{it} = a'_i + \beta'_i R_{mt} \qquad (5-10)$$

其中，a'_i，β'_i 由上文估计窗口数据回归所得，t 取 [-10, 10] 之间的整数。

第 i 只股票 t 交易日的超常收益率计算公式如下:

$$AR_{it} = R_{it} - R_{it}^I \quad (5-11)$$

其中, t 取 [-10, 10] 之间的整数。

事件窗内 t 交易日 N 只股票的平均超常收益率计算公式如下:

$$AAR_t = \frac{1}{n}\sum_{i=1}^{n}AR_{it} \quad (5-12)$$

事件窗内 N 只股票的累积超常收益率表示如下:

$$CAAR_t = \sum_{t=t_1}^{t_2}AAR_t \quad (5-13)$$

其中 t_1, t_2, 取 [-10, 10] 之间的整数, 且 $t_1 < t_2$。

事件窗内每天样本事件的平均超常收益率和累积超常收益率数据如表 5-4 所示。

表 5-4 事件窗内每日平均超常收益率及累积平均超常收益率 (%)

t	AAR_t	$CAAR_t$
-10	-0.000310	-0.000310
-9	0.002401	0.002096
-8	0.000946	0.003042
-7	-0.000190	0.002855
-6	0.002074	0.004929
-5	-0.000100	0.004829
-4	0.000874	0.009802
-3	0.004098	0.008928
-2	0.000889	0.010691
-1	0.001423	0.012114
0	0.007728	0.019842

续表

t	AAR_t	$CAAR_t$
1	0.003452	0.023294
2	0.004210	0.027505
3	0.000121	0.027625
4	-0.001270	0.026353
5	0.002297	0.028651
6	0.006634	0.035285
7	-0.002140	0.033148
8	0.000753	0.033901
9	0.000241	0.034142
10	0.006607	0.040750

（五）假设检验

本章通过事件窗口 t 交易日的累积超常收益率均值是否为 0 来反映发行绿色金融产品对商业银行股价是否产生影响。假设如下：

H_0：累积平均超常收益率的均值为 0，发行绿色金融产品对商业银行的股价无影响。

H_1：累积平均超常收益率的均值不为 0，发行绿色金融产品会对商业银行的股价产生影响。

对 $CAAR_t$ 进行 T 检验，可表示如下：

$$t_{CAAR_t} = \frac{CAAR_t}{s(CAAR_t)/\sqrt{n}} \quad (5-14)$$

其中，式中 $s(CAAR_t)$。

（六）实证结果分析

根据上述步骤可以计算出事件发生前后 10 天的累积平均超常收益率及其显著性，如表 5-5 所示。

表5-5 累积平均超常收益率显著性检验结果

日期	$CAAR_t$	T值
-10	-0.00031	-0.12
-9	0.002096	0.51
-8	0.003042	0.52
-7	0.002855	0.39
-6	0.004929	0.66
-5	0.004829	0.62
-4	0.008928	1.16
-3	0.009802	1.34
-2	0.010691	1.67
-1	0.012114	2.08
0	0.019842**	2.40
1	0.0233**	2.92
2	0.0275**	2.45
3	0.0276**	2.47
4	0.0264**	2.43
5	0.0287**	2.41
6	0.0353**	2.45
7	0.033148**	2.56
8	0.033901**	2.52
9	0.034142**	2.66
10	0.04075***	3.72

注：** 表示 $p<0.05$，*** 表示 $p<0.01$。

根据表5-5累积平均超常收益率数据绘制累积超常收益率的变化曲线，如图5-3所示。

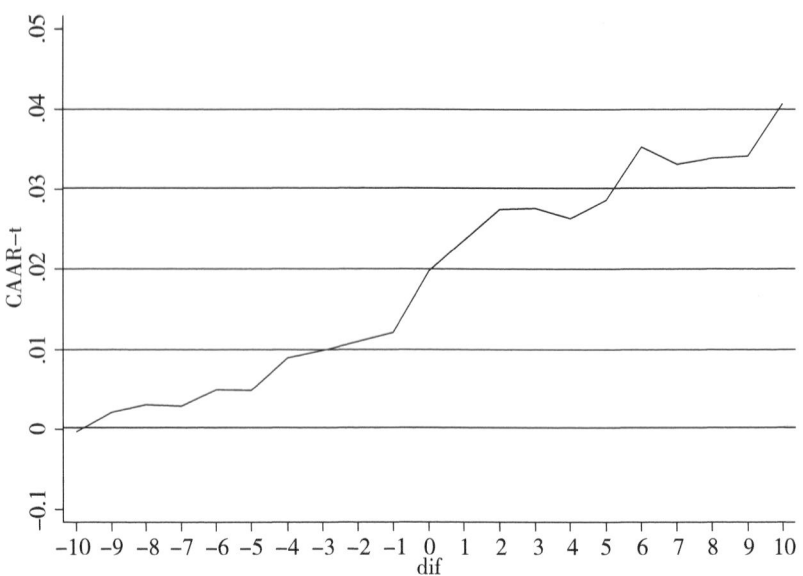

图 5-3 事件窗 [-10, 10] 内商业银行累积平均超常收益率变动情况

根据表 5-5 和图 5-3 可以看出，在事件窗内，商业银行的累积平均超常收益率在 [-0.00031, 0.04075] 之间波动，在事件窗 -10 日累积平均超常收益率小于 0，此后开始累积平均超常收益率达到正数，在 [-10, 0] 之间，虽然累积平均超常收益率呈逐渐上升趋势，但上升的幅度较小，事件前十天的累积平均超常收益率并不显著。说明事件日前十天，事件对商业银行的股价的影响比较微弱。事件公告之后 [0, 3] 之间，商业银行累积平均超常收益率有了明显的增长，说明股票市场的反应较为灵敏，发行绿色金融产品这个事件公告后对商业银行股价产生了较为明显的影响。在 [3, 10] 之间，商业银行的累积平均超常收益率产生了一些波动和调整，但还是保持了上升的趋势。从事件窗整体来看，发行绿色金融产品的消息对商业银行股票带来了 0.0407 的累积超常收益率，且累积超常收益率曲线保持稳定上升的趋势。

本章进一步将事件窗 [-10, 10] 进行划分，对 [-10, 10] 内不同事件窗的累积平均收益率及其显著性进行检验，结果如表 5-6

第五章 绿色金融业务与中国商业银行的价值

所示。

表5-6 不同事件窗口的累计平均超常收益率及其显著性结果

事件窗口	$CAAR_t$	T值
[-10, -1]	0.0121	2.08
[-10, 10]	0.0407***	3.72
[1, 10]	0.0209**	2.67

注：** 表示 $p<0.05$，*** 表示 $p<0.01$。

根据表5-6内不同事件窗口的累积平均超常收益率及其显著性我们可知，在整个事件窗[-10, 10]内，事件对商业银行的股价产生了0.0407的累积超常收益率，其检验结果在1%的水平上显著，说明在绿色金融产品发行日前后10天内，该事件对商业银行的股价产生了显著的正面影响。在事件窗[-10, -1]内，事件对商业银行的股价产生了0.0121的累积超常收益率，但其检验结果在5%的水平上并不显著，这说明在事件发生前，事件并没有对商业银行的股价产生显著影响，分析其原因可能为在公告日前，未发生较为明显的信息泄露情况，因此事件公告前市场未有明显的反应。在事件窗[1, 10]内，事件对商业银行产生了0.0209的累计超常收益率，且发行日后的累计平均超常收益率在5%的水平上持续显著，说明事件公告后市场反应较为灵敏，因此在事件公告日后商业银行的股价有了明显的上涨。这可见绿色金融产品发行后的10日内，对商业银行的股价产生了显著的正面影响。

本章也选取事件窗[-20, 20]进行研究，[-20, 20]内的累计平均收益率及其显著性检验结果如表5-7所示。

表5-7 事件窗[-20, 20]内的累计平均超常收益率及其显著性结果

事件窗口	$CAAR_t$	T值
[-20, 20]	0.0675**	2.27

注：** 表示 $p<0.05$。

根据表5-7的结果我们可以看出，发行绿色金融产品在事件窗[-20,20]内，对商业银行股价产生了0.0675的累积平均超常收益率，且其在5%的水平上显著。这说明该事件在事件窗[-20,20]内，对商业银行股价产生了显著的正面效应。

为了探究发行绿色金融产品对商业银行股价影响的持续性，本章对事件窗[-30,120]内的累积平均超常收益率及其显著性进行研究，事件窗内累计平均超常收益率情况如图5-4所示。

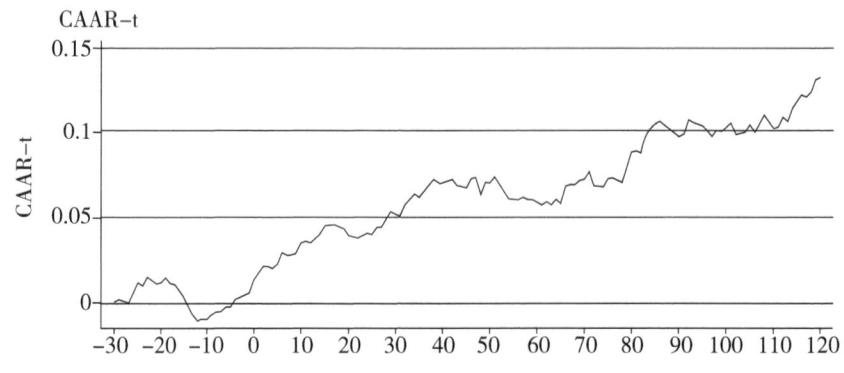

图5-4 事件窗[-30,120]内商业银行累积平均超常收益率（CAARt）变动情况

事件窗[-30,120]内的累积平均超常收益率与其显著性检验如表5-8所示。

表5-8 事件窗[-30,120]内的累计平均超常收益率及其显著性结果

事件窗口	$CAAR_t$	T值
[-30, 120]	0.133**	2.55

注：** 表示 $p<0.05$。

根据图5-4和表5-8可以看出，在事件窗[-30,120]内，事件公布后的120日内，累积平均超常收益率出现了一些小的调整，分析其原因可能是因为投资者根据绿色金融产品的实施状况对预期进行不断的调整。但整体上累积平均超常收益率保持上升的趋势。在整个事件窗

内，发行绿色金融产品对商业银行股价产生了 0.133 的累积平均超常收益率，且该累积平均超常收益率在 5% 的水平上显著，这说明发行绿色金融产品在事件窗 [-30, 120] 内，对商业银行的股价产生了显著的正面影响，市场及投资者对商业银行的前景保持了持续的良好预期。

综上所述，实证结果表明，商业银行绿色金融产品发行后可以迅速对商业银行的股价产生显著的正面影响，且发行绿色金融产品对商业银行股价的正面影响具有较好的持续性，实证结果与预期相符。

第四节 研究结论及政策建议

一、研究结论

本章以 6 家上市商业银行为研究对象，以这 6 家商业银行共计 12 个绿色金融产品的发行为事件样本，通过事件分析法对绿色金融产品的发行与商业银行股价之间的关系进行研究，探析发行绿色金融产品对商业银行股价的影响。本章的主要研究结论如下：

（1）商业银行发展绿色金融不仅对中国绿色金融体系的构建乃至中国经济的绿色发展意义重大，而且对商业银行来说，在发展实践绿色金融的过程中，也为其自身的发展带来了机遇。商业银行发行绿色金融产品是其积极履行社会责任的表现，能够为自身带来良好的声誉，提升自身的核心竞争力，同时，绿色金融产品也有利于降低经营过程中的环境风险，拓展商业银行的业务范围，为商业银行带来新的利润增长点。总的来说，商业银行发行绿色金融产品可以为商业银行带来良好的发展前景，有利于商业银行实现可持续发展。

（2）商业银行发行绿色金融产品，可以对商业银行的股价产生正面影响，且该影响具有较好的持续性。商业银行发行绿色金融产品、推出绿色金融业务是商业银行发展绿色金融的表现，是符合经济趋势和其自身发展趋势的行为，市场和投资者看好商业银行发展绿色金融的前景，商业银行发行绿色金融产品会产生正面的市场效应，促使商业银行的股价上涨。

（3）商业银行发行绿色金融产品所产生的正面市场效应也说明了投资者对绿色金融的认识逐渐深刻，社会责任投资意识逐渐提高。

二、政策建议

绿色经济是中国乃至全球经济发展的必然趋势，通过绿色金融产品来引导更多的资源流向绿色经济，从而实现经济的绿色发展是目前全球范围内发展绿色经济的重要手段，中国要想实现经济的绿色发展，必须建立完善的绿色金融体系。商业银行对中国的金融体系有着重大的影响作用，这就决定了商业银行必须在构建绿色金融体系的过程中发挥其主导作用，积极践行绿色金融理念，为其他金融机构做出良好的示范。现结合本书的研究结论对商业银行提出以下政策建议：

第一，应把绿色金融理念上升到银行整体战略层面并加以实施。目前许多商业银行的绿色金融业务只局限于地方的分支机构，业务规模非常有限，并未对发展绿色金融业务给予足够的重视。商业银行应意识到绿色金融的战略意义，应把发展绿色金融作为商业银行发展的总体战略，在全行范围内贯彻实施绿色金融理念。这就要求商业银行自上而下的制定实施绿色金融发展改革，管理层是变革的战略家，应意识到绿色金融的战略意义，并制定商业银行绿色金融发展战略，然后通过专门的组织机构向下级机构及员工宣传绿色金融理念，形成绿色发展的银行企业文化，鼓励分支机构结合地方产业特点，进行灵活的绿色金融实践。

第二，积极参与国际合作。在中国商业银行中，只有兴业银行接受了赤道原则。相较于国外绿色金融发展水平，中国的绿色金融发展水平较低，商业银行在绿色金融政策以及绿色金融产品的设计方面，可以借鉴国际上较成熟的绿色金融制度和绿色金融产品模式，如赤道原则等。商业银行通过与国际金融机构合作，不仅可以加大绿色金融业务规模，降低发展绿色金融的风险，还可以在合作过程中学习国际先进的绿色金融发展经验，以此来提升自身的绿色金融发展水平，丰富和完善自身绿色金融产品体系。

第三，完善绿色金融发展组织机构，注重专业人才的培养。要想更好的发展绿色金融，商业银行需要在内部建立专门负责绿色金融发展的组织机构。绿色金融产品作为商业银行的新兴金融产品，其制度制定、产品设计、绩效评价、运行监督等，与传统金融产品的差别较大，对专业知识的要求较高，如果把绿色金融产品与传统金融产品的管理运营混为一体，则很难实现商业银行绿色金融的健康发展，因此，商业银行需要召集专业人才，成立负责发展绿色金融的专业组织机构，负责绿色金融的政策制定、产品设计、运行监督、绩效评价等职责，以此保障绿色金融稳定发展。绿色金融的发展离不开专业人才的支持，商业银行应注重对具有环境、金融知识的专业人才的培养，为商业银行绿色金融的健康发展提供人才保障。

第四，加大绿色信贷发展力度的同时积极推动绿色金融产品和服务创新。中国绿色信贷的需求增长迅速，目前虽然商业银行绿色金融业务主要集中在绿色信贷上，但目前商业银行提供的绿色信贷的增速明显不能匹配绿色信贷需求的增速。与此同时，不能只局限于绿色信贷的发展，也应积极地进行其他绿色金融业务创新。商业银行可以利用其在第二产业融资服务方面的优势，拓展环境信息与环境风险管理咨询业务。加深与有绿色金融服务需求企业的沟通交流，深入了解这些企业的服务需求，根据其需求灵活的设计合理的绿色金融产品或服务，不断改进、完善绿色金融业务。商业银行也应多关注新兴行业的绿色融资需求，如新能源、新能源汽车等领域也蕴含着巨大的绿色金融市场，商业银行应结合这些产业的需求进行绿色金融创新。另外，商业银行应充分利用互联网发展的红利，探索将绿色金融与互联网相结合的发展新模式，利用互联网金融的普惠特性，创新性地为个人消费者提供绿色金融服务或理财产品，以此来填充目前个人消费者层面绿色金融产品和服务的欠缺，完善自身的绿色金融业务和产品体系。

三、研究展望

由于现阶段，中国商业银行绿色金融业务尚不成熟，商业银行推出的绿色金融产品尚不丰富，在实证研究阶段，满足条件的数据不是非常丰富，未来商业银行绿色金融业务发展成熟时，本人会搜集更多相关数据进行研究。另外，目前本人科研能力有限，对商业银行发展绿色金融的意义认识可能还不够全面，未来我会不断丰富自己的理论知识，不断深入研究绿色金融对商业银行的影响，以期能为中国绿色金融研究做出微薄贡献。

第六章 中国A股市场退市机制

近年来中国股市发展日新月异，建设成绩突出，但是，有关退市难的问题却一直未得到解决。2001—2017年间，中国A股市场退市股票达108只，年均退市率仅有0.36%。同期纳斯达克证券市场年均退市率高达10%，纽交所年均退市率也有5%。中国A股市场退而不出现象盛行，一方面，导致"劣币追逐良币"，进一步加剧投机风气，严重阻碍股市功能发挥，危害股市健康发展；另一方面，退市机制难以有效运行也就意味着注册制改革会受限。因此，无论是出于股票市场健康发展的需要还是注册制改革的现实需求，完善中国A股市场退市机制，解决退市难题具有重大现实意义。

本章引入机制设计理论，对中国现行退市机制展开系统研究。信息效率规律要求机制设计者减少退市机制运行过程中的信息成本，增加信息的利用程度。激励相容规律要求明确退市过程相关利益主体，构建博弈模型，分析其退市成本与收益，达到个体理性与集体理性的统一。通过分析制度产生及推行的历史语境和现实语境，本章将退市机制的发展历程分为萌芽期、探索期、形成期、完善期四个阶段，并分别分析了不同阶段退市机制的特点与不足。通过考察时间维度、市场发展维度、退市类型维度，衡量中国A股市场的发展水平，同时与美国退市机制的退市标准、退市程序以及退市实施效果进行对比分析，指出现行退市机制失灵背后的根本原因在于忽视了信息效率规律和激励相容规律，直接表现为退市机制存在制度缺陷、退市机制执行不严格、股票市场发行制度不合理、地方政府存在行政干预等问题。退市过程中涉及的相关利益主体就上市公司退市过程引发的成本与收益进行博弈，对退市企业、监管机构、投资者进行主体分析，我们可以发现退市机制运行成本巨大，收益甚微。在博弈过程中，降低机制运行信息成本，实现激励相容，将有效降低退市机制运行成本，解决退市难题。对此，本章基于信息效率规律提出通过完善股市退市标准，优化退市流程对退市机制的制度体系进行完善；基于激励相容规律提出完善股市退市机制的配套措施。强化监管和执行力度，提高违法成本；建立证券民事赔偿制度，加强对投资者的保护；完善退市预警机制，建立投资者退出渠道；加大风险观念教育，树立价值投资理念；建立退市保险制度，培育机构投资者；改革股票发行制度，正视壳资源价值；完善多层次资本市场，优化股票退出渠道。

第一节 绪 论

一、研究背景

1990年12月19日上海证券交易所的成立标志着中国近代股票市场的开端。随着中国经济的高速发展，股票市场的建设取得了可喜的成绩。截至2018年1月15日，沪深两市上市交易的股票总数达3576[①]只，总市值586818.79亿元，上市公司由最初的8家发展到目前的3493[②]家，增长近437倍。中国A股市场近十年发展情况具体见表6-1、图6-1所示。

[①] 数据来源：上海证券交易所和深圳证券交易所。其中，深市交易股票有2132只，市值238191.64亿元。沪市交易股票有1444只，市值342627.15亿元。
[②] 数据来源：上海证券交易所和深圳证券交易所。截至2018年1月15日，深市上市公司共2093家，其中主板上市公司有476家、中小板上市公司有905家、创业板上市公司有712家；沪市上市公司有1400家。

第六章 中国 A 股市场退市机制

表 6-1 中国 A 股市场近十年发展情况

年份	上市公司总数（家）		股票总数（只）		上市公司股本（十亿股）		股票市值（百亿元）		成交金额（百亿元）		市盈率（倍）	
	沪市	深市	沪市	深市	沪市	深市	沪市	深市	沪市	深市	沪市	深市
2017	1396	2089	1440	2127	4232	1846	3303	2358	5112	8143	19.0	36.6
2016	1182	1870	1226	1908	3271	1604	2846	2231	5017	7760	16.0	41.2
2015	1081	1746	1125	1784	3024	1278	2952	2361	13310	12250	17.6	62.4
2014	995	1618	1039	1657	2709	971	2440	1286	3772	3668	16.0	41.9
2013	953	1536	997	1577	2575	807	1517	880	2303	2385	11.0	27.8
2012	954	1540	998	1581	2462	722	1587	717	1645	1501	12.6	22.0
2011	931	1411	975	1453	2347	628	1484	664	2376	1841	12.1	23.1
2010	894	1169	938	1211	2194	504	1790	864	3043	2413	16.7	44.7
2009	870	848	914	890	1666	395	1847	594	3465	1895	27.0	46.0
2008	864	761	908	803	1541	349	973	243	1804	867	18.0	16.7

数据来源：中国金融市场年鉴、中国证券业年鉴、上海证券交易所和深圳证券交易所。

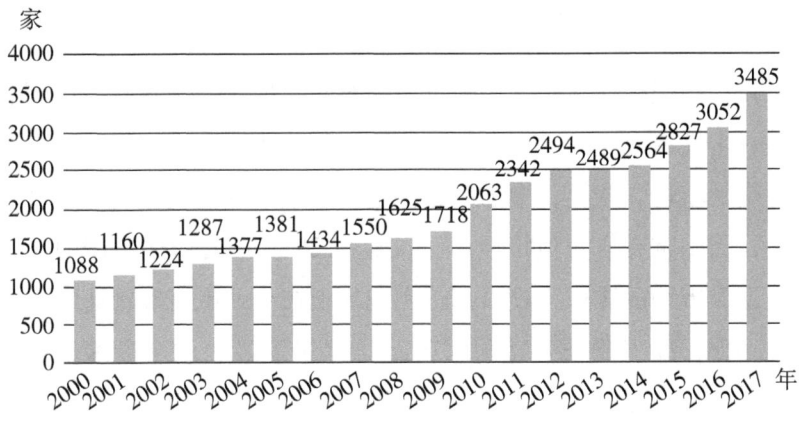

图 6-1 2000—2017 年中国沪深两市上市公司数量

数据来源：全球经济数据、中国证券网。

从世界范围来看，中国股市的发展更是突飞猛进，上市公司数量和上市公司市场资本总额均位于世界前列。据世界银行公布的统计数据显示，2015 年全世界上市公司有 43539 家，上市公司资本总额为 61781.12875 亿美元。图 6-2 显示，2015 年中国国内上市公司数量位列世界第五；国内上市公司市场资本总额位列世界第二。

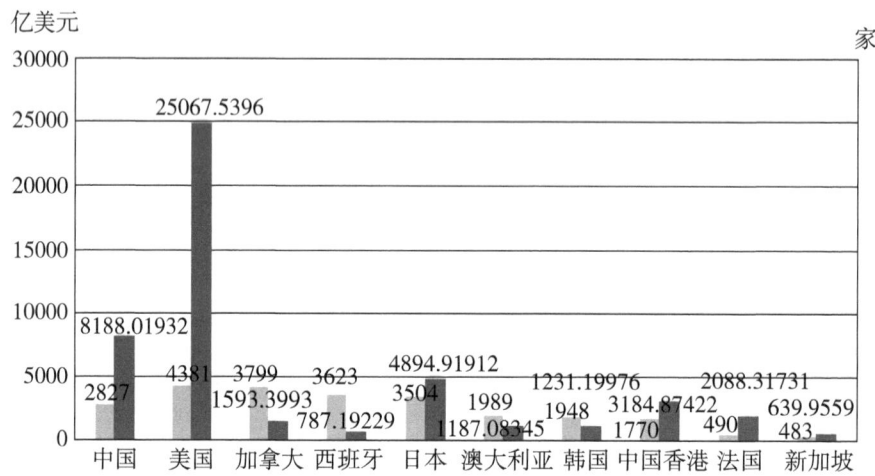

图 6-2 世界各国国内上市公司数量和市场资本总额

数据来源：世界银行集团（WBG）。

虽然中国股市体量较大、建设成绩突出，但这并不意味着中国股票市场是一个发展成熟的资本市场，更不意味着中国股票市场是一个制度体系健全的市场。相反，中国股票市场萌发于中国社会主义市场经济的土壤中，天生带有自身独特性。经过短短 20 多年发展的中国股市，仅具备了证券市场的雏形，难以真正实现为上市公司融资和优化利用资源的基本功能，远不能与发达国家历经几百年发展的成熟资本市场相媲美。其中一个重要原因就是中国股市退市机制失灵，市场上充斥着大量绩差公司，在目前核准制的新股发行制度下，绩优公司难以进入市场，形成了市盈率极高、风险极大、投机盛行的中国股市"奇观"。根据上

第六章 中国A股市场退市机制

海证券交易所和深圳证券交易所公布的数据整理后绘制成图3发现，2001—2017年，中国A股退市股票仅有108只，① 每年退市公司均为个位数。其中，主动退市的有50家、强制退市的有58家，退市公司绝对数量严重不足见图6-3。

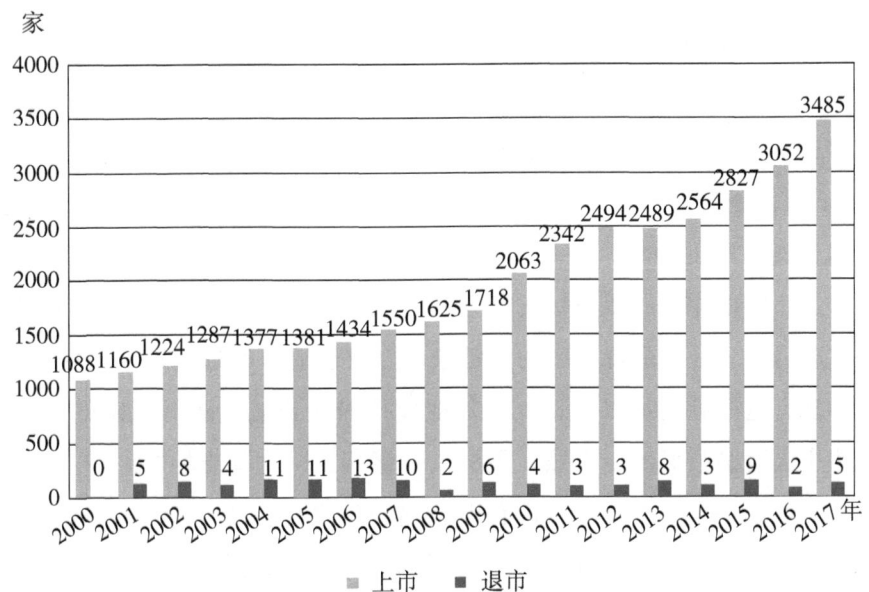

图6-3 中国沪深两市上市、退市公司数量

数据来源：上海证券交易所和深圳证券交易所官方网站。

从相对数量来看，2001—2017年期间，A股退市股票占整个A股数量3485只的3.10%，平均每年退市6家，年均退市率仅有0.36%。同期，纽交所平均每年退市128家，年均退市率5%；纳斯达克平均每年退市303家，年均退市率高达10%。美国股市退市制度的指标体系与中国股市退市制度的指标体系大致相同，相比之下，中国股票市场上退市公司的绝对数量和相对数量严重不足，退市难问题已成为A股市

---

① 数据来源：上海证券交易所和深圳证券交易所。其中，深圳股市退市股票有53只，上海股市退市股票有51只。

场的一大顽疾。

A股市场退市难问题不是一个新问题，是股市成立之初股权分置留下的弊病。1993年出台的《公司法》首次将退市制度写入法律，但直到2001年PT水仙退市才推开了股票市场退市的大门。历经2012年和2014年的改革，退市制度不断完善，但就目前的执行效果来看，退市政策实施效率极低，大量绩差公司被"ST""*ST"后，通过财务手段玩数字游戏或常年依靠非经常性损益轻松化解退市危机，更有甚者通过政治关联获取政府补贴保留上市资格，成为臭名远扬的"股市不死鸟"。有限的资源被侵占，导致大量优质公司无法上市融资，出现"劣币追逐良币"的现象，进一步助长了投机风气，加剧了股市风险。

退市制度作为股票市场的基础制度之一，是股市调节股票供需、实现优胜劣汰、资源配置效率的必备条件。由于退市率远远小于新股发行率，现有退市机制难以真正、有效地发挥净化市场、降低风险的作用，造成中国股票市场不断膨胀，投机风气盛行，风险隐患加剧。一个成熟健康的市场一定是一个"有进有出"、能够不断自我更新和完善的体系，但中国股票市场退市机制严重失灵，导致股票市场投机盛行、风险剧增，严重威胁中国金融体系的安全和健康发展。不论是A股市场自身健康发展的"刚需"，还是出于IPO常态化改革的需要，历史语境和现实环境都要求解决A股市场退市难问题，面对着强烈的需求和预期，此时对于中国社会主义市场经济环境下A股市场退市机制的研究刻不容缓。

IPO上市发行制度和退市机制犹如股市的"入口"和"出口"，二者相辅相成、缺一不可。当"出口"受阻，股市就会变成一个单向膨胀扩张的市场，蕴含巨大风险。只有解决A股市场退市难的问题，建立完善、有序的股票市场退出机制，才能发挥中国股市的竞争机制，实现股市优胜劣汰，优化资源配置的作用。及时高效将劣质公司清退出市场，一方面为优质上市公司上市发行提供空间，发挥股市资产定价、上市融资功能，实现资源高效配置；另一方面可以有效维护市场秩序，避免出现"劣币驱逐良币"现象，减轻市场投机情绪，保障股市健康运行，优化投资环境，降低系统性风险，维护金融体系安全。

不同于以往研究从完善股市退市标准的具体细节入手，本研究强调制度产生和运行的历史语境和现实语境，从政府规制视角切入研究股票市场功能下退出机制，认为恰当的政府监管是A股市场实现股票市场功能，保障A股市场健康有效运行的前提条件，因此政府和监管部门有义务制定并完善股票市场市场退出的相关制度体系。基于机制设计理论的理念，分析在现有制度环境中A股退市机制运行中存在的问题，从根本上理清现行退市机制的机制设计不足，以便对症下药解决退市难题。以机制设计理论中的成分收益分析、博弈论和制度分析比较法为理论工具，为解决中国A股市场退市难问题指明方向。

二、国内外研究现状

（一）国外研究现状

在 web-science、proquest 中搜索"delisting""going private""going dark""deregistration""cross-delisting""public to private""freeze-out"等关键词，本章主要对发表在《学术期刊》和《公共工作论文》上的论文进行研究。从地域上看，对退市领域进行研究的国外学者主要集中在美国、英国和欧洲，这与当地存在较高退市率的现实情况相符合。De Angelo（1984）开创性将进行私人交易（GPT）界定为少数股东冻结，Macey（2008）是首个界定非自愿和自愿退市的学者。总体来说，国外学者们对股票市场退出机制的理论研究相对较少，大多为实证研究。

有关退市类型方面，继 Macey 之后，大部分国外学者根据退市行为的发起人是公司本身还是外部力量，把退市分为自愿退市和非自愿退市。其中，自愿退市是指上市公司与另一家公司合并或公开收购后，由上市公司发起自愿退市行为，在退市后依然进行交易。Karolyi（2006）研究了自愿退市类型中的特殊情况——交叉退市。这一退市类型是指上市公司在国外停止上市，在国内市场上仍可交易。不同于自愿退市，非自愿退市后上市公司股票不再进行交易，包括因违反上市要求而被强制退市

(Kashefi，2013）和破产、金融重组或公司清算（Macey，2008），前者超出了管理者权限，后者有可能是上市公司一系列自愿行为的结果。

有关退市原因方面，学者们对自愿退市和非自愿退市的原因进行了分类研究。在自愿退市原因方面，学者们提出的"价键理论、竞争力缺失理论、地方行政制度因素、SOX 成本假说"等揭示了上市公司自愿退市时会衡量退市成本和收益，做出有益于公司发展的决策。在非自愿退市原因方面，学者们普遍认同上市公司是由于违反了持续上市条件或存在违法行为而被强制退市，而监管机构做出退市决定时会综合考虑各种因素。

第一，对于自愿退市的原因研究。Bharath（2010）认为，公司上市时会考虑上市成本和收益，这种权衡分析是可逆的，也可以用来解释为什么公司决定退出公开市场。企业上市一方面可以获取经济利益，增加流动性；另一方面也会大幅增加成本。上市成本包括 IPO 阶段的成本、合规成本（审计和披露成本）、代理成本以及间接成本。DeAngelo（1984）和 Lehn（1989）认为节约成本是通过杠杆收购退市的主要因素。在交叉退市过程中，公司的决定取决于外国公司和国内上市公司之间的选择。价键理论认为，对于企业内部人士而言，美国的交叉上市既有成本（SOX 法案有可能降低他们控制租金的能力），也有好处（公司可以更容易地为增长机会融资）。因此，当公司的增长机会不够有价值时，内部人士倾向于交叉退市。

第二，根据竞争力理论的缺失，2002 年以来，SOX 法案在美国的应用增加了外国公司上市的成本，缩小了美国市场在本土市场的竞争优势。受 SOX 法案影响最严重的公司更有可能从美国市场退市。Doidge（2013）和 Chaplinsky（2012）、Bessler（2012）认为上市公司退市受当地相关制度的影响。Leuz（2008）和 Thomsen（2014）认为SOX 法案导致上市公司行政成本上升引起了退市的增加。而 Bowe Hansen（2008）不认同"SXO 成本假说"，他通过收集 1962—2005 年间美国公司上市和退市的数据，构建出公司退市和一般市场情况〔（投资水平（市场规模）、债务资本（总负债/总资产的平均水平）〕、并购强度、产品需求、

(每个商业周期内营业额年变化)、新上市公司率、《萨班斯奥克斯利法案》(2002)引起的需求变化和404条款实施成本的一般函数关系。Bowe通过时间序列分析认为,公司退市的倾向性与市场条件相关性较高,退市法律的出台并没有增加上市公司退市的可能性。只有当市场条件不变时,上市公司退市的倾向性才与SOX法律及其第404条款的实施有关。同时,当美国公共资本市场大中型公司业绩较差时,SOX法案将增加其退市概率。Gao(2013)和Doidge(2015)认为IPO数量下降的时间早于SOX的颁布,"SXO成本假说"无法解释美国的上市缺口,他们提出基于行业变化的替代解释导致了合并的增加。而Leuz(2007)和Bartlett(2009)认为SOX法案对退市的影响还不清楚。但退市的动机中包含规避高额成本的认识是国外学者们达成的普遍共识。

第三,对非自愿退市原因的研究。违反上市最低并不一定被要求退市,Macey(2008)强调了美国监管控制的灵活性,并指出一些公司在违规操作后仍然可以交易数月。Chen(1999)在分析美国证券交易所的非自愿退市过程中发现,样本中31%的公司在摘牌前的5年里曾多次违反会计准则,其中只有21.7%的公司在第一次违规的年份被摘牌。因此他们认为,美国监管机构并不会严格遵守市场规则或财务指令做出退市决定。在退市过程中考虑到以下附加因素:破产程序和/或股东诉讼的开始;交易所及/或股票回报的成交量;审计师的意见。

有关退市影响效应方面,学者们普遍认为退市的经济影响取决于退市的类型。一般而言,强制退市将给上市公司带来一定损失,自愿退市的公司收益需视情况而定。Sanger(1990)当公司的股票从纽交所或美国运通退市时,公司价值受到了负面影响。对于自愿退市来说,由于公司私有化可以减轻直接和/或间接的上市成本,因此预计将会获得大量的财富。Sannajust(2010)报告称,出售退市公司股票的股东将在美国获得34%的溢价、英国29%、欧洲大陆20%。

有关退市风险预测方面,学者们通过建模可以预测上市公司的退市风险。Peristiani(2004)试图根据投资者提供的信息来预测公司的存活率。他们表明，与对照样本相比，在 IPO 之前，被摘牌的公司是经营状况较差的公司（由 ROA 来衡量）。此外，在 IPO 之前的低运营表现似乎对退市具有很强的预测能力。Li（2006）IPO 时的盈余管理的规模与公司的质量成反比，而这种质量与公司的退市风险成反比。他们的研究结果显示，在 IPO 的时候，拥有积极收益管理的公司更有可能被摘牌，因为业绩不佳，更有可能提前退市。相比之下，具有保守收益管理的 IPO 公司更有可能合并或收购。

（二）国内研究现状

目前，国内学者对中国股票市场退市机制从多个学科进行了丰富的研究，分别从国内外退市机制比较、退市机制的必要性、现有退市机制的有效性、缺陷及完善建议等方面进行研究。纵观国内学者对中国股票市场退出制度的研究，可大致分为以下几类：

有关股市退市机制建立必要性和影响方面，学者们普遍认同股市退市机制建立的影响主要存在于以下几个方面：①有助于证券市场功能发挥和完善。李永森（2018）、李自然（2016）、李曦（2014）认为引入退出机制，一方面有利于中国股票市场与国际市场接轨，促进中国股市市场化改革；另一方面有助于优化上市公司法人结构，有利于公司长期发展。②退市机制对 ST 公司经营业绩的短期化影响。刘川（2015）认为退市新规对 ST 公司业绩具有短期化、较明显的促进作用，持续作用不长久，导致 ST 公司精力放在了钻制度空子，影响退市机制有效实施。史天瑜（2016）研究了退市机制中风险警示制度对上市公司盈余管理的影响，并提出了增添再次风险警示完善指标体系。③有助于完善证券市场监管。王贞力（2014）、朱宝琛（2014）分析了 2014 年颁布的退市新规对证券市场产生的综合影响，认为完善的退市机制对规范中国证券市场的是十分必要的。④有利于保护投资者，提高其风险意识。翟浩（2012）认为由于上市公司退市机制不健全导致上市公司只进不出现象严重，严重影响中国证券市场功能的发挥。他认为退市机制有利于资源优化配置、提高市场效率、减少风险并保护投资者利益。李静（2016）

通过个案研究，发现国有企业内部人控制问题严重侵害中小股东利益。退市新规有助于改善上市公司治理结构，保护中小投资者利益。

有关退市机制有效性方面，一些学者认为目前的退市机制与现阶段经济发展状态相吻合，具有一定合理性。但大量实证结果表明，退市机制运行效率低下，难以发挥淘汰劣质公司的作用。刘纪鹏（2018）等学者认为中国建立退市机制的目的是淘汰劣质公司、激励市场变革和保护投资者利益，保持证券市场总体质量。贾天明、雷良海（2016）通过对1998—2013年的209家ST上市企业进行实证分析发现，ST制度起到了风险警示作用并在一定程度上保护了投资者的权益。然而，退市难问题突出，导致退市机制效率低下。叶慧丹（2017）通过对ST博元案进行案例分析，指出退市新规存在一定的漏洞需要完善。张妍研（2018）通过对199—2016年的391家公司进行实证分析发现，ST公司能否摘帽取决于是否存在关联交易、重组是否为同属管辖的重组特征相关。陶启智等（2017）以2001—2014年出台的四部退市法规为时间节点，对ST公司进行实证研究发现，不断严格的退市制度存在一定漏洞，助推留任上市公司利益政治关联获取政府补贴，导致退市机制失效。

有关退市制度的制度缺陷及原因方面，学者们普遍认为目前的退市机制不完善，如存在会计核算等标准漏洞、实施弹性较大、监管乏力、配套机制不完善等问题，急需优化退市标准和程序，完善退市相关配套制度。冯科、李钊（2014）指出现行退市机制存在着会计处理方式、会计核算与监督方式等方面的制度漏洞，劣质公司"坚持"不退，降低了中国资本市场的效率。董登新（2011）、王涵涵（2013）、张燕（2014）、王慧（2015）、王蕴哲（2016）、尹玉（2017）、马玉娜（2017）等学者普遍认为目前中国退市制度主要存在立法和制度设计缺陷，实施弹性较大、监管不力，巨大的壳资源以及行政干预阻碍退市机制实施等问题。从公司内部来看，李静（2016）认为新退市制度在一定程度上可以完善公司治理，强化对中小股东利益的保护，但同时弱化了公司治理。从外部环境来看，倪勇（2004）认为在退市过程中涉及上市公司、投资者、市场监管机构等多方利益集团，因此退市会遭到多方阻力。周立伟（2014）也认为上市公司退市过程存在多方利益博弈。从制度本身来看，冯芸（2009）指出上市公司通过调整财务报表规避退市，对 ST 公司的摘帽现象的回归分析发现，地方政府对退市政策的执行进行了干预。林钟高等（2012）指出被风险警示的上市公司一般会通过操纵非经常性损益达到"摘帽""保壳"目的。

有关退市机制国际比较研究的方面，学者们分别从退市标准、退市程序、退市实施弹性、退市制度运行效率、退市后上市公司出路等方面进行了对比研究，从而发现中国现行退市机制存在的制度缺陷并进而提出完善建议。许长新（2001）是国内最早对股市退市的批准权限、退市标准和退市程序进行国际对比研究的学者。张研妍（2011）对比了中国和印度上市公司的退市标准、退市程序和退市机制的实施弹性。吴彧（2015）通过对比美国汉堡王和中国重庆川仪两家上市公司退市的差异，具体分析了中美退市与再上市制度的异同。彭博（2016）对比分析了中美退市制度及实施效果，认为地方政府的保护观和现有退市指标的可操作性造成中国退市制度实施效果差。黎尔平等（2017）借鉴韩国经验，对完善中国股市退市机制提出了建议。

有关退市机制的完善研究方面，学者们主要从完善退市机制制度体系、配套措施、权责划分等角度提出了建议。倪馨（2009）提出要强化交易所作用，建立多层次的退市体系，同时要减少政府行政干预。丁丁（2014）建议设计多元化退市指标体系、完善股票市场的定价机制、推进中长期综合配套措施等方面完善退市制度。除了完善退市标准和程序，张校闻（2012）提出从退市相关主体权利义务界定的角度完善股市退市制度。张力上（2016）、WEI SHUANGYING（2016）等学者关注了强制退市制度和创业板市场退市制度的完善。

（三）研究述评

总结来看，国外学者的研究主要集中在对上市公司退市类型、退市原因、退市影响效应、退市风险预测模型等方面。有关退市类型方面，根据公司退市的动机将退市分为自愿退市和非自愿退市两种类型。大部分国外学者延续了 Macey 的划分标准,将上市公司自愿发起,在退市后依然进行交易的退市行为划定为自愿退市类型。不同于自愿退市,非自愿退市的上市公司退市后股票不再进行交易。一些学者研究了非自愿退市的原因并评估其经济后果;一些学者重点研究了自愿退市的动机、退市公司的特点以及退市对股东财富的影响;还有部分学者分析了退市类型和公司治理结构之间的关系。有关退市原因方面,学者们提出的"价键理论、竞争力缺失理论、地方行政制度因素、SOX 成本假说"等理论揭示了上市公司退市时会衡量退市成本和收益,做出有益于公司发展的决策。上市公司由于违反了持续上市条件或存在违法行为被强制退市,监管机构做出退市决定时会综合考虑各种因素。有关退市影响效应方面,学者们普遍认为退市的经济影响取决于退市的类型。一般而言,强制退市将给上市公司带来一定损失,自愿退市的公司收益需视情况而定。有关退市风险预测方面,学者们通过选取不同指标进行建模从而预测上市公司的退市风险。

总体来看:①学者们的研究揭示了美国、英国和欧洲大陆的 GPTs 的诱因要由成本效益分析来解释;②退市似乎是一个重要的公司治理机制;③由于各国在股票市场执行退市规则方面存在着很大的差异,监管监督的作用和后果、市场在确保流动性和提供投资者保护方面也不相同,而这一研究领域缺乏国际的比较研究。

目前国内对退市制度的研究多集中于退市制度存在的问题及原因、退市制度的有效性和退市后产生的影响方面。有关股市退市机制建立必要性和影响方面,学者们普遍认同股市退市机制的建立有助于完善证券市场功能;对 ST 公司经营业绩的短期化影响;有助于完善证券市场监管;有利于保护投资者,提高其风险意识。有关退市机制有效性方面,一些学者认为目前的退市机制与现阶段经济发展状态相吻合,具有一定合理性。但大量实证结果表明,退市机制运行效率低下,难以发挥淘汰劣质公司的作用。有关退市制度的制度缺陷及原因方面,学者们普遍认为现行退市机制不完善，如存在会计核算等标准漏洞、实施弹性较大、监管乏力、配套机制不完善等问题，急需优化退市标准和程序，完善退市相关配套制度。有关退市机制国际比较方面，学者们分别从退市标准、退市程序、退市实施弹性、退市制度运行效率、退市后上市公司出路等方面进行了对比研究，从而发现中国现行退市机制存在的制度缺陷并进而提出完善建议。有关退市机制的完善方面，学者们主要从完善退市机制的制度体系、配套措施、权责划分等角度提出了完善建议。

这些研究对中国股票市场退出机制的改革和完善做出了重要的理论贡献，但还存在一些不足：太过于注重国外成熟资本市场的经验，而忽略中国现有的经济体制和制度环境。大多数学者在提出完善退市制度的建议时往往忽视退市制度所处的制度环境，忽视制度的变迁环境便借鉴国外经验似有不妥。

中国A股市场退市难有制度层面的缺陷更有执行效率低下的问题，但其背后的本质联系需要研究者从一个较为宏观的视角进行系统分析，而不能仅就问题分析问题。退市制度实施难的中国特色，除了股市初设时的股权分置影响，更有相关利益者的博弈。国外学者普遍认同的是上市公司退市时会综合权衡成本和收益，因此结合具体情境，通过分析在退市过程中涉及的相关利益团体及各自的成本收益，便能准确把握退市难问题的本质，找准病症。

三、研究目标与内容

通过对现有退市机制政策实施效果进行实证研究，分析退市过程中多方利益集团的博弈过程及其在退市机制实施过程中的成本和收益，从而分析现行退市机制是否实现机制设计理论所要求的信息效率规律和激励相容规律。重视制度产生及推行的历史语境和现实语境，研究在现有制度环境中A股退市难背后的机制设计问题，为解决退市难题提供新思路。

研究的核心问题是：①在中国现有的制度环境和经济环境下，中国A股市场出现退市难现象的根本原因。基于此，论文将对市场退出与退市机制的理论进行梳理,从股票市场功能视角出发,得出对退市机制进行规制的必要性。②以机制设计理论为依据,构建相关利益主体博弈模型,从相关利益主体退市行为的成本收益视角出发,分析退市难现象的根本成因。③通过对中国现有退市机制的制度演变及政策实施效果进行研究,从而找出现行退市机制存在的机制设计问题。④在特定的制度环境和经济环境下,对退市过程中涉及到的相关利益主体之间的博弈进行实证分析,进而找出减轻高昂退市成本的策略,以机制设计理论为理论工具,为完善中国现有退市机制,改善退市效率提出建议。

四、研究结构与方法

研究以公共管理理论、制度经济学、现代经济学的理论为基础,采用比较研究、规范研究和实证研究相结合的方法分析问题。

本章共分为五节,其中第二、第三、第四节是本章的重点。

第一节绪论。介绍了研究的背景和意义,通过对国内外研究进行梳理,在总结前人研究成果的基础上明确研究方向,最后介绍研究的内容结构与创新不足。

第二节股票市场退出机制利益相关者分析。首先,对市场退出进行经济学分析,明确 A 股市场上市公司的退市类型。其次,从股票市场功能下的退市规制视角论述,指出退市规制对股市健康发展的必要性,提出完善 A 股市场退市机制的重要意义。机制设计理论强调在特定的制度环境中研究政策系统如何完善,通过构建相关利益主体博弈模型,从退市行为的成本收益视角进行研究,为深入研究打下理论基础。

第三节中国 A 股市场退市机制的演变及国际比较。通过分析目前退市机制的实施效果发现 A 股市场退市难问题突出。对国外股市退市机制进行一般性抽象归纳,找出其共性特征,从而对比中国 A 股市场退市机制的缺陷,并分析在特定制度环境中,中国 A 股市场出现退市难现象的机制设计原因。

第四节中国 A 股市场退市机制运行的成本收益分析。对退市机制实施过程中相关利益主体的成本和收益进行实证分析,研究降低退市机制运行成本的策略。

第五节完善中国 A 股退市机制的方向及对策建议。在总结前面基础上得出本章结论,结合机制设计理论提出完善现有退市机制的建议。

研究逻辑和技术路线如图 6-4 所示。

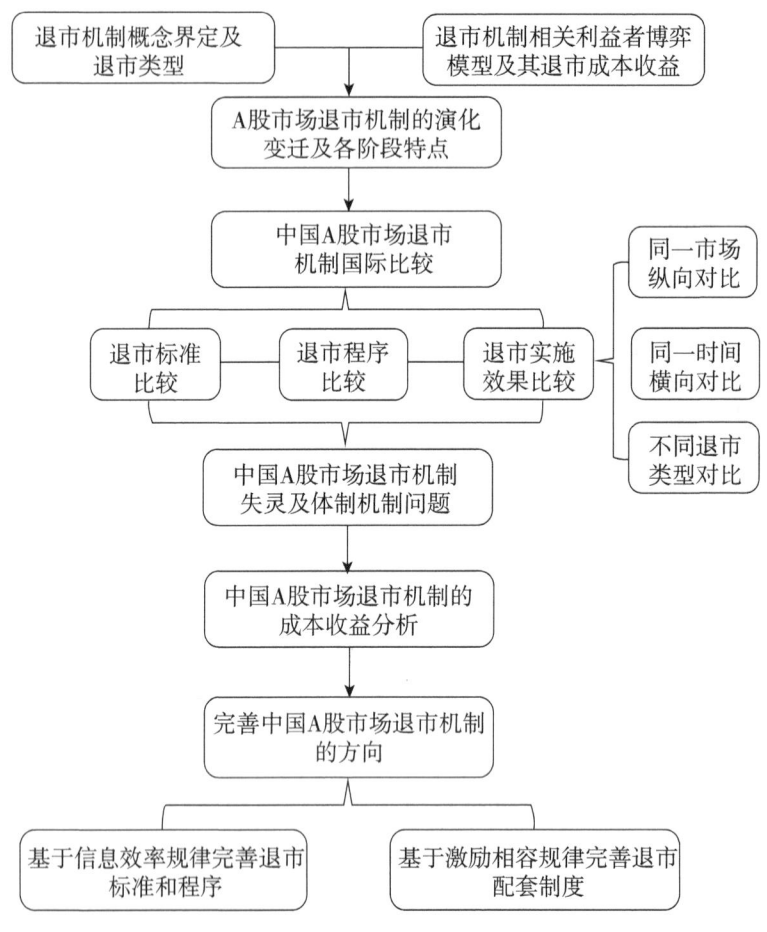

图 6-4 研究逻辑和技术路线图

五、研究创新与不足

本研究创新点有三:一是研究视角新。以往研究多从金融学、经济学、法学等学科背景出发进行研究,本研究从机制设计理论视角切入,认为现行退市机制失灵背后的根本原因在于机制设计存在问题,忽视了信息效率规律和激励相容规律。市场发挥作用的关键在于政府制定了一套能让市场机制发挥作用的制度体系,因而对于处于"婴儿期"的A股市场中的退市行为,完善股市基本制度,尤其是退市机制是必要的。二是理论框架诠释新。以往研究多注重研究退市过程中出现的问题,过于专注细节问题,未能把握问题本质。本研究就制度环境展开系统研究,从机制设计的层面上,对退市机制进行整体研究是具有开创性的理论解释。通过分析制度产生和推行的历史语境和现实语境,把握中国A股市场退市机制的历史演化和现状。通过机制设计理论从整体上研究现行退市机制是否满足信息效率规律和激励相容规律,考察在上市公司退市过程中涉及的利益相关者博弈,通过对比退市机制运行过程中相关利益主体的退市收益和退市成本,从模型上提出降低退市机制运行成本的策略。三是对比研究的分析深度较深。在经验借鉴时,通过时间维度、市场发展维度、类型维度三个维度衡量A股市场的发展水平,据此进行退市机制的国际对比,对每一个类别存在的机制设计问题进行分析和经验借鉴,针对性较强,具有一定的创新性。

因受学术水平、研究时间和研究数据的可获得性的限制,本研究在机制设计理论的使用深度上尚有不足,并且未对提出的政策建议进行量化分析,有待进一步完善。

第二节 股票市场退出机制利益相关者分析

一、市场退出和退市机制

(一) 市场退出的涵义及退市类型

股票的本质是满足投资者价值增值需求的商品,股票市场的退出机制应符合经济学对一般市场退出的研究结论。《新帕尔格雷夫经济学大词典》中对退市的定义为:"从一种已经建立的关系中退出来""通常以选择的可获得性、竞争和充分发达的市场为基础。"由此可以看出，退出即离开市场。这种退出行为有两点内涵需要引起关注：一是商品交易所处的市场是一个有选择性的充满竞争的发达的市场。二是退出行为包括主动退出和被动退出。

相应的，本章讨论的 A 股市场的退市可以叫作终止上市或摘牌，是指上市公司退出 A 股市场，停止在 A 股市场上交易股票的行为。A 股市场退市机制的本质是一系列的制度安排，是为将劣质公司强制清出市场以及提供上市公司做出上市与否的决策保障，为 A 股市场健康发展而服务的，其实质体现了"通过市场实现优胜劣汰"。退市机制包括退市裁决权、退市标准、退市程序、退市后股票的流通交易以及投资者权益保护等五个方面，其核心是退市标准和退市程序。目前中国已将退市裁决权下放给证券交易所，符合市场化要求，因此，本章主要针对退市机制的退市标准和退市程序进行研究。在退市机制发挥作用的前提下，上市公司通过竞争实现 A 股市场的有进有出，资源流向优质公司，实现资源配置的最佳效率。作为一种矫正机制，退市可能是上市公司出于战略需要自愿退出，也可能是由于违规被监管机构叫停或是被投资者抛弃的被动离场。

国外学者普遍认同 Macey 对退市的分类：根据不同的退市行为发起人，将 A 股市场上的退市行为分为自愿退市和非自愿退市两类。其中，自愿退市包括两类：被非上市公司合并或收购引起的退市行为和为进入其他市场交易选择的退市行为。非自愿退市也包含两类：因违法被强制退市以及破产、重组、清算引起的退市。本研究结合中国 A 股市场的特殊性，将中国股票市场上的退市行为分为五类：第一类上市公司因重大违法被监管机构强制终止上市；第二类由于上市公司破产、重组等原因导致不满足上市交易的条件时被监管机构终止上市；第三类上市公司被其他机构或个人合并或收购而终止上市；第四类上市公司转到其他交易所上市；第五类上市公司不愿承担上市成本或股价较低主动终止上市。前两类情况属于非自愿退市，后三类退市情况属于自愿退市。中国 A 股市场上市公司退市的类型如图 6 - 5 所示。

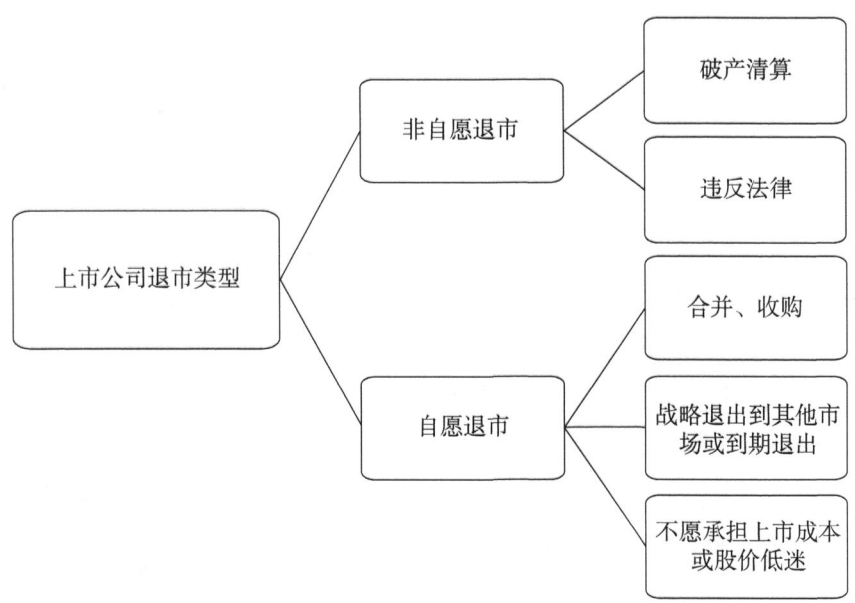

图6-5 中国A股市场上市公司退市类型

（二）市场退出的决定因素

古典经济学认为，市场是一个包含不断进入和退出的动态系统。自由、持续的市场进入和退出引发的激烈竞争实现了优胜劣汰，通过复杂的选择机制使资本、劳动等资源流向更有效率的企业，从而实现资源配置效率。一般商品退出市场的原因主要有以下几类：竞争失败导致离场；产品进入生命周期的衰退期；市场需求萎缩；企业财务状况恶化；出于战略的退出选择。

在企业做出退出选择前需要考虑退出壁垒，这一壁垒就是企业的退出成本。退出壁垒有多种表现形式，主要有沉没成本；用于技术发开的投资成本；企业管理者的决策成本；代理成本；企业的合约；企业的管理体制；行政干预、产业政策、法律法规等。

二、股票市场功能下的退出机制规制

作为金融市场之一的股票市场，其对国民经济的快速发展具有巨大的推动作用。股票市场的主要功能体现在以下几个方面：

第一，筹集资金是股票市场最主要的功能。上市公司通过公开发行股票，能迅速筹集到巨额且可长期使用的资本，有助于帮助企业扩大再生产。这种融资速度、成本和规模是企业自身难以独立完成的，甚至向银行贷款也难以实现。

第二，股票市场有助于上市公司完善公司治理结构，建立现代企业制度。股份制转换是企业进行上市融资的前提条件，因此，股票市场有助于上市公司分离公司所有权和经营权，规范公司体制。另外，上市公司需要定期按规定披露信息，其经营受到股东、中介机构、监管机构等多方主体的监督和制约。一旦公司经营出现问题且被投资者预期难以恢复盈利时，投资者会用脚投票，抛售该公司股票，证券交易所也会对该公司进行一定的约束，其他公司甚至有可能对其进行第三方收购。这些惩罚激励上市公司改善和健全内部运作机制，持续稳健经营。日本的松下电器公司利用股票市场，通过有效管理，多次增资扩股，扩大经营规模，跻身世界500强企业行列。

第三，股票市场通过一级市场筹资、二级市场股票交易实现优化资源配置作用。上市公司在一级市场发行股票后，该公司股票会在二级市场流通。广大投资者通过上市公司披露的信息对公司经营状况和发展前景进行判断，结合自身偏好进行选购。一般业绩优良、发展潜力巨大的上市公司股票会被投资者看好并购买，业绩亏损、收益差的上市公司股票将被抛售，从而使市场上的资金流向优质公司，为其发展提供充足的资金支持，而劣质公司将难以获得融资，逐渐被投资者和市场抛弃，最终走向破产或被兼并收购。

第四，股票市场可以分散风险。上市公司在股票市场可实现风险的社会化，其通过发行股票获得融资可能性，将经营风险部分转移和分散到了投资者身上。另外，投资者通过购买股票和其他投融资组合，将自身的风险进行分散和转移。在资金充足时，投资者可用部分闲置资金购买股票，将消费现金转化为生产现金；在资金短缺时，可及时卖出股票变现，解决支付需求。股票市场不仅能最大限度利用闲置资金，还可以

第六章 中国A股市场退市机制

促进个人财富的保值增值。

股票市场能否发挥对国民经济发展的巨大推动作用,取决于市场机制是否运作良好;取决于这一市场是否是一个信息对称、充分竞争的市场;取决于买方即投资者是否可以通过已知信息"用脚投票",进行理性决策;取决于卖方即上市公司是否能自由进入和退出市场。中国A股市场诞生并成长于中国特色市场经济环境下,为国企融资、股权分置的设计理念使得其带有从娘胎出来的弊端,行政色彩浓厚,市场机制受阻,市场失灵现象普遍存在,尤其在退市方面由于受到众多利益团体的阻碍,退市机制名存实亡。股票市场上存在大量劣质公司,在审核制的新股发行制度下股市"入口"受限,由于制度不完善、执行不严格、相关利益团体的阻碍,股市"出口"受阻,自然形成了高风险、高市盈率、投机盛行的中国股市"特色"。据相关数据整理发现,2001—2017年期间,中国A股退市股票年均退市率仅有0.36%,远低于成熟资本市场8%的平均水平。由于中国退市率远远小于新股发行率,导致中国股市成为一个不断单向膨胀的市场,风险倍增。股市"出口"和"入口"受阻,股民们无法用脚投票,市场机制无法有效运行,股票市场无法有效调节供需,无法实现优胜劣汰和资源配置效率,更不能发挥其警示作用,从而无法净化市场、降低风险。

因此,为实现股票市场应有功能,促使股市健康发展,应完善股市现有制度体系,畅通退出渠道,优化退市机制。OECD认为政府对企业、公民以及政府的一种限制手段是政府规制,包括行政规制、经济规制和社会规制三大手段。其中,经济规制是政府规制的最狭义内涵,是指政府通过调控等一系列手段影响价格和产量或者通过影响进入或退出方式影响企业决策所实施的行为,主要存用于信息不对称的自然垄断领域。行政规制是政府采取行政行为的管制,关注政府的内部规程与运行机制。社会规制往往为了保护劳动者和消费者的安全或者是为了预防灾害、保护环境等,禁止或限定某些特定行为。中国A股市场主要采用了行政规制和经济规制的手段,通过制定一定的市场规则和制度体系确保并促进股票市场的健康发展。但就目前退市机制的实施效果来看并不理想，大量僵尸企业占据上市资源，停而不退现象严重，一方面需进一步优化制度体系，加强执行力度，及时将劣质公司清退出市场，为优质公司提供上市发行空间，实现资源配置效率。另一方面需优化投资环境，减轻投机情绪，倡导价值投资和理性决策，维护金融安全。

三、退出机制利益相关者的成本收益分析

（一）机制设计理论在退市机制中的运用

机制设计理论由赫维茨开创，后经拉德纳、乔丹、马斯金、田国强等学者进一步完善，为研究中国转型时期的改革、发展和治理等各项问题提供了新思路和研究范式。这一理论关注在信息不完全、各体自利性、决策分散化、自愿选择和交换的客观情况下，对于所要达到的既定目标，能否以及怎样设计一个机制（即制定什么样的方式、政策、制度等）使个体在主观上追求自身福利、经济效益的同时，在客观上其行为结果可达到社会、集体、制度设计者想要达到的目标，即实现个体理性和集体理性的统一，是博弈论和社会选择理论的综合运用。机制设计理论不同于传统经济学，其将社会政策目标作为已知，从而通过分析利益相关者构建博弈模型，使参与者在一定的条件约束下，通过选择的策略相互作用使最终结果与预期一致。机制设计理论强调要解决机制设计的两个问题：一是信息成本问题，即设计的机制尽可能减少机制运行的信息成本，提高信息利用效率；二是机制的激励问题。在设计的机制下，各方参与者满足激励相容约束，从而使个体利益与集体利益相符合。机制设计理论假设参与者除非得到好处，一般不会说真话。激励相容就是在既定的机制下，激励每一个参与者参与并在满足个人私利的前提下，报告自己的真实信息，从而实现个人理性和集体理性的统一。

一项运行良好的制度安排一定满足机制设计理论的参与性约束条件和激励相容约束条件，从而让民众获得改革红利，形成改革动力。参与性约束条件又称为个体理性约束条件，强调新的制度安排要让尽可能多

第六章 中国Ａ股市场退市机制

的人获利,至少不会让相关利益团体的利益受损,因此,追求私利的个体才愿意接受并遵从新的制度安排。激励相容约束条件要求新的制度安排需要尽可能地调动相关利益团体的积极性,在个体逐利的过程中其自发行为能在客观上达到既定的政策目标。因此,需要深化改革,减少行政干预,进一步简政放权,并重视这两条规律在制度设计和运行中的运用。股票市场中的退市机制是一种制度安排,同时也是机制设计者在上市公司、投资者、监管机构三者之间构建的契约安排。

由于股票市场存在严重信息不对称,在巨大利益的诱惑下,上市公司有机会主义行为激励。为规避上市公司机会主义行为对投资者和社会福利造成的损失,监管机构需要制定一系列制度对上市公司的行为进行制约。一旦上市公司不满足持续上市资格或出现违法违规行为,需要及时将其清退出股票交易市场,依法追究其经营者的责任。退出机制实质上是为实现股票市场功能而设计的一套退出机制,利用机制设计理论进行研究,有助于系统深刻地理解中国Ａ股市场退市机制失灵的机制设计原因。

1. 退市机制运行需重视信息效率

信息效率指的是信息的有效利用,机制设计理论要求设计的新机制需要较少的相关经济活动参与者的信息。退市机制的执行,在很大程度上取决于监管机构对上市公司经营业绩、发展状况等信息的掌握程度,其运行效率在一定程度上受到信息量的多少、信息的真假、信息成本大小的影响。上市公司主要通过信息披露渠道对外公布信息,如果缺乏相应的激励约束机制和惩罚机制,公布的信息质量和相关程度将难以保障。在中国股票市场上,信息的不对称、信息披露的不及时不完善属于常态,暗箱操作、内幕交易时有发生,广大投资者处于信息接收劣势。同时,上市公司出于融资需求,往往会隐瞒或滞后公布对公司不利的信息。公司经营不善导致亏损的信息不能及时对外公布,严重影响投资者进行合理决策。由于上市公司信息披露过程中存在的种种问题,导致了投资者和监管机构出现决策和监管困境。

信息效率理论要求减少机制运行所需的信息成本,增加信息的利用程度。在退市机制实施过程中，运用信息效率规律要求机制设计者立足上市公司信息披露现状，减少信息披露过程中的信息成本。首先，保障信息的获得性。获得充分信息是进行理性决策的前提，是降低信息使用成本并提高信息利用效率的关键。其次，多元化信息公开渠道。利用好现代传播媒介，建立多层次、立体化的信息公开渠道，并利用现代信息技术对信息进行鉴别、筛选和过滤，快捷、高效处理信息，提高效率。最后，信息披露应与公司发展情况和治理体制有关。收集过量非相关信息将加剧信息成本，分散有限资源，对核心关键信息进行掌握和处理，有助于提升信息处理能力和效率。

2. 退市机制运行需实现激励相容

激励相容是指每个经济活动的参与者在自发追求自身经济利益最大化的同时，其行为结果最终能够达到机制设计者所预期的目标，从而实现个体理性和集体理性的统一。退市过程中的激励相容要求监管机构、上市公司和投资者三方的个体行为在客观上实现政策设计者的初衷。只有真正的实现激励相容，退市机制才能够有效实施，退市风险警示制度才可以发挥警示作用，减轻股市投机情绪，回归股市健康发展之路。

机制设计理论视角下，任何行之有效的激励机制都暗含两个原则：参与约束性原则和激励相容性原则。这一理论表明，退市机制的制定和实施过程中，体现激励相容理念至关重要。根据委托代理理论，上市公司是代理人，广大的投资者是委托人，委托—代理的矛盾在上市公司和股民之间也一样存在。新的退市机制的设计应符合激励相容规律，在委托人与代理人动态博弈过程中，上市公司追求公司利益的同时，投资者也能获得较大回报。触发退市风险的上市公司将受到严惩，上市公司在寻求较小处罚成本的同时，投资者损失也将最小化，从而实现退市机制设计目标，使各方利益最大化。各方利益独立是引发整体利益相冲突的前提，在退市机制运行过程中，需明确上市公司与投资者、上市公司与监管机构、监管机构与投资者之间存在的利益差异。触发退市过程中需明确上市公司与投资者、上市公司与监管机构、监管机构与投资者之间存在的成本与收益差异。因此，需明确退市过程中涉及的相关利益主体，构建博弈模型，分析其退市成本与收益，进一步研究各利益主体是否满足激励相容原则，明确现行退市机制的问题与改善策略。

（二）A 股市场退市相关利益主体

从机制设计理论视角分析，股票市场的参与者众多，主要可以归为四类：上市公司、监管机构、投资者、其他市场媒介。在上市公司退市的博弈模型里，主要涉及三个利益主体，分别是上市公司、投资者和监管机构。其中，监管机构包括证监会、交易所、中央政府等，投资者包括个人投资者和机构投资者。

由于在股票交易市场中存在信息不对称，上市公司存在利用信息优势进行机会主义行为的可能性。企业经营者利益与上市公司退市与否密切相关，经营者可以采取某种行为策略规避退市或主动要求退市。由于公司治理结构中委托—代理问题的存在，股东对企业经营者的监管难以有效进行。同时，上市公司经营者的利益与公司业绩同向变化，如果实施机会主义行为的收益大于惩罚成本，逐利本性将导致上市公司经营者采取机会主义行为策略，从而引发退市机制失灵。

中央政府和证监会、交易所的监管目标基本趋同，而地方政府有时会出于政绩考核、经济发展、部门业绩等因素而制定相反的监管目标。应该看到，退市牵扯的面很广。很多地方政府出于多种原因力图确保上市公司不退市，所用手段很多，除了财务报表处理和并购重组，另一个主要手段是给僵尸企业提供巨额补助。据 Wind 统计数据显示，2015 年共计有 62 家 ST 类上市公司获得数额不等的政府补助，总额高达 21.96 亿元。不少公司借此避免了被退市的命运。其中，ST 南化获得政府补助高达 10.59 亿元。一汽夏利公司 2015 年度净利润 1898.96 万元，但计入当期损益的政府补助高达 5.63 亿元，这一数据远高于 2014 年的 1.14 亿元和 2013 年的 0.62 亿元。在具体的案例中需要对监管机构进行细分研究，但在本研究中，从宏观角度看，这四者在维护社会稳定、国家利益、政府利益、保护中小投资者利益等方面具有趋同性，因为不作具体区分，将其视为整体研究。监管机构需要完成对股票市场和参与主体的有效监管，并在此基础上起到保护投资者的作用才能得到投资者的信任。因此，监管机构制定的法律法规需要实现对投资者利益的保护。在一般情况下，监管机构考虑更多的是退市行为对整个社会的影响，退市社会成本较大在一定程度上导致了中国式退市难题的出现。

投资者包括对上市公司进行投资行为的中小投资者，也包含机构投资者。虽然投资者对上市公司退市与否并没有直接的决定权，但其对该上市公司股票的购买会在一定程度上影响上市公司的退市决策。这是由于投资者看好该上市公司发展前景时，将购买上市公司股票。如果投资者对该上市公司存在看跌预期，将抛售该公司股票。再者，监管机构在决定上市公司是否退市时会考虑投资者利益，因而投资者在退市契约中也起到重要的作用。

股票市场中的三个主要契约人及其在退市过程中呈现的博弈及契约关系如图6-6所示。

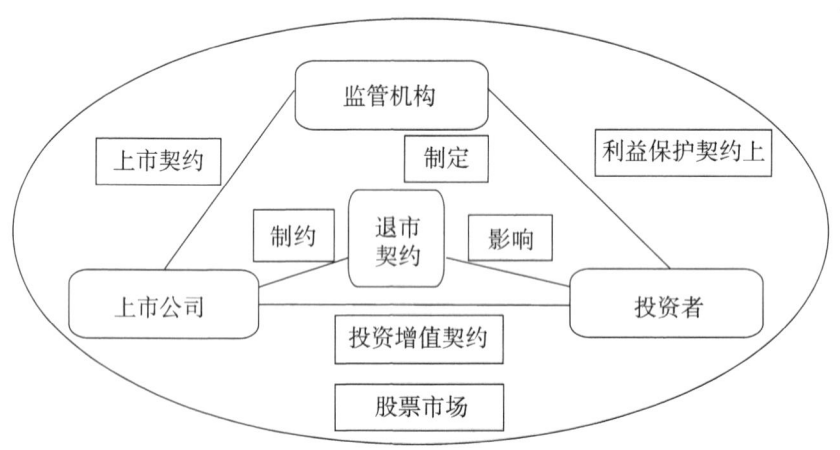

图6-6　退市机制中各契约人的契约关系

（三）A股市场退市相关利益主体退市成本和收益

对退市企业、监管机构、投资者进行主体分析，我们可以发现退市机制运行成本巨大。对上市公司而言，退市成本主要包含会计成本

（DC_A）、机会成本（DC_O）、管理变革成本（DC_M）、信贷成本（DC_C）和品牌形象成本（DR_B）。监管机构的退市成本主要来自于职工安置成本（DC_E）、社会软成本（DC_S）和债权人损失成本（DC_L）。相关投资者将遭受来自收益性和流动性方面的净损失（DC_I）。由此可知，退市成本 $DC = DC_A + DC_O + DC_M + DC_C + DR_B + DC_E + DC_S + DC_L + DC_I$。

企业选择退市或被强制退市也会带来一定的收益，主要由社会会计收益（DR_A）、社会机会收益（DR_C）和社会软收益（DR_S）组成。由此可知，退市收益 $DR = DR_A + DR_C + DR_S$。

作为市场机制的重要组成部分，退市行为应该是市场行为。但目前退市却受到多方利益集团的阻碍，若要实现投资者"用脚投票"，股票市场进出口畅通，需构建退市相关利益主体博弈模型，降低退市成本，提高退市收益。完善机制设计，从根本上畅通退市渠道。

（四）A股市场退市相关利益主体博弈模型

1. 前提假设

基于以上分析，我们做出如下假设：

假设一：监管机构是风险中性的，将根据监管政策对上市企业进行理性分析，进而做出决策。

假设二：上市公司是风险中性的，其经营者会利用信息不对称操纵公司业绩，达到规避公司退市目的。

假设三：r表示上市公司为规避退市进行机会主义行为的严重程度。其中r越高，其收益$S_{(r)}$就越高。一旦公司被查处，$r=0$，上市公司相应的投机行为收益为$S_{(0)}$。

假设四：在给定信息的情况下，监管机构以α的概率对上市公司进行监管，监管成功概率为γ；上市公司以β的概率进行机会主义行为，机会主义行为成功概率为ρ，上市公司采取机会主义行为成功成的本为$D_{(s)}$，上市公司采取机会主义行为失败的成本为$D_{(f)}$。

经营者根据自身利益最大化原则做出上市公司是否采取机会主义行为的决策，因此经营者收益B与上市公司收益成正比，因此，存在上市公司机会主义行为被查处后的收益 $B_{(0)} = f(S_{(0)})$，成功的收益 $B_{(r)} = f(S_{(r)})$。

假设五：$L_{(r)}$ 是上市公司进行机会主义行为对社会造成的损失，被查处退市造成的社会资源浪费、社会就业问题、银行债权问题等社会损失为 $L_{(0)}$。

假设六：监管部门的监管成本为 C，并根据上市公司机会主义行为的严重程度，对其经营者处以 $F_{(r)}$ 的处罚。

2. 博弈均衡

根据以上假设我们可以将上市公司经营者效用函数（U）用树状图表示，如图 6-7 所示。

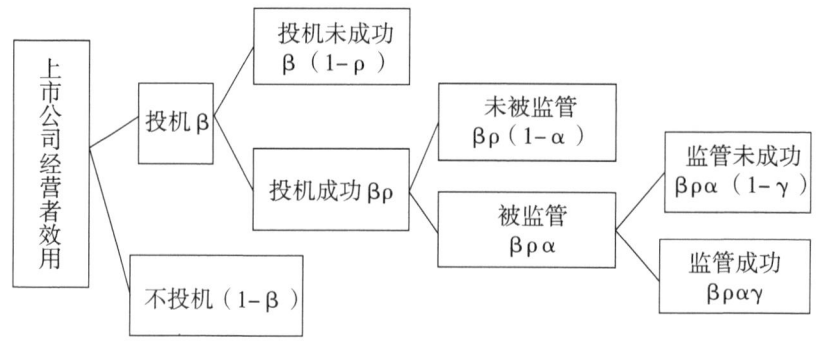

图 6-7 上市公司经营者效用函数（U）树状图

其中：

上市公司经营者采取不投机行为的支付值为 U_1，则 $U_1 = (1-\beta) B_{(0)}$。

上市公司经营者采取投机行为，但投机行为未成功的支付值为 U_2，则 $U_2 = \beta(1-\rho) D_{(f)}$。

上市公司经营者采取投机行为且投机成功，投机行为未被监管部门实施监管的支付值为 U_3，则 $U_3 = \beta\rho(1-\alpha)[B_{(r)} - D_{(s)}]$。

上市公司经营者采取投机行为且投机成功，投机行为被监管部门实施监管，但未监管成功的支付值为 U_4，则 $U_4 = \beta\rho\alpha(1-\gamma)[B_{(r)} -$

$D_{(s)}$]。

市公司经营者采取投机行为且投机成功,投机行为被监管部门实施监管,且监管成功的支付值为 U_5,则 $U_5 = \beta\rho\alpha\gamma [B_{(r)} - D_{(s)} - F_{(r)}]$。

由此可知,上市公司经营者效用函数:

$$U = U_1 + U_2 + U_3 + U_4 + U_5$$

$$U = (1 - \beta)B_{(0)} + \beta(1 - \rho)D_{(f)} + \beta\rho(1 - \gamma)[B_{(r)} - D_{(s)}] + \beta\rho\alpha(1 - \gamma)[B_{(r)} - D_{(s)}] + \beta\rho\alpha\gamma[B_{(r)} - D_{(s)} - F_{(r)}] \quad (1)$$

社会福利函数(w)的树状图,如图6-8所示。

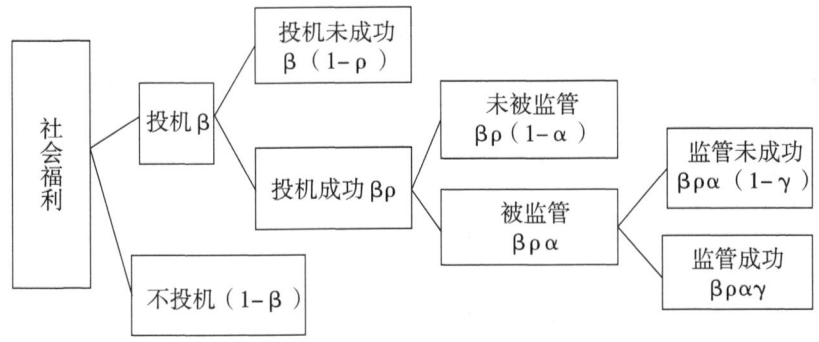

图6-8 社会福利函数(w)的树状图

其中:

上市公司经营者采取不投机行为的社会福利支付值为 W_1,则 $W_1 = \alpha(1 - \beta)[S_{(0)} - L_{(0)} - C] + (1 - \beta)(1 - \alpha)[S_{(0)} - L_{(0)}]$。

上市公司经营者采取投机行为,但投机行为未成功社会福利支付值为 W_2,则 $W_2 = \beta(1 - \rho)[S_{(0)} - D_{(f)} - L_{(0)}]$。

上市公司经营者采取投机行为且投机成功,投机行为未被监管部门实施监管的社会福利支付值为 W_3,则 $W_3 = \beta\rho(1 - \alpha)[S_{(r)} - D_{(s)} - L_{(r)}]$。

上市公司经营者采取投机行为且投机成功,投机行为被监管部门实施监管,但未监管成功的社会福利支付值为 W_4,则 $W_4 = \beta\rho\alpha(1 - \gamma)$

$[S_{(r)} - D_{(s)} - L_{(r)} - C]$。

上市公司经营者采取投机行为且投机成功,投机行为被监管部门实施监管,且监管成功的社会福利支付值为 W_5,则 $W_5 = \beta\rho\alpha\gamma[S_{(r)} - D_{(s)} - L_{(r)} - C]$。

由此可知,上市公司经营者效用函数:

$$W = W_1 + W_2 + W_3 + W_4 + W_5$$

$$w = \alpha(1-\beta)[S_{(0)} - L_{(0)} - C] + (1-\alpha)(1-\beta)[S_{(0)} - L_{(0)}] +$$
$$\beta(1-\rho)[S_{(0)} - D_{(f)} - L_{(0)}] + \beta\rho(1-\alpha)[S_{(r)} - D_{(s)} - L_{(r)}] +$$
$$\beta\rho\alpha(1-\gamma)[S_{(r)} - D_{(s)} - L_{(r)} - C] + \beta\rho\alpha\gamma[S_{(r)} - D_{(s)} - L_{(r)}) - C] \quad (2)$$

对(1)(2)式分别求微分,得出上市公司效用最大化和社会福利最大化的一阶条件,分别为:

$$\frac{\partial U}{\partial \beta} = (1-\rho)D_{(f)} - B_{(0)} + \rho(1-\gamma)[B_{(r)} - D_{(s)}] + \rho\alpha(1-\gamma)$$
$$[B_{(r)} - D_{(s)}] + \rho\alpha\gamma[B_{(r)} - D_{(s)} - F_{(r)}] = 0 \quad (3)$$

$$\frac{\partial W}{\partial \alpha} = \beta\rho\gamma[S_{(r)} - D_{(s)} - L_{(r)} - C] + \beta\rho(1-\gamma)$$
$$[S_{(r)} - D_{(s)} - L_{(r)} - C] - \beta\rho[S_{(r)} - D_{(s)} - L_{(r)}] - (1-\beta)$$
$$[S_{(0)} - L_{(0)}] + (1-\beta)[S_{(0)} - L_{(0)} - C] = 0 \quad (4)$$

由(3)和(4)可以得到 NASH 均衡解:

$$\begin{cases} \alpha^* = \dfrac{\rho(1-\gamma)[B_{(r)} - D_{(s)}] + (1-\rho)D_{(f)} - B_{(0)}}{\rho[\gamma F_{(r)} + D_{(s)} - B_{(r)}]} \\ \beta^* = \dfrac{1}{(1-\rho)} \end{cases}$$

根据假设 $B_{(r)} = f[S_{(r)}]$,$B_{(0)} = f[S_{(0)}]$,则:

$$\begin{cases} \alpha^* = \dfrac{(1-\rho)(1-\gamma)\{f[S_{(r)}] - D_{(s)}\} + (1-\rho)D_{(f)} - f(S_{(0)})}{\rho\{\gamma F_{(r)} + D_{(s)} - f[S_{(r)}]\}} \\ \beta^* = \dfrac{1}{(1-\rho)} \end{cases}$$

3. 结论

将 α^* 和 β^* 可看作是中国 A 股市场的均衡值，当 $\beta > \beta^*$ 时会引发股市退市机制失灵，当出现退市机制失灵时可进行帕累托改进。目前退市机制失灵出现了 $\alpha < \alpha^*$，$\beta > \beta^*$，若要解决退市难题，需要提高 α，降低 β。具体措施如下：

第一，降低 ρ。ρ 越大表示上市公司实施机会主义行为且成功的概率很大，收益也较大。这时，上市公司有很强烈的动机实施机会主义行为，将造成社会福利的极大损失，对退市机制的实施造成极大阻碍。此时，需加强监管频率，强化监管力度，提高违法成本，建立责任回溯机制，让违法者的违法成本高于违法收益，通过激励相容原则实现个体理性与集体理性的统一，从而规避上市公司经营者的机会主义行为。

第二，加强 γ，即监管取得成功的概率。监管机构应创新监管形式，将监管审批权限进一步下放到一线，加强交易所一线监管能力，建立社会各主体参与的全方位立体化的监管网络，提高监管成功概率，让上市公司打消投机取巧心态，合法合规经营。

第三，增加 $D_{(s)}$ 和 $D_{(f)}$。提高上市公司实施机会主义行为的成本，其中应注重区分上市公司采取机会主义行为成功与失败时的成本，二者不可混为一谈，亦不可采取相同标准。对于成功采取机会主义行为的上市公司，应处以比其收益更重的罚款，有必要时可采取行政或刑事处罚，追究相关经营者的违法责任，为市场树立高压线，严禁越过制度红线。

第四，降低 $f[S_{(r)}]$ 和 $f[S_{(o)}]$。$f[S_{(r)}]$ 上市公司实施机会主义行为后经营者的收益，$f[S_{(o)}]$ 指的是上市公司实施机会主义行为被监管部门查处，并处以退市决定的收益，此时其收益等于为 $B_{(o)}$。在这种情况下，理性经济人将采取行为规避机会主义行为，以免招致最坏的结果。

第五，根据市场情况合理确定监管力度，即 $F_{(r)}$ 需要动态化。当市场充满投机风气时，监管部门应加强监管力度和频率，防止上市公司采取机会主义行为谋取利益，避免机会主义行为扩大化。当市场情绪稳定时，监管力度和投入应适当宽松，避免不必要的支出。

第三节　中国 A 股市场退市机制的演变及国际比较

一、A 股市场退市机制的发展变迁

中国股票市场诞生于 20 世纪 80 年代后期，直到 2001 年 2 月《亏损上市公司暂停上市办法和终止上市实施办法》的颁布以及同年 4 月 PT 水仙成为中国第一家退市的上市公司才标志着退市机制的正式建立。根据退市机制的历史演变过程，将中国的退市机制的发展历程划分为萌芽期、探索期、形成期、完善期四个阶段。各阶段颁布的主要法律法规、退市规定和具体特点如表 6-2 所示。

1992—1998 年是退市机制萌芽期，这期间《公司法》的颁布实施初步搭建了退市机制的框架。1992 年，原野公司因财务欺诈被停牌，但由于当时法律法规不健全，并未对其进行退市处罚，而是由当地政府出面对该公司进行重组，并将公司更名为世纪星源后重新挂牌交易。A 股市场首次停牌整顿事件向市场发出了退市预警，但同时这也成为中国首起借助行政力量维持上市公司上市资格的案例。1993 年 4 月国务院颁布的《股票交易与管理暂行条例》规定了全面收购时引发的退市情况，但并未规定上市公司退市的全部情况。同年 12 月，《中华人民共和国公司法》（以下简称《公司法》）明确规定了暂停上市和终止上市的标准，并包含《股票交易与管理暂行条例》涉及的退市条款。但由于缺乏可操作性，退市实施弹性较大，因此《公司法》颁布后的 7 年时间里，虽然出现了像琼民源、双鹿电器、水仙等违法或连续亏损的公司，但并没有发生强制退市的情况。

第六章　中国 A 股市场退市机制

表 6-2　退市机制的发展历程

阶段	时间	主要制度安排	退市规定	特点
萌芽期	1992—1998	国家法律:《公司法》(1993) 部门规章:《股票交易与管理暂行条例》(1993)	(1) 连续三年亏损暂停上市; (2) 对退市有模糊的规定。	(1) 退市制度处于萌芽阶段; (2) 退市标准模糊。
探索期	1998—2001.2	国家法律:《证券法》(1999) 部门规章:《股票上市规则》(1998, 2000年修订) 《关于上市公司状况异常期间的股票特殊处理方式的通知》(1998) 社会福利函数 (w) 的树状图订)	(1) 制定 ST、PT 制度; (2) 连续六年亏损退市; (3) 授权交易所暂停上市决定权; (4) 涨跌幅限额 5%。	(1) 退市制度处于探索阶段; (2) 暂停上市标准单一,终止上市规定笼统,且未明确规定终止上市时间; (3) 初步拟定退市制度。

续表

阶段	时间	主要制度安排	退市规定	特点
形成期	2001.2–2012.3	国家法律：《证券法》（2005年修订） 部门规章：《亏损上市公司暂停上市和终止上市实施办法》（2001年2月颁布，2001年12月修订）、《关于执行〈亏损上市公司暂停上市和终止上市实施办法（修订）〉的补充规定》（2003） 《关于推进资本市场改革开放和稳定发展的若干意见》（2004） 规范性文件：《关于要约收购涉及的被收购公司股票上市交易条件有关问题的通知》（2003） 《关于做好股份有限公司终止上市后续工作的指导意见》（2004） 《中小企业板股票暂停上市、终止上市特别规定》（2006） 自律规则：《证券公司代办股份转让服务业务试点办法》《股份代办转让公司信息披露实施细则》（2001） 《关于改进代办股份转让工作有关问题的通知》（2002） 《关于对存在股票终止上市风险的公司加强风险警示等有关问题的通知》（2003） 《上海证券交易所股票上市规则》（2006年修订）、《深圳证券交易所股票上市规则》（2006年修订）	（1）连续四年亏损退市； （2）取消PT制度； （3）实行退市风险制度； （4）明确终止上市后续工作； （5）补充暂停上市和终止上市的细节规定。	（1）立法确定连续亏损公司终止上市年限； （2）退市机制正式确立； （3）引入国际经验，体现市场化原则趋势。

第六章 中国 A 股市场退市机制

续表

阶段	时间	主要制度安排	退市规定	特点
完善期	2012.4—至今	部门规章：《关于改革完善并严格实施上市公司退市制度的若干意见》(2014) 规范性文件：《创业板上市规则》(2012年修订) 《关于完善创业板退市制度的方案》(2012) 《上市公司重大资产重组管理办法》(2014年、2016年、2016年修订) 自律规则：《深圳证券交易所股票上市规则》(2012年修订) 《上海证券交易所股票上市规则》(2012年修订) 《深圳证券交易所退市公司重新上市实施办法》(2012) 《深圳证券交易所退市整理期业务特别规定》(2012) 《股票上市规则》(2014年修订)	(1) 构架多元化退市标准，健全上市公司主动退市制度； (2) 明确暂停上市公司申请恢复上市的标准和期限； (3) 建立风险警示板、退市整理期等； (4) 建立退市公司重新上市机制； (5) 新增"最低股东人数"强制退市标准。	(1) 主板、中小板退市新政正式施行； (2) 退市机制不断完善。

资料来源：中国证监会网站，上海证券交易所，深圳证券交易所。

1998—2001年2月是退市机制的探索期,这一期间《中华人民共和国证券法》(以下简称《证券法》)颁布实施,制定了ST、PT制度,初步拟定了退市标准。随着上市公司亏损面不断扩大,监管机构开始引入淘汰机制。1998年股市顶层设计推出了ST、PT制度,主要目的是警示市场,给予绩差公司改善经营业绩的机会,同时增加市场流动性,给投资者一个缓冲期。但在具体实施过程中,ST、PT制度未能在尚不成熟的中国股票市场上发挥应有作用,反而阻碍股市功能发挥。从长远来看,这种机制对连年亏损的上市公司起到了负向激励,难以形成有效约束和激励机制。从二级市场来看,壳资源的稀缺导致股民"逢亏必炒",风险警示股票沦为市场投机筹码。虽然监管部门对风险警示股票的涨跌幅度、延长暂停上市期限等多方面进行多次制度改进,但由于制度本身的不彻底、不完善,ST、PT制度只能作为一种过渡性质的制度安排,其与抑制股市投机风气、优化退市机制的目标背道而驰。2000年修订的《深交所股票上市规则》将三年连续亏损被暂停上市公司的宽限期规定为三年,由此,濒临退市的上市公司股票要真正退市需要连续6年亏损。特别处理制度是中国退市机制发展历程中的特殊产物,上市成本高导致壳资源价值奇高,从而引发濒临退市的公司极力保壳,加上错位的政绩观和出于社会稳定需要,地方政府也不愿意上市公司退市。特别处理制度的出现有其历史必然性,其产生的理论基础是"路径依赖"。ST制度的延续也是由于"路径依赖",虽然上市公司上市已改为核准制,但由于上市成本依旧很高,现存制度中形成的既得利益集团将阻碍新制度的变迁。

2001年2月至2012年5月是退市机制的形成期,这一期间《证券法》进行了修订,以立法的形式确定连续亏损公司终止上市年限,取消了PT制度并实行退市风险制度。PT水仙作为2001年新政下的退市第一股敲响了退市警钟。同年12月,修订的实施办法取消了PT制度和宽限期限,将退市决定权下放给证券交易所,强化证券交易所一线监管

第六章 中国A股市场退市机制

职责，体现了市场化原则。同时，为完善退出通道，2001年6月发布的一系列规章明确了上市公司退市后的股票交易场所。至此，中国股票市场退出机制中的多层次资本市场构架基本建立。2003年证监会开始实行退市风险制度，即*ST制度。证监会后续对上市公司退市后保护股东权益、转让股份等情况进行了顶层制度设计。连续亏损公司终止上市的期限标准经历了从2000年六年亏损标准—2001年四年亏损标准—2002年三年半亏损标准—四年亏损标准的轮回。同年国嘉实业成为中国首家被强制平移到"新三板"的退市公司。2007年6月修订后的新《企业破产法》首次引入破产重整制度。在新会计准则下，大量ST、*ST公司利用破产重整豁免的债务计入当期损益，从而达到"垂而不死、停而不退"的保壳目的。据统计，2008—2012年有17只退市个股均因吸收合并而退出A股，无一股因连续亏损而退市。出现这样的现象并不是市场基本面良好，而是众多绩差股通过施展"停而不退"的招数规避退市。期间有35家企业在暂停上市后顺利恢复上市，占过去10年恢复上市总数的60%，停而不退让A股退市改革陷入停滞。

2012年4月，沪深交易所就上市公司退市机制公开征集方案，退市机制进入完善期。期间证监会和交易所不断完善法规体系，构建多元化退市标准，完善退市指标，简化退市程序，实施中小板退市新规和2014年"史上最严"退市标准，不断完善退市机制。2012年沪深交易所制定的《关于完善上市公司制度的方案》在诸多方面进行了完善：一是构建了多元化的退市标准体系，加入了净资产、营业收入财务类指标，同时增加了"扣非"标准等市场化指标；二是明确暂停上市公司申请恢复上市的标准和期限，建立退市公司重新上市机制。明确时间节点，解决"停而不退"现象；三是构建多层次资本市场，完善退出渠道。建立"风险警示板""退市整理期"以及全国中小企业股份转让系统。2012年修订的退市制度在一定程度上缓解了"退市标准单一"、炒作绩差公司、"停而不退"等问题，实现三家 ST 公司平稳退市。但客观来看，当时的退市制度还有待完善。①不能满足上市公司多元化退市的要求，未涉及撤回上市等其他主动退市方式。②对重大违法的具体标准和处理程序不够明确和具体。当时被查出连续五年造假的南纺股份，由于并不适用"最近三年连续亏损"的退市标准，并未被暂停上市和直接退市。此前也存在绿大地、万福生科等因重大违法却并未退市的案例，种种情况凸显 A 股退市制度的缺陷。③2007 年引入的破产重整机制在实践中也在一定程度上被扭曲，大量 ST、*ST 公司利用破产重整中新股发行可协商定价，通过债务豁免或重组收益等非经常性收益规避连续亏损等退市标准，对并购重组市场带来了负面影响。为遏制破产重组公司借壳上市的炒作行为，加强上市公司的违法成本，2014 年 10 月，证监会坚持市场化导向，出台的退市新政确立"主动退市"和"强制退市"两大退市类型，完善与退市相关的配套制度安排。对于欺诈发行和重大信披违法的上市公司，证监会放权于交易所，由交易所一年内做出终止交易的决定。同年 11 月发布的《上市公司重大资产重组管理办法（2014 年修订）》，废止了协商定价机制。次年，*ST 国恒连续三年审计净利润为负被暂停上市，保壳未果而最终退市。同年连续亏损四年的*ST 二重主动退市，开 A 股主动退市先河。新都酒店因连续两年未被出具非标审计意见，在被暂停上市后因未符合深交所规定的重新上市条件而最终退市。*ST 博元成为首个因重大信披违法而被强制退市的股票。证监会于 2016 年 6 月发布的《上市公司重大资产重组管理办法》修订意见稿从认定标准、监管配套和中介机构责任三方面对重组上市行为严格监管。此后，退市制度基本稳定下来，形成了较为完善的制度体系。2018 年，上市不足四个月的欣泰电气成为首个因欺诈发行而被强制退市的创业板股票。3 月 2 日，证监会就退市意见公开征集意见，这次改革强化了交易所退市工作主体责任，重点展开一线监管，加大退市执行力度。

与国外的退市机制发展历程相比，中国退市机制的发展呈现起点高、发展快、过程短的特点。退市审批权经历了由证监会主导到证监会授权在到交易所主导等三个阶段，整体上符合市场化趋势。退市标准从单一的财务指标向多元的评价指标体系转变，创业板退市机制的探索为中国A股市场提供了经验。退市程序不断完善，但其中还存在一些阻碍退市效率的制度，需要进一步完善。退市后股票交易需要的多层次资本市场建设取得了显著成果，但相比成熟资本市场仍有较多不足。

二、A股市场现行退市机制的国际比较

对退市机制的国际比较可从多维度进行，本章主要从退市标准、退市程序以及退市实施效果展开比较分析，从而论述不同制度体系下退市机制的差异并分析产生这些差异的原因。其中，退市标准可分为定性标准和定量标准两方面；退市程序包含退市裁量权、退市流程、中小投资者保护等方面；退市实施效果可从纵向、横向以及退市类型等方面进行比较分析。将中国A股市场现行退市机制从退市标准、退市程序和退市实施效果三方面进行国际比较，有助于我们见贤思齐、查漏补缺。美国股市已有一百多年的历史，规模首屈一指，制度较为完善，因此选取美国股市退市机制作为标杆进行比较研究，在对比研究过程中，本章在关注美国股市退市机制的成功经验的同时，更注意分析中美股市的差异，因地制宜地汲取其市场成分的经验。

（一）退市标准的国际比较

通过对网上搜集的资料进行整理，将中国沪深交易所、美国纽交所和纳斯达克交易市场的退市标准整理如表6-3所示。表6-4对比了中国沪深交易所、美国纽交所和纳斯达克交易市场的退市标准在一些具体指标上的异同。

表6-3 不同股票市场退市标准的国际比较

交易所	退市标准	
	定量标准	定性标准
中国沪深交易所	(1) 财务类指标（净利润、净资产、营业收入）； (2) 市场交易类指标（股本总额、股权分布、股票成交量、股票价格、股东人数等）。	(1) 重大违法类指标（重大信息披露违法和欺诈发行）； (2) 财务类指标（审计意见类型以及未在规定期限内依法如实披露等）； (3) 其他（强制解散、破产、公开谴责）。
美国纽约交易所	(1) 资本或普通股的分布标准（股东人数、社会公众持股数）； (2) 资本或普通股的数量标准； (3) 价格标准（1美元退市法则）； (4) 过去5年经营亏损。	①经营资产或经营范围减少；②破产或清算；③权威意见认定证券失去投资价值；④证券注册失效；⑤违反上市协议；⑥连续5年不分红利；⑦操作违反公共利益；⑧其他可能导致摘牌的因素（未及时、准确、充分地向股东和公众披露信息；财务报告有虚假；没有依据公共政策行为；经营或财务状况不能令人满意；无条件地使用公司基金购买公司股票等）。
美国纳斯达克全球交易市场	(1) 持续上市标准（1美元退市法则）； (2) 股东权益、公众持股数量及市值、总股东人数； (3) 股票市值； (4) 总资产、总营业收入； (5) 做市商等。	公司治理标准等（年报、中报、独立董事、内部审核委员会、股代会等）。

资料来源：中国证券监督管理委员会网站。

第六章 中国A股市场退市机制

表6-4 不同股票市场退市标准比较

交易所	股本/股东	公众持股	经营状况	总资产	派发红利/其他	违规、虚假信息披露	其他
中国沪深交易所	股本总额少于三千万人民币。主板上市公司连续二十个交易日股东人数低于2000人，创业板上市公司连续二十个交易日股东人数低于1000人	公开发行的股份未达到股份总额的25%；股本总额超过4亿元的，公开发行比例不足10%	连续三年营业收入低于1000万；连续四年亏损；暂停上市后首年持续亏损或	无（连续三年净资产为负）	无	暂停上市期间未披露相关信息	未提出恢复上市申请；恢复上市申请未被受理或未获同意；公司解散或破产；要约收购或股东大会作出终止上市决议
美国纽约交易所	股东人数少于400人或股东人数少于1200并且过去12个月中月均成交量小于10万股	少于20万股或其总市值少于100万美元	过去5年持续经营亏损	总资产少于400万美元且每年亏损或总资产少于200万美元且过去2年每年亏损	连续5年不分红	未履行披露义务	违反上市协议或违反法律

— 269 —

续表

交易所	股本/股东	公众持股	经营状况	总资产	派发红利/其他	违规、虚假信息披露	其他
美国纳斯达克全球交易市场	纳斯达克小型公司市场股东少于300人或纳斯达克全国市场股东人数少于400人	低于50万股或市值低于100万美元	最近1年或最近3年中的2年净收益低于50万美元	有形资产低于200万美元	"一美元退市机制"	出现严重违规或虚假信息披露情况	公司法人治理结构方面的要求，包括年报、中报、独立董事、内部审核委员会、股代会等

第六章 中国A股市场退市机制

（二）退市标准的机制设计经验借鉴

从信息效率规律角度看，中国退市标准更关注会计利润指标，要求较为宽松，信息透明度不高，信息利用效率较差。通过对比发现，成熟股市的退市标准大都制定详细且操作性强。定量指标方面，美国股市退市标准要求严格，着重衡量公司是否具有继续"公开发行的特质"，是否有助于实现股票市场功能。美国股市对股东人数、交易量、股价、市值、财务状况等方面进行了详细规定，这些指标衡量了股票交易活跃程度和股票价值，派发红利和"一美元退市制度"是美国特色。而中国股市的"三年连续亏损"退市制度饱受诟病，其他数量化标准像营业收入和净资产两项，要求较为松散。定性指标方面，美国股市退市标准制定详细，如纽约证券交易所规定的权威性报告指出公司没有投资价值，未能及时、准确、全面披露信息或违反了交易所协定等，这些公司应进入实质性的退市程序。对比之下，中国股市定性退市标准虽然条款较多，但大都过于笼统，存在一定的漏洞，且不易操作，无法弥补数量化标准的缺陷和不足，难以在实践中发挥作用。

从激励相容规律角度看，美国股市详细具体的要求、严格的执行力度以及高昂的违法成本，都为上市公司不断完善公司治理结构，持续稳健发展提供了合理有效的激励，有效避免其采取机会主义行为，实现上市公司利益、股东利益和监管者利益的有效统一。而中国由于上市成本巨大导致"壳资源"价值巨大，从而使得股民热衷炒作ST股票，"投傻行为"普遍，扭曲风险警示制度设置初衷，导致退市机制失灵。

因此，在未来完善股市退市标准时，应关注设计的股市退市标准是否符合信息效率规律和激励相容规律。

（三）退市程序的国际比较

准备启动退市程序时，纽交所先书面通知该上市公司，告知处罚决定及相关政策依据。同时，纽交所将公开披露公司状况，每日发布该公司股票信息。在特定期限内，上市公司可要求复核。如果上市公司申请复核，秘书处建档后的至少25个交易日后开始启动复核程序。上市公司和纽交所相互提交相关材料,并上报给交易所总委员会办公室,由委员会进行裁决。如果交易所总委员会判定实施退市,纽交所将立即停止该上市公司股票交易并在报纸和网站发布信息告知公众。纽交所的退市程序如图6-9所示。

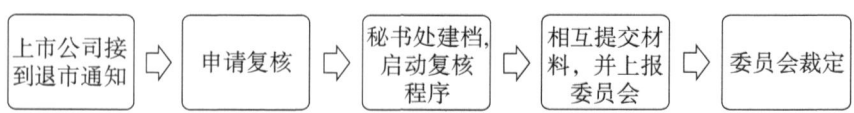

图6-9 纽约交易所退市程序

纳斯达克证券交易所的退市程序如图6-10所示,最大特色是聆讯制。在接到退市通知后的45天内,上市公司有权逐级提出上诉。①上市公司可以向纳斯达克交易所上市资格审查部门提起诉讼;②交易所聆讯小组;③纳斯达克上市与听证审查委员会;④纳斯达克董事会;⑤由美国证监会进行最终裁决。

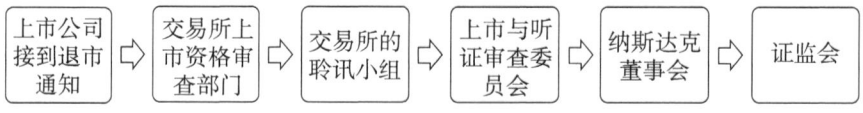

图6-10 纳斯达克交易所退市程序

在中国A股市场中退市程序包括退市预警、暂停上市和退市或恢复上市环节,如图6-11所示。一个企业在退市前将经历具有中国特色的退市预警制度。连续亏损的上市公司股票会被特殊标记以示风险,如两年亏损的上市公司的股票会被标注成ST股票,连续三年持续亏损的公司股票将被标注为*ST。如果该公司在第四年盈利将化解退市危机,成功"脱帽",而第四年持续亏损将被暂停上市。第五年报告盈利则恢复上市,而未在规定时间内公开披露公司年报,也没有提出申请要求恢复上市的上市公司则被退市。当企业接到交易所发出的终止上市决定后可向证监会申请复核,复核机会只有一次。

第六章 中国A股市场退市机制

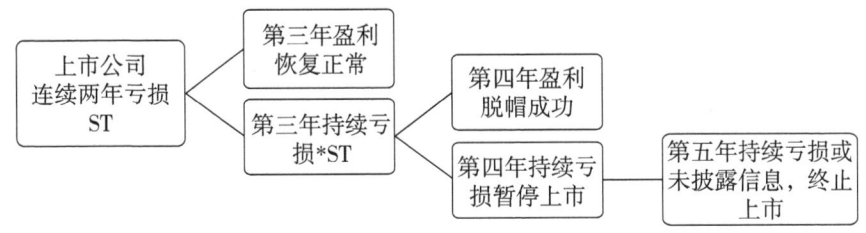

图6-11 中国A股市场退市程序

(四) 退市程序的机制设计经验借鉴

从信息效率规律角度看,美国退市机制运行过程中信息公开,时间节点明确,退市机制运行中信息成本低廉,公众获取信息较为方便,信息利用效率较高,符合信息效率规律。以美国纽约交易所退市流程为例,纽交所退市程序运行中信息公开透明,通过书面通知和公开披露上市公司处罚决定和政策依据,使得上市公司及其股东以较低成本获取信息。纽交所的复核制度和纳斯达克交易所的聆讯制,在一定程度上保障上市公司的合法权益,并规定相应的时间节点保证流程的时效性,最终退市与否的决策都将会通过报纸和网站告知公众。相比之下,中国A股市场中退市程序有其特殊性和复杂性。为保障中小投资者利益建立的退市预警制度一直以来饱受诟病,时间节点不明确,退市流程耗时较长,不少上市公司利用政策漏洞,玩财务数字游戏,成为股市不死鸟,加剧了股市投机风气和金融风险。通过对纽交所和纳斯达克交易所的退市程序进行梳理后发现,成熟的股市退市程序公开透明,退市程序实施主体是交易所相关部门,独立存在,全权负责,退市时间表安排详尽且相互衔接到位,依法依规推进退市程序,没有外在步骤,退市机制实施弹性非常小。因此使得上市公司难以存在侥幸心理,受到切实严格约束,期限内不符合标准必须退出市场。对比之下,中国设置ST制度的初衷是为上市公司设置的缓冲期,给投资者警示,起到风险预警作用。然而在现实运行中催生了投机风气,与制度设计初衷背道而驰。大量绩差公司通过财务手段或通过与地方政府的政治关联获得"输血",保留上市资格,极大增加了退市难度。

从激励相容规律角度看，美国股市设置的退市机制实施弹性小，既有对上市公司的惩罚约束机制，也有对其权益的保障机制，实现了对上市公司的激励相容。中国股市的风险警示制度在一定程度上提示了风险，但实际运行中由于存在巨大的壳资源价值，给上市公司负向激励以及给相关投机者提供了投机激励，从而导致政策运行出现偏差，加剧股市投机和风险。

因此，在未来完善股市退市程序时，应关注设计的股市退市程序是否符合信息效率规律和激励相容规律。

（五）退市实施效果的国际比较

日趋完善的退市机制，其在实践中的效果如何值得研究。以往研究中，研究者大多进行粗略比较，忽视了具体问题具体分析。建立在中国特色社会主义经济基础上的股票市场有其特殊性，相应的退市机制也是必然。仅仅发展了20多年的退市机制与发达国家发展了100多年的退市机制所处的社会形态、经济基础、法律体系等差异较大，不可忽略。因而在考察中国现行退市机制实施效果时，应进行多维度的比较。除了自身不同发展阶段的纵向对比、同一时间的横向对比外，本研究引入退市类型的横向对比，前两种对比分析形态可看作是绝对量的对比研究，而后者则可看做相对量的对比研究。

1. 同一市场纵向对比

表6-5根据公开数据统计了2001—2017年期间深交所和上交所股票市场上市公司退市情况。表6-6统计了处于不同阶段时，中国股票市场退市机制的实施效果。可以看出，中国股票市场自建立伊始，就是一个不断扩张的市场，几乎是"只进不出"。相比于上市企业数量，退市企业数量少之又少，深沪股市每年退市企业均为个位数，深交所在某些年份出现了零退市情况，退市率不足1%。在2004—2007年间，退市率最高，这是源于退市机制刚刚确立并发挥效应，上市公司未能完全适应导致。此后，上市公司熟悉了游戏规则，利用一切办法钻制度空子导致大量垃圾股出现，退市机制形同虚设，反映了中国退市机制在现实语

境下的政策实施效果极差，远未达到政策目标。

表6-5 2001—2017年中国A股市场退市机制实施情况

年份	退市公司数量（家） 上交所	退市公司数量（家） 深交所	退市公司数量（家） 总计	年末上市公司总数（家）	退市率（%）
2001	2	3	5	1160	0.43
2002	1	7	8	1224	0.65
2003	2	2	4	1287	0.31
2004	4	7	11	1377	0.80
2005	6	5	11	1381	0.80
2006	6	7	13	1434	0.91
2007	7	3	10	1550	0.65
2008	2	0	2	1625	0.12
2009	3	3	6	1718	0.35
2010	4	0	4	2063	0.19
2011	2	1	3	2342	0.13
2012	3	1	4	2494	0.16
2013	2	6	8	2489	0.32
2014	1	2	3	2564	0.12
2015	4	5	9	2827	0.32
2016	2	0	2	3052	0.07
2017	1	4	5	3485	0.14
平均	2.89	3.11	6	1953	0.36

数据来源：整理自上交所、深交所、Wind数据库。

表6-6 不同阶段中国A股市场退市机制实施情况

阶段	年份	退市公司总数（家）	年均退市公司数（家）	上市公司数量（家）	平均退市率（%）
探索期	1998—2001	5	1.25	1160	0.11
形成期	2001—2012	77	6.42	2494	0.25
完善期	2012—2017	31	5.17	3052	0.17

数据来源：整理自上交所、深交所、Wind数据库。

2. 同一时间横向对比

表6-7统计了自2001年来中国沪深交易所和美国纽交所、纳斯达克交易所的退市机制的实施效果。15年间，中国股票市场年均退市公司为6.7家，年均退市率为0.42%，上市公司总数整体呈现上涨态势；纽交所年均退市公司为128.4家，年均退市率为5.27%，上市公司总数平均值为2170家；纳斯达克市场年均退市公司为303家，年均退市率为9.4%，上市公司总数平均值为3000家。由于纳斯达克市场制定了比纽交所更为严格的退市标准，因而出现了更高的退市率。由此可见，美国主要证券交易所上市公司和退市公司比例基本处于平衡状态，退市机制充分发挥了其应有作用。而中国上市企业已超过3000家，但每年退市数量不足10家，退市率不足1%，退市机制严重失灵。

表6-7 2001—2015中美退市机制实施效果

年份	沪深退市数（家）	沪深两市上市公司数量（家）	中国A股市场退市率（%）	纽交所退市公司数（家）	纽交所上市公司数（家）	纽交所退市率（%）	纳斯达克退市数（家）	纳斯达克上市公司数（家）	纳斯达克退市率（%）
2001	5	1160	0.43	210	240	7	696	3679	17
2002	8	1224	0.65	144	2366	6	488	3367	13
2003	4	1287	0.31	105	2308	4	418	3294	12
2004	11	1377	0.80	99	2293	4	295	3229	9
2005	11	1381	0.80	128	2270	6	302	3164	9
2006	13	1434	0.91	145	2280	6	265	3133	8
2007	10	1550	0.65	222	2273	10	309	3069	10
2008	2	1625	0.12	139	1963	6	270	3023	9
2009	6	1718	0.35	88	2327	4	277	2852	9
2010	4	2063	0.19	103	2317	4	249	2778	9
2011	3	2342	0.13	99	2308	4	224	2680	8
2012	4	2494	0.16	100	2339	4	225	2577	8

续表

年份	沪深退市数（家）	沪深两市上市公司数量（家）	中国A股市场退市率（%）	纽交所退市公司数（家）	纽交所上市公司数（家）	纽交所退市率（%）	纳斯达克退市数（家）	纳斯达克上市公司数（家）	纳斯达克退市率（%）
2013	8	2489	0.32	113	2371	5	168	2637	7
2014	3	2564	0.12	106	2466	4	168	2782	6
2015	9	2827	0.32	125	2424	5	187	2859	7
平均	6.7	1836	0.42	128.4	2170	5.27	303	3008	9.4

数据来源：整理自上交所、深交所、Wind 数据库。

中美退市差异的另一个显著表现在于退市类型的不同。纽交所上市公司强制退市的前三位主要原因是：市值退市（40%）、股价退市（30%）、破产退市。纳斯达克上市公司强制退市的前三位主要原因是：股价退市（30%）、净利润退市（25%）、破产退市。而中国退市的企业中，绝大多数是被动强制退市，几乎没有主动退市例子。其中，因合并吸收退市占比最高，其次是连续亏损、私有化、暂停上市后未披露信息和重大信息披露违法/敲诈发行等。

3. 退市类型横向对比

世界银行发布的数据显示，2016年年底中国股市总市值为7.32万亿美元，位居世界第二，上市公司3052家，A股市场证券化率65.37%，市盈率15.95。笔者通过对上交所和深交所历年发布的退市公告进行整理，编制了一份退市企业名单（见附表1、附表2），汇总了股市至建立以来所有的退市企业及退市原因，本章将上市公司退市类型按原因分为8类：连续亏损、合并吸收、私有化、暂停上市后未披露定期报告、重大信息披露违法及欺诈发行、恢复上市申请未被核准、转板退市及公司分立。现按照退市类型统计后编制成表6-8和图6-12。

表6-8 中国A股市场上市公司退市类型汇总

退市原因	退市公司数量（家）	股票名称
连续亏损	47	000033 000594 200770 601268 600087 600065 600181 000583 600286 000699 000832 600799 600752 000535 600769 000827 200057 600899 600700 600852 600672 000765 000621 000730 600670 000013 200013 000669 600878 000660 000405 600646 000412 000047 600709 600658 000653 600813 000689 000675 000003 200003 000556 000015 200015 000588 600625
吸收合并	37	000916 600005 000748 900935 000024 200024 900950 300186 600832 601299 000562 900949 000527 600253 000522 600991 600263 600102 600631 000578 600553 600607 600842 600591 600357 600001 600840 000515 000569 600627 600472 600296 600205 000549 600018 600632 000542
私有化	9	000602 600786 600002 000406 000866 000956 000618 000763 000817
暂停上市后未披露定期报告	5	200041 600092 600772 600659 600788
重大信息披露违法、欺诈发行	3	300372 600656 000508
恢复上市申请未被核准	3	000805 000787 600762
转板退市	3	200002 200513 200039
公司分立	1	600003

数据来源：整理自上交所、深交所网站。

分析退市原因可以发现，20多年间，中国股市一共退市公司108家，其中因连续亏损、合并吸收和私有化退市的上市公司分别有47、37、9家，分别占比43.52%、34.26%和8.33%，进行要约收购从而私有化退市和转板退市的公司仅有 12 家，占比 11%。反观美国等成熟资本市场多数为主动退市，相较之下，中国强制退市主要是因为连续亏损所致，退市类型较为单一。

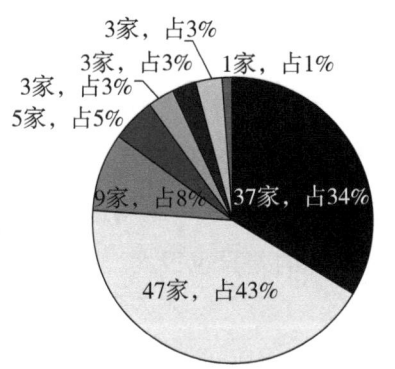

图 6-12　中国 A 股上市公司退市类型统计

数据来源：整理自上交所、深交所、Wind 数据库。

缺乏主动退市一方面说明上市公司壳资源巨大，上市公司和相关利益主体会想尽一切办法保留上市资格；另一方面也说明中国股市退市机制近乎失灵，未发挥优胜劣汰作用。其中风险警示制度的实际效用也值得探究，相关大量研究表明 ST 公司规避退市现象明显。彭博（2016）的研究表明，2001—2015 年间较高的年平均撤销*ST/被*ST 比值（41∶45）说明了中国退市机制运行效率低下。韩远哲（2016）统计了自 2012 年被 ST 的 28 只股票，由于满足连续四年亏损的条件，按规定应该被强制退市，但实际上它们仍处于上市状态。其中 14 家上市公司通过财务手段将利润后移从而出现亏损之后获得总体盈利。这种亏损、微盈利再亏损的模式被反复运用规避退市，大大降低了退市效率。

（六）不同市场退市机制差异及机制设计原因

通过以上的对比分析可知，不同市场的退市差异主要体现在两个方面：退市制度和退市效果。退市制度方面，中国的退市标准数量化指标较少，非数量化指标缺乏可操作性，从而导致退市标准单一，实施弹性较大；退市程序方面，美国退市流程时间节点明确，信息公开，监管到位，相比之下，中国股市退市流程复杂，耗时较长。不同的退市标准和程序导致了不同的退市效果。在退市数量方面，中国股票市场退市公司的绝对数量和相对数量远远落后于发达国家成熟股票市场。以1995—2015年美国股票市场为例，纽约证券交易所有3396家公司退市，年均退市率为5%，纳斯达克有8498家公司退市，年均退市率为10%。同一期间，中国退市公司数量仅有81家，年均退市率为0.46%。退市类型方面，中国与成熟资本市场的差异也很大。中国股市主要是被动强制退市，主动退市几乎不存在。

年均退市率为0.46%的中国股市成了一个不断单向扩张的市场，使其无法依靠自身完成优胜劣汰，合理配置资源，造成股市投机风气蔓延，蕴含大量泡沫和风险，退市机制失灵程度可见一斑。究其原因，当然不乏股市初设之时"为国企解困"的定位偏差，从而导致退市机制较为宽松，"政策市"时有发生。随着经济体制转型升级，中国股市退市机制的定位正发生改变，管理层正在构建一系列顶层设计，改革上市机制与退市机制，理顺资本市场的基本价格机制，形成正向激励。目前的退市机制未能满足机制设计理论所要求的信息效率规律和激励相容规律，具体表现在两个方面：一方面是退市机制本身制度设计的不足和缺失，未满足信息效率规律。中国股市退市机制建立较晚，且量化标准较少，要求较为宽松；非量化标准表述模糊、人为操作空间大；退市程序耗时较长，执行不严格。另一方面是退市成本大于退市收益，未满足激励相容规律。股票发行机制的成本奇高造成"壳资源"价值巨大，使得上市企业以及相关利益主体想尽一切办法保留上市资格不愿离场。

三、A股市场现行退市机制失灵

制度效率可以根据在现有的经济技术环境下，现有制度实现制度目标的程度进行衡量。从广义的角度看,退市机制不仅是一套监督、强制丧失上市条件的上市公司退出市场的规律法规和政策体系,还包括有关上市公司自愿退市的制度安排。因此,可以从以下四个方面衡量退市机制的效率:证券市场基本功能的实现程度;退市机制对上市公司的激励和约束的有效性程度;退市机制是否具有普遍适用性、稳定性和可靠性;退市机制是否与现有的经济制度环境相适应。

从目前退市机制的实施效果来看,退市机制设置了具有中国特色的退市风险警示制度,符合了当前股市发展的经济环境。总体来看,低下的退市率和单一的退市类型表明退市机制未能有效激励和约束上市公司,阻碍了股票市场功能的发挥,部分制度的设计不合理、缺乏延续性,导致退市机制严重失灵,未能达到预定的政策目标。市场失灵引发的危害是巨大的,股票市场也不例外。既有研究结果表明,股票市场具有优化资源配置、筹集资本、投资增值、分散风险等功能,退市机制属于股票市场制度体系中的一环,是为实现股票市场功能而服务的。运行良好的退市机制有助于股市的各项功能,而严重失灵的退市机制不仅阻碍股市各项功能的实现,更危害投资者利益,甚至影响宏观经济的稳定发展。一是扰乱股市资源配置功能,劣质企业不断"圈钱",募集的资金使用效率低下。二是丧失投资增值功能,市场上缺乏激励机制和约束机制,导致大量公司业绩不佳,股票市场投资回报率较低,进而可能阻碍实体经济的发展。三是抑制股市转换机制功能。大量绩差公司拉低了整体上市公司平均利润,公司治理结构和运行中的问题频频出现,内部人问题严重,造假行为不断发生。四是恶化股市制度环境,诱发寻租行为,加剧股市风险。

中国股市退市机制失灵直接表现为四个方面:一是退市机制存在制度缺陷,如量化标准不健全,非量化标准过于笼统导致其未实现优胜劣汰功能,退市相对数量和绝对数量均远落后于成熟资本市场,实施效果极差。二是退市机制执行不严格,惩罚力度较弱,执法弹性较大。三是中国股市发行制度不合理,上市成本高导致了强烈的规避退市动机。四是地方政府的行政干预。地方政府出于错误的政绩观或追求经济发展的目的，向亏损上市企业不断"输血"，造成退市机制难以有效运行，股市难以去伪存真。

(一) 退市机制存在制度缺陷

(1) 数量标准规定不足。中国退市机制的标准体系强调财务类指标，尤其是净利润指标，而美国纽交所和纳斯达克市场更注重市场交易类指标，如股东人数、交易量、股价、市值、财务状况等，强调股票的流动性。此外，其数量标准还涉及多个维度，如派发红利和最低股价标准。公司总资产方面，中国主板市场加入了营业外收入这一标准，但现实操作中却未建立总资产的明确退市标准。而净利润指标是最容易控制和调节的指标，这一指标的设置使得上市公司更多关注短期经营行为，忽视公司治理结构和经营管理软实力，难以在长期中形成良好激励，弊端明显。相比之下，中国股市退市标准体系较为单一，有待丰富。

(2) 非数量标准表述不清。中国退市机制的非数量标准体系指标较多，但用词较为模糊，可操作性不强，未能与数量标准形成互补，非量化标准可借鉴纳斯达克市场的做法。

(二) 退市机制执行不严格

中国股市退市执行力度一直饱受诟病，"以罚代退""罚而不退"现象严重，监管部门执法弹性较大，在相当大的层面上制约退市机制的实施效果。PT 粤金曼、退市长油常年停而不退，退市机制执行力度值得反思。停牌五年的*ST 中辽和停牌三年的 ST 国中复牌成功的过程中，监管部门的自由裁量权是否运用合理值得研究。*ST 威达的案例表明监管当局对触及定性指标引发的违规行为惩处力度不足且明显滞后。2005年威达因信息披露不合理被立案调查，直到 2007 年才受到监管当局近30 万元的罚款，相较于其上亿元的违规获益而言不值一提。刘艳琴 (2008) 通过对 195 只 ST 类股票进行分析发现，有 4 只符合退市标准的股票并未退市，其中一个还实现了脱帽，这表明中国退市机制在执行过程中还需加强力度。

在退市执行过程中,资产重大重组所产生的收益是否要归入当期损益一度引起热议。由于会计核算方面的漏洞,上市公司通过获取高额的政府补贴、大股东向上市公司违规输送利润、非法资产处置等方式,在连续两年亏损之后通过"报表重组"实现账面盈利,从而规避退市。但上市公司现实经营状况并未好转,通过亏损—报表重组—亏损的循环,上市公司钻制度空子,阻碍退市机制的实施,浪费股票市场资源,降低股票市场效率。

(三) 发行机制不合理

中国股市诞生于社会主义市场经济的土壤中,从一开始的审批制到现在的核准制,上市审批把关较严是为了在一定程度上防范风险。但这种上市机制在一定程度上加大了上市的难度,大幅提高了上市成本。因而很多想要在主板上市的企业为了规避繁琐的上市流程和较高的门槛会选择控股某家上市企业来实现间接上市,由此导致壳资源供不应求,价格奇高。已经上市的企业由此多了一个保障,即使经营不善也不会一文不值,其本身的上市资格价值巨大,因而这些亏损上市企业会想方设法规避退市。

(四) 地方政府的行政干预

中央政府、证监会和交易所的监管目标大体趋同,是为了维护和净化股票市场而努力的,而对于地方政府来说,他们更看重本地上市企业带动的经济效益和政绩。因此,在本地企业准备上市时,地方政府会给予相应的帮助和支持;当本地上市企业面临退市风险时,地方政府或出于上述原因或考虑退市后带来的民生问题而做出干预,提供资金"输血"来为其续命。由于行政干预的存在,市场机制难以发挥作用,从而使得大量绩差企业借机规避退市,加剧退市执行难度。

四、A股市场现行退市机制存在的机制设计问题

A股市场现行退市机制失灵主要表现为以上四个方面,其背后的成因是多方面的，既有股票市场成立之初股权分置留下的弊端，也有股票市场设计理念偏差、转轨时期的特殊性等原因造成。本节主要从机制设计理论角度分析现行退市机制失灵的原因。

（一）忽视信息效率规律

信息效率理论要求机制运行过程中要尽可能减少所需要的信息成本，提高信息利用效率。中国 A 股市场长期存在的退市难问题，除了本身制度的缺陷外，还有执行不严格的问题。监管部门的执行力度在某种程度上取决于其掌握的信息质量和信息处理效率，由于信息不对称，监管部门未能掌握信息主动权，不能有效监管上市公司，规避其采取机会主义行为。信息流通越充分，上市公司机会主义行为被发现和规避的可能性就越大，其违法行为的风险和成本也就越大，上市公司选择合法上市和退出的概率也越大，投资者的权益也将得到有效保护，从而有助于重塑市场价值投资理念，肃清投机风气，营造科学理性投资氛围，促进股市健康发展，实现股票市场投资融资、资源配置等功能。因此，在修订和完善 A 股市场退市机制的过程中，应着重解决信息不对称的问题，尤其是在对上市公司进行监管的过程中，着重解决信息缺失、信息获取不及时和信息利用程度较低等问题。只有保证监督主体的信息获得性，且获得的信息与上市公司经营发展状况密切相关，才能提高信息利用程度，综合利用好监管机构、交易所、投资者、媒体等多主体的力量，合力打造立体化、动态化、多层次、全方位的监管网络。

（二）忽视激励相容规律

激励相容要求机制运行过程中要满足个体逐利的前提，机制实施的客观结果满足个体利益与集体利益的统一。在退市机制运行过程中，不能忽略个体的逐利性，要兼顾广大投资者的利益、上市公司的利益、监管机构的利益、交易所的利益以及上市公司所在地的地方政府利益，以达到相关利益团体的利益和社会整体利益的统一。

对各方利益主体来说，退市的收益包括企业破产清算引发的有效资产支出带来的社会会计收益；为其他企业提供上市机会引发的社会机会收益；企业退市给股市良性发展和社会经济规范发展产生的社会软收益。退市的成本包括企业破产清算带来的会计成本、机会成本、管理变革成本、信贷成本和品牌形象成本；债权人损失成本、职工安置成本和社会软成本；相关投资者将遭受来自收益性和流动性方面的净损失成本。解决退市机制运行过程中的激励相容问题，就要不断提高退市收益，当退市带来的收益远大于退市引发的风险和成本时，退市机制的实施才能减少阻力，各方才能积极配合监管机构实施退市。对于上市公司而言，退市的收益远远小于规避退市的收益，如何强化监管，加大违法处罚力度，提高机会主义行为的成本，是利用好激励相容规律的关键。现阶段退市机制运行不畅，受到多方利益主体的干扰和阻力的原因之一就是忽视激励相容规律。现实情况表明现行退市机制下，相关利益主体的退市收益小于退市成本，各方没动力执行退市决策，一旦危及自身利益，相关利益主体甚至会主动阻碍退市机制的实施。完善现行退市机制，要解决好三个层面的激励相容：一是制度设计层面，退市机制的设计要立足于规避退市的成本要大于规避退市的收益；二是制度执行方面，机制设计者要解决制度执行者和被执行者的激励相容问题，强化交易所的一线监管职能，明确划分相关利益主体的权责，使之有动力有义务严格执行退市标准和流程，加大违法成本，避免发生机会主义行为；三是保障监管主体的独立性，对检举揭发上市公司违法违规行为的机构和个人制定激励机制，从而使各方有动力行使监督权力。

第四节　中国Ａ股市场退市机制运行的成本收益分析

根据机制设计理论，股票市场退市机制是政策制定者为规范股票市场健康发展进行的机制设计，退市过程中涉及的相关利益主体均可看作是"契约人"，他们就退市过程引发的成本与收益进行博弈。如果在博弈过程中，能有效减少信息获取难度，降低机制运行的信息成本，提高信息处理效率，则退市机制将实现信息效率规律。如果各相关利益主体在追求自身利益最大化的同时，其客观结果能实现有效规避上市公司机会主义行为或实现不符合上市标准及出现违法行为的上市公司强制退市或实现出于上市公司发展策略的主动退市时，退市机制才能满足激励相容。从相关利益主体的成本与收益角度出发，各个市场主体作为理性人，在退市机制运行过程中采取的策略必定是衡量其交易成本和收益后采取的行为。当相关利益主体发现规避退市得到的收益大于挽救付出的成本时，便会想尽一切办法规避退市，从而导致退市机制失灵。

一、A股市场退市机制运行的成本收益分析

退市机制的建立涉及政治经济多方面问题，并非是简单的股票退出市场的问题。上市公司退市不仅使公司本身受到损失，投资者、企业职工、社会等都要遭受损失，这种损失与收益的多少直接制约了上市公司及监管者做出退市与否的决策。因此，解决股市退市难的状况，需要研究退市机制运行成本，即上市公司退市对企业、投资者、股市和社会产生的影响。对各方主体来说，如果退市收益大于退市成本，退市则得以施行，反之则会受到极大阻碍被落空。用公式表示为：$DR \geq DC$，实施退市；$DC \geq DR$，退市受阻碍。其中，DR表示退市收益，DC表示退市成本。在研究退市难这一问题时，我们需要结合退市过程中涉及的各利益主体的退市成本进行分析。

（一）退市机制运行的成本因素

为发挥市场效率，保障退市机制良好运转，需研究退市机制运行过程的成本。通过对退市企业、监管机构、投资者三方主体进行分析，我们发现退市机制运行成本巨大，退市成本 $DC = DC_A + DC_O + DC_M + DC_C + DR_B + DC_L + DC_E + DC_S + DC_I$。

第六章　中国A股市场退市机制

1. 上市公司的退市成本分析

对于上市公司而言，退市带来的成本是巨大的，主要分为几个方面：一是会计成本（DC_A）。如果企业因退市而破产，那么企业在破产清偿过程中有效资产的支出就是该企业的会计成本。二是机会成本（DC_O）。一方面，退市企业将失去在股市用较低成本获得公司发展资本的机会，构成了退市企业主要的机会成本；另一方面，在目前企业上市审批制的背景下，只有一部分企业能获得上市资格。在上市审批过程中企业的有形支出和无形支出，构成了退市企业次要的机会成本要素。三是管理变革成本（DC_M）。公司退市后往往发生组织结构变革，将引发管理变革成本。四是信贷成本（DC_C）。退市公司将失去银行可能提供的大量资金支持，在对外筹集贷款时会面临更严格的要求，产生更高的信贷成本。五是品牌形象成本（DR_B）。公司的形象和信誉度会受损，减少公司的无形资产。

2. 监管机构的退市成本分析

本章涉及的监管机构主要是指中央政府、证监会和交易所。对于监管机构而言，做出退市决策需要考虑退市行为引发的社会福利损失，主要包括债权人、企业员工的福利损失以及社会软成本。一是债权人损失成本（DC_L）。上市公司退市后经营状况将持续恶化，难以盈利，加上没有融资渠道，现有债务极有可能变成一笔坏账。二是职工安置成本（DC_E）。监管者在做出退市决策时需要考虑稳定民生等因素。上市公司体量较大，平均有2000名员工，如果每家上市公司退市后平均裁员1000人，截至目前退市108家公司将导致近11万人的失业，以三口之家来计算，将影响33万人的生活。由于中国失业保障体系未能完全覆盖，假设每个员工下岗后由国家给予5万元失业保障金，由此产生的安置成本将高达55亿元。三是社会软成本（DC_S）。企业退市后对社会产生的影响，将导致社会福利的下降，需要社会各阶层付出难以用货币直接衡量的成本，如职工的思想工作、政府诚信、政府优惠政策、社会的稳定等。

3. 投资者的退市成本分析

上市公司退市，相关投资者将遭受来自收益性和流动性方面的净损失（DC_I）。一方面，公司退市后，企业形象大打折扣，投资者手中的股票价格下跌，资产大幅缩水；另一方面，企业退市后无论其成为非上市公司还是到较低级别要求的市场上市，都将使投资者持有的股票流动性降低。此外，由于上市公司"壳资源"巨大，人们会对即将退市的公司进行拯救以充分利用"壳资源"。而退市企业往往是经营状况难以为继的企业，其退市后股票价值定位将直线下降，这将造成已购买该公司股票的投资者利益损失越来越大。

（二）退市机制运行的收益因素

企业选择退市或被强制退市也会带来一定的收益，其退市收益 $DR = DR_A + DR_C + DR_S$。一是社会会计收益（DR_A）。根据收益和成本配比原则，企业退市产生会计成本，相应的，社会就会产生会计收益，表现为企业在破产清算中有效资产支出。二是社会机会收益（DR_C）。一个企业退市会为另一个企业提供上市机会，使其产生机会收益。三是社会软收益（DR_S）。企业退市给股市良性发展和社会经济稳健发展产生的社会软收益，是退市收益的真正意义所在，如可以降低股票市场市盈率，减少金融系统性风险。

二、退市制度运行的成本构成

（一）上市公司成本构成

上市公司退市引发的成本主要来自于上市公司的结构特点和治理模式。根据表6-9，综观世界证券市场，发达经济体的证券市场市场集中度相对较高，5%的公司要占到总市值50.2%到84.2%，在成交金额方面也要占到40.2%道81.7%，这表明成熟股市中存在大量质优企业，并占据主导地位。而中国沪深两市的集中度则较低，优质企业较少。

表6-9 世界主要证券交易所市场集中度比较（2015）

交易所	市值集中度（%）	交易集中度（%）	公司数（家）
澳大利亚证券交易所	84.2	81.7	96
纳斯达克市场	77.4	40.2	121
纽约证券交易所	50.2	66.7	93
日本证券交易所	66.4	64.5	175
香港证券交易所	67.6	63.6	91
台湾证券交易所	65.0	53.5	44
深圳证券交易所	25.3	24.4	89
上海证券交易所	46.3	27.2	54

注：表中公司数为各交易所上市公司中前5%的市值最大的公司数量。市值集中度为这些公司总市值之和占总市值的比例，交易集中度为这些公司总年交易金额占总成交金额的比例。

数据来源：WFE, WFEAnnualStatisticsGuide2015, https://www.world-exchanges.org/home/index.php/statistics/annual-statistics.

在上市公司治理模式方面，各国治理模式可以按照所有权和控制权的表现形式划分为不同的种类，如表6-10所示。由于中国市场经济基础不牢，市场对管理者监督作用被严重削弱，过于集中的股权使得中小股东利益无法得到有效保障。分析可知，中国上市公司治理结构兼有转轨经济和东亚大股东控制型两种模式的特点。

表6-10 上市公司不同治理模式比较

治理模式	主要特点	核心问题	代表国家
英美市场导向模式	所有权分散，股东不能有效监管管理层	弱股东、强管理层	美国、英国、加拿大、澳大利亚等
日德银行导向模式	公司股权集中，银行在融资和治理方面作用巨大	解决相关利益者协调问题	日本、德国等

续表

治理模式	主要特点	核心问题	代表国家
东亚、拉美家族控制模式	家族集中掌握公司股权，控制性家族普遍参与公司管理	强大家族股东/经理层，若中小股东	大部分东亚地区和拉美国家（地区）
转轨经济模式	法律体系薄弱，经理层强有力控制企业	内部人控制	苏联和中东欧等转轨经济国家

（二）监管机构退市成本构成

一方面，退市所引发的职工失业、债务纠纷、社会舆论等问题，与政府维持社会稳定、保障民生、促进经济发展的目标相背离，必然会造成监管机构在对其做出退市决策时慎重衡量。另一方面，国有资本控股或参股的企业使得国家扮演者无限责任股东的角色，一旦企业经营不善被迫退市，政府不得不进行兜底，产生巨额的社会相关成本。成熟资本市场从20世纪20年代开始大规模发展股份制有限公司，形成了较为分散的股东与公司管理层之间的对应关系，即委托代理关系。而中国除了这种关系外，还有其他多种利益纠葛，使得关系链条错综复杂，加剧了监管机构的社会软成本，如表6-11所示。

表6-11 国外上市公司股东构成（%）

股东来源	美国	日本	德国	法国	英国
金融部门	46	42	30	30	68
银行	6	15	10	7	1
保险公司和养老金	28	12	12	9	50
投资基金	12	—	8	11	8
其他金融机构	1	15	0	3	9

续表

股东来源	美国	日本	德国	法国	英国
非金融企业	0	27	42	19	1
公共部门	0	1	4	2	1
家庭	49	20	15	23	21
外国投资者	5	11	9	25	9

数据来源：OECD, FinancialMarketTrends, No.69, February1998：16。其中，"—"表示没有数据。

（三）投资者退市成本构成

投资者在股票市场进行投资时本身就带有一定的风险性，退市带来的损失不可避免。但中国退市企业的股票流通渠道不畅、退市企业的经营问题突出，往往加剧了投资者承担的退市成本。

三、降低退市机制实施成本的途径

以上分析可知，退市引发的成本巨大。企业退市的私人成本可以等额转换成社会收益，但巨额的社会成本却无法转换，由此导致退市成本远大于退市收益，直接导致了股市退市机制难以有效确立和严格实施。这也在一定程度上反映出了一旦上市公司面临退市风险时，地方政府及其他利益团体将进行干预挽救。

在中国股票市场上存在着：

$$DC_A = DR_A, DCo = DR_C,$$

$$DC_M + DC_C + DR_B + DC_L + DC_E + DC_S + DC_I > DR_S$$

因此，如何有效降低高昂的退市成本，增加退市激励提高退市收益，使退市收益大于等于退市成本，是解决退市难题的第一步。

降低退市机制的实施成本，在一定程度上就是要实现退市机制的信息效率和激励相容。一方面要降低机制运行中的信息成本；另一方面要实现各利益主体的激励相容，达到个体理性和集体理性的统一。具体来说要降低退市机制运行中的会计成本、机会成本和社会成本。

(一) 降低退市机制的会计成本

通过对企业经营质量进行及时评估及清退能有效降低退市企业的会计成本，避免发生公司破产现象。建立多标准、全方位的上市公司经营质量评估体系，不定期对上市公司运营情况进行评估。一旦发现不符合条件和标准的上市公司立刻强制退市，使其保存实力，退市后依然可以存续经营，避免引发高额的社会成本。境外成熟市场经验表明，关注上市公司资产财务经营状况，将资不抵债的企业而非濒临破产的企业列为退市目标是有效降低退市过程中会计成本的有效途径。可以将适当的资产负债率作为退市标准，不以亏损年限作为退市条件，根据公司财务状况来判断上市公司是否具有持续经营能力，以此作为退市条件更为合理。

(二) 降低退市机制的机会成本

降低退市机制的机会成本，应改革 IPO 发行制度，取消企业上市的政策限制，逐步推广注册制，为全社会企业提供相同的竞争机会，发挥市场优胜劣汰机制，从根本上降低饱受诟病的"壳资源"价值。中国目前的核准制将上市资格的审批权剥离出市场，由行政力量介入，使得上市这一市场行为充满行政色彩，容易诱发寻租行为。再者，上市流程和标准较多，增加了操作成本和失误风险。而推广注册制，则简化了上市流程，缩短上市周期，将权利下放到市场，申请上市的企业只要具备相应的条件即可登记注册进行上市。这样上市公司的壳资源稀缺性便大大降低甚至不复存在，退市企业的机会成本也相应减少。而企业上市门槛的降低并不会引发股市崩溃，市场机制的优胜劣汰功能将引导投资者"用脚投票"，逐步淘汰劣质企业，形成良性发展的股票市场。

(三) 降低退市机制的社会成本

上市企业退市引发的社会成本是多方面的，因而降低退市的社会成本需要多方共同努力。首先，就企业本身而言，应大力推广现代企业制度，完善上市公司治理结构，科学管理，有效激励，提高企业经营能力和抗风险能力。其次，对政府而言，应强化市场意识，对待国有企业和私营企业一视同仁，避免区别对待，地方政府应转变不正确的政绩观，尊重市场规律，利用规章制度约束行政权力的违规乱用，将地方财政的"输血式救助"变为提供解决方案的"造血式救助"，避免资源浪费。深化混合所有制改革，提供公平竞争环境，为国有企业引入强有力的合作伙伴，助力国有资产保值增值。最后，完善社会保障体系，大力推广商业保险，尤其是失业保险的覆盖率，减轻政府兜底的负担。

第五节 完善中国A股退市机制的方向及对策建议

根据前面分析，导致退市机制失灵的根本原因是由于未能实现机制设计理论所要求的信息效率规律和激励相容规律，其主要表现为两方面：制度体系不健全和执行的不严格。根据机制设计理论，根治退市机制失灵，发挥市场机制作用，需要降低机制运行的信息成本，实现各利益主体的激励相容。结合相关利益主体的退市成本和收益分析，完善现有退市机制可以从降低退市成本并提高退市收益入手。二者相辅相成，下文不作区分讨论。因此，要优化退市机制的制度体系并完善配套措施，建立市场化、法律化和常态化的退市机制。

一、基于信息效率规律完善股市退市机制制度体系

（一）完善股市退市标准

近几年退市标准不断完善，目前中国的退市指标体系中新增了一些数量性指标，引入了更多元化的市场交易指标。这些指标使得中国退市标准体系不断与国际成熟市场接轨，但结合中国目前退市现状来看，现行退市标准仍存在以下不够严格的问题：

第一,股票累积成交量标准难以有效衡量上市公司股票的流动性。在现实中,一方面是中国主板市场上市公司基本上规模庞大,股本总额较大,现行股票累积成交量标准考核的不是日成交量,而是累计成交量,连续120个交易日股票累计成交量很难低于500万股;另一方面累计成交量为现实操作提供了可能和空间。

第二,股票每日收盘价标准在现实中缺乏操作性。由于新股发行存在超募现象,加上主板上市公司股票多为大盘股,基本不会出现连续20个交易日收盘价均低于股票面值的情况。因此,该标准在现实中欠缺可操作性。

第三,由于净资产、净利润、营业收入等这些指标考察年限较短,且上市公司操作空间较大,因此,在新退市制度出台后,一些上市公司的财务指标得到了改善,凸显了退市机制的政策效应。这表明,多元科学的数量指标体系有助于约束上市公司,促使其规范经营。

由于中国规定的股票累积成交量和收盘价等数量标准在实践中意义不大,难以考察上市公司股票的流动性。因此,本章建议从以下六个方面完善退市机制的数量标准:①优化股票成交量标准,对日成交量做出规定,以此反映投资者和市场的认可程度。②证券交易所根据市场实际情况,确定一个相对较高的股价和宽限期,对触及该标准的上市公司在宽限期后并未改善情况的,予以强制退市。③建议引入市值标准和持股数量标准,提高退市机制的可操作性。④建议更改三年连续亏损退市的数量标准,在连续四年亏损的退市指标中采用"扣非后净利润"指标,制裁制度套利者,或根据实际情况逐步取消,代之以净利润、净资产和营业收入等数量标准对上市公司财务情况进行考察,增加制度的约束力。⑤建议以适当的资产负债率作为退市标准,不以亏损年限作为退市条件,根据公司财务状况来判断上市公司是否具有持续经营能力,以此作为退市条件更为合理。⑥建立上市公司经营状况评估体系,构建科学合理的评估指标体系,定期及时对上市公司经营状况进行评估。一旦发现经营出现问题的上市公司,及时将资不抵债的企业而非濒临破产的企业列为退市目标，能帮助退市企业保存实力持续经营，避免上市公司破产清算引发的高昂社会成本。

非数量标准在考核上市公司软实力方面具有不可替代的作用。目前中国的非数量标准主要关注信息披露，但由于失信惩戒制度等相关的配套制度尚不健全，信披过程中的违法行为时有发生。由于审计机构与上市公司之间可能存在某些特殊利益关联，且审计机构的审计意见类型有权决定上市公司的去留，这就导致了审计机构可能与上市公司恶意串通。如果上市公司蓄意粉饰业绩，审计机构在做出审计意见时存在一定的难度。对此，本章建议从以下两个方面完善退市机制的非数量标准：①需要加强证券市场的监管机制，强化退市执行力度，减少退市弹性；②改进实体标准，借鉴发达国家发放股息等非数量标准，完善非数量标准体系。

（二）优化股市退市流程

（1）主板市场可参照创业板市场，逐步适用或者取消 ST 制度，缩短退市流程。在中国退市机制历史演变进程中，曾出现过 ST、PT 制度，起到警示市场、提示风险的作用，同时增加市场流动性，给投资者一个缓冲期。然而在具体实施过程中，ST、PT 制度并未能实现奖优罚劣目的，反而导致股民"逢亏必炒"，造成上市公司劣币追逐良币，助长股市投机风气，降低资源配置效率，背离制度设计初衷。相比之下，中国创业板市场并没有设置风险警示制度，创业板上市公司连续亏损满三年将直接暂停上市，没有 *ST 的风险警示过渡期；财务造假的创业板上市公司，被追溯两年净资产为负值的将被直接退市，这种快速高效的退市程序在一定程度上维护了股市的正常运转。主板市场的风险警示制度在一定程度上保护了中小投资者的权益，给予上市公司改善经营状况恢复上市的机会。但现实情况是，很多上市公司很难从根本上改善经营，只能依靠地方政府的"输血"维持自己的上市地位，这就使得风险警示制度的存在弊大于利，从长远来看不利于股市的发展，无法发挥市场的调节作用。

(2) 完善上市公司复议机制。目前，上市公司可以就恢复、终止上市向交易所上市委员会提出复议申请，但只有一次机会。而美国纳斯达克市场可以逐级提出申诉，纽交所的退市处罚通知也有明确的政策援引依据和复核程序。相比之下，中国股票市场应扩大上市公司申请复议的权利范围，改变权力监督不健全、行政干预现状，健全监督制约权力运行机制，更好维护上市公司合法权益。可借鉴美国纳斯达克市场的聆讯制，采取逐级上诉制度完善中国退市复议程序，建立由银行、审计、金融等相关领域的专家组成的听证委员会，负责上市公司的复核申请，并赋予上市公司能够由交易所逐级申诉至证监会的权利。

(3) 缩减政策实施弹性。饱受诟病的连续三年亏损退市制度，被上市公司利用后做起了财务游戏，利用政策漏洞停而不退，破坏市场环境。实施过程中，证券交易所具有权对上市公司是否暂停上市做出决定，而具体什么情况实施暂停上市，什么情况可以继续上市交易，《退出办法》并没有给予说明，在政策实施过程中缺少明文规定的确定性，易形成暗箱操作。因此，需进一步明确并完善法律条文，缩减政策执行过程中的实施弹性。

二、基于激励相容规律完善股市退市机制的配套措施

完善退市机制的配套措施主要指降低相关利益主体的退市成本，只有当监管机构的监管频率达到 α^* 的水平时，才能有效规避退市机会主义行为。否则将存在 α 较大（即社会资源浪费）或 β 较大（即增加上市公司规避退市的机会主义行为），造成退市失灵。理想状态是 α^* 和 β^* 同时处于较低水平，而目前中国上市公司机会主义行为严重，即 β 较高；监管机构执法力度不足，监管缺位现象严重，即 α 较低。因此，要采取一些配套措施降低 β，提高 α，使之达到纳什均衡最优解，实现上市公司和监管机构之间均衡博弈，降低相关利益主体的退市成本。

第六章 中国 A 股市场退市机制

$$\begin{cases} \alpha^* = \dfrac{(1-\rho)(1-\gamma)\{f[S_{(r)}]-D_{(s)}\}+\{(1-\rho)D_{(f)}-f[S_{(0)}]\}}{\rho\{\gamma F_{(r)}+D_{(s)}-f[S_{(r)}]\}} \\ \beta^* = \dfrac{1}{(1-\rho)} \end{cases}$$

由上式可知，可通过完善相关配套措施降低相关利益主体的退市成本，解决退市失灵问题。具体做法如表 6-12 所示。

表 6-12 降低退市相关利益主体退市成本途径

模型方法	配套措施
加强监管取得成功的概率 γ； 降低上市公司成功实施机会主义行为概率 ρ； 降低机会主义行为收益 $f(S_{(r)})$ 和 $f(S_{(0)})$； 增加违法企业处罚成本 $F_{(r)}$ 和实施机会主义行为成本 $D_{(s)}$ 和 $D_{(f)}$	强化监管，明确责任，提高违法成本
降低退市后社会损失 $L_{(r)}$ 和 $L_{(0)}$	建立证券民事赔偿制度，加强对投资者的保护；完善市场预警机制，建立投资者退出的缓冲渠道；加大风险观念教育，树立价值投资理念；建立退市保险制度，培育机构投资者
降低规避退市的收益 $S_{(r)}$	改革股票发行制度
增加企业退市后收益	建设多层次资本市场，完善股票退出渠道

（一）强化监管和执行力度，提高违法成本

在股票市场上市发行制度暂未改革之前，上市带来的融资、品牌效应等收益十分巨大，因此易导致上市公司采取机会主义行为进行虚假包装欺诈发行股票。最终这类劣质公司会被市场淘汰，而损失却要由对上市公司实际情况并不知情的绝大多数中小股民承担，显然不公平。中介机构要勤勉尽责，履行好资本市场"看门人"的责任。监管机构要进一步强化监管，强化交易所一线监管，尤其是事前、事中监管，加强信

息披露监管，防止财务造假，对触碰法律红线的违法上市公司坚决强制退市。明确上市退市过程中相关主体的权责划分，贯彻"谁过失、谁负责"的原则，依法依规办事，保障退市机制顺利实施。

一方面对于上市公司通过事先预谋、精心策划的财务指标造假，会计事务所和律师事务所等相关机构难以排查出来。因此对于这类公司，要坚持从源头进行惩处的原则，加大对上市公司的处罚力度，尤其是重大违法行为造成股票退市的，应追究直接责任人的刑事责任。另一方面应加强中介机构的审计报告追责。一旦上市公司出现违规行为，尤其是发生民事侵权行为，受到侵害的投资者的数量将非常庞大。监管机构应协同相关部门研究相关诉讼机制和监管机制，畅通投资者权益保护渠道，提高违规企业的违法成本，追究经营者相关法律责任，长鸣警钟。现行刑法将欺诈发行罪归入"妨碍对公司、企业的管理秩序罪"的范畴，归类不够准确，且对欺诈发行的范畴只局限于股票和债券，最高刑期就有5年，最高罚金仅为非法募集资金金额的5%，处罚金额较低，且适用范围较窄，刑期配置较低，行政处罚难以填补刑事处罚力度不足的缺失。横向对比成熟资本市场相关规定，有关该罪的刑事处罚通常都较为严厉。因此，有不少法学专家呼吁，通过修订《证券法》等相关法律，提高违法成本，可加大处罚金额和延长刑期，加大对上市公司的监管力度，严格落实企业退市责任，增加退市后重新上市的难度。

（二）建立证券民事赔偿制度，加强对投资者的保护

近年来绿大地、欣泰电气等一些企业的违法行为让广大投资者承担了巨大经济损失。上市公司财务造假、投资机构联手操纵市场、大股东非法减持、信披不规范、内幕交易等违法行为时有发生，严重侵害了中小投资者的权益，也阻碍了股市的健康发展。

目前证监会成立了中小投资者服务中心，一方面可以规范市场秩序、保护投资者利益；另一方面可以代表投资者提起诉讼，寻求民事赔偿。这无疑是股票市场对投资者权益保护工作的一大进步，但由于近几

年监管力度不断加大，侵害投资者权益的手段和方式呈现出隐蔽性、多元化、专业性等特点，因此，投资者保护工作需要从多方面入手，打造立体化保护机制。

第一，加强相关法律体系建设。一方面要出台有关中小投资者民事赔偿的专门法律，制定中介机构责任约束和上市公司信息披露等相关法律。另一方面，要加强对现有法律的修订和完善。在《证券法》中明确对股票欺诈等违法行为的处罚标准和处罚力度，提高上市公司的违法成本；在《公司法》中完善公司治理结构，探索符合中国国情的公司股权决策机制和独立董事制度；在《证券投资基金法》中增加设立中小投资者民事赔偿基金规定。

第二，整合监管资源，转变监管理念和方式。从融资准入到投资准入，提高监管主体独立性，加强"一行三会"的合作和证监会"审查分离制"制度建设，明确权责，提高监管效率。

第三，完善大宗交易制度和大股东、公司高管减持流程，加强信息披露制度建设，从事前、事中、事后全面细化信披规则。由于上市公司的股权主要集中在大股东手中，中小股东很难参与到公司决策中，对企业高管财务造假、违反信息披露义务、管理经营中出现重大失误导致企业被强制退市，造成中小股东较大损失的，应依法追究企业高管责任，建立并完善高管追偿制度。

第四，完善民事诉讼制度。加强退市责任追究和赔偿机制的落地和实施，借鉴西方国家的经验，建立集体诉讼制度，鼓励投资和维权索赔。目前中国退市机制中投资者维权机制的顶层制度设计存在一定的缺陷，投资者必须在掌握行政处罚决定书等前提下，通过单独诉讼或者共同诉讼进行维权，导致诉讼主体单一，成本巨大，中小投资者的诉讼权利难以得到有效保证。因此，建议引入集体诉讼制度，同时建立中介机构连带赔偿制度和投资者保护专项基金。

(三) 完善退市预警机制，建立投资者退出渠道

完善市场预警机制有助于投资者理性决策，尽可能降低上市公司退

市引发的投资者成本。首先,应优化现有风险管理系统,建立常态化风险管理机制,强化风险动态跟踪研判,坚持评估工作常态化。完善应急预案,加强事前、事中、事后全过程管理机制,提高风险处理能力,利用好大数据和人工智能等新技术,建立符合中国国情的风险监测指标和退市预警模型,实现信息共享,做到风险早识别、早预警。其次,加强上市企业信息披露,减少退市机制运行过程中的信息不对称。信息披露失真和信息披露造假一起造成了股票市场信息不对称,从而容易造成价格操作,引起股票价格扭曲,产生大量非理性投机行为,不仅加剧了股票市场的风险,还给投资者造成了损失。信息披露过程中透明度不高、不及时,随意性较大造成投资者利益受损。因此,应采用立法的形式将上市公司依法进行信息公开的义务进行确定,对于不及时公布、隐瞒真实情况或公布虚假信息的上市公司依法追究相关责任人责任,规避道德风险。严惩信息失真和透明度不高行为,做到信息公开常态化、制度化,降低退市后引发的投资者成本。

(四)加大风险观念教育,树立价值投资理念

中国股市曾一度是投机的代名词,为实现一夜暴富目的,一些股民用四倍甚至更高的融资杠杆炒股而导致血本无归的案例时有发生,不利于树立理性投资理念。健康的资本市场应该是投资而非投机的场所。股票市场不仅具有高收益,同时也蕴含高风险。首先,作为一名合格的投资者,必须要有风险意识、抗风险能力和承受风险能力,合理评估自身风险承受能力,根据自身的风险厌恶程度选择适合自己的投资产品,树立价值投资理念。要认识到股票市场是一个受多方影响的系统,上市公司经营状况、供求关系、国家政策、世界经济动态等都会造成股票价格的波动。因此,中小股民尤其是新股民,在入市前一定要认真学习了解有关证券知识,评估自身风险承受能力,了解不同种类金融产品投资方法,理性投资,量力而行。其次,要树立风险意识,增加心理调节能力,学会自己判断,不盲目跟风,形成自己的投资策略。最后,增强自我保护能力,依法维权。最相关机构要利用好互联网,如微信、微博、

直博等形式，深入浅出进行投资者教育，促使投资者了解市场风险，做好心理准备，树立正确的价值投资理念。

（五）建立退市保险制度，培育机构投资者

建立并完善退市保险制度，风险承受能力较低的投资者可自愿购买。仿照存款保险制度，保费和保额要适时根据上市公司经营管理状况进行调整。这一制度的设置是为保障投资者权益的，而非强制每一位投资者购买。退市保险制度的制定和推行，需循序渐进，从低风险资产入手，更需要关注隐含的道德风险问题，以防投资者因为购买了这一保险而失去投资理性。

中国股市的投机性有一部分原因是市场上散户太多，缺乏必备的投资理财专业知识和投资理性。相比之下，机构投资者由专业投资管理人员构成，投资决策趋于理性，有利于形成良好的投资氛围，在一定程度上降低市场波动，降低投机风气，有助于市场理清壳资源价值。在培育和引导机构投资者过程中，要制定相关行业规章和规则引导其合法合规经营，构建全民监管机制，倡导价值投资理念。

（六）改革股票发行制度，正视壳资源价值

进退有序是成熟资本市场的标志，优胜劣汰是市场发挥资源配置功能的标志。退市机制与注册制，是股市改革工作不可分割的两面，一方面，只有让"活水"自由流入，壳资源价值不断消减，才能实现存量有序退出；另一方面，只有疏通"出口"，才可以实现"入口"的畅通。因此，改革中国股市上市发行制度，可以从根本上降低企业进入股票市场的成本，从而降低退市成本，消除壳资源价值，使市场价值重回正常，降低企业规避退市的收益，退市机制才可以真正运行起来，发挥其应有功能。目前，中国股票市场基本制度框架构建完成，多层次资本市场初具雏形，注册制改革势在必行。但由于目前上市标准过于单一和陈旧，难以满足新技术、新产业、新业态、新商业发展模式的"四新"企业的发展要求，导致大量优质企业特别是互联网企业只能借道海外上市，对提升中国资本市场品质造成了一定的损失。因此，监管机构应建好通道，深化改革上市发行制度，抓好时机推行注册制改革，帮助市场正视壳资源价值，进一步深化主板和创业板改革。

（七）完善多层次资本市场优化股票退出渠道

目前中国已基本建立多层次市场体系，需要学习成熟资本市场经验，进一步完善多层次资本市场。以美国为例，其资本市场呈现金字塔形态，从下至上不同资本市场的准入条件越加严苛，服务的对象区分明确，定位分明，结构完善。其资本市场如图6-13所示。

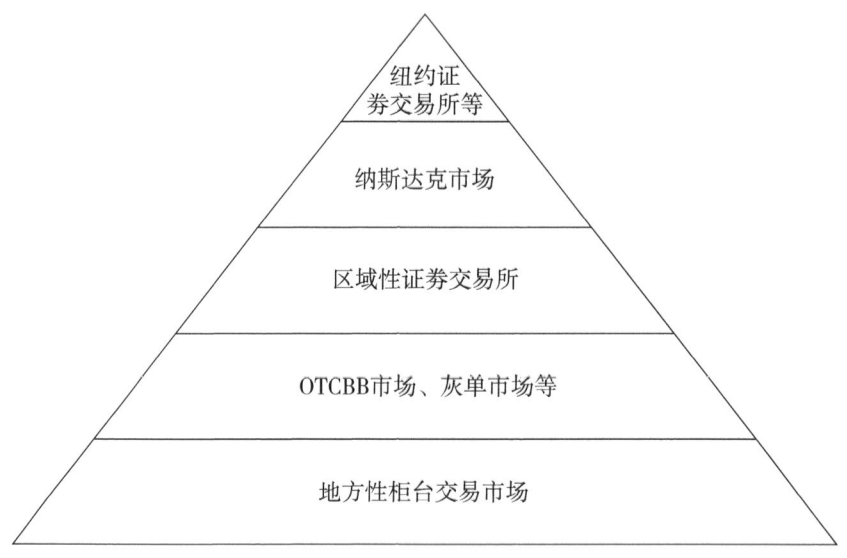

图6-13 美国多层次交易市场

第一个层次是美国全国性的证券交易市场包括纽约证券交易所和美国证券交易所，服务的上市公司基本是业绩优良的大型成熟企业。其中，纽交所目前市值超过20万亿美元，占全球股票市值的27%，是全球规模最大的证券交易市场，其上市要求较为严苛，美国国内公司要求最近一年税前盈利不少于250万美元，非美国公司要求最近三个财政年度连续盈利。美国证券交易所的上市要求和纽约交易所相比较为宽松，并提供除股票交易外期权和衍生品交易等多元化服务。

第二个层次的市场主要为高科技、高风险、高潜力的"三高"企业提供融资需求，包括纳斯达克资本市场、纳斯达克全球市场、纳斯达克全球精选市场，定位类似于中国的创业板市场。

第三个层次的市场是区域性证券交易所，为地方性的企业提供融资服务，包括太平洋交易所、波士顿交易所、芝加哥证券交易所等。

第四个层次主要服务中小微企业，包括OTCBB市场、灰单市场和粉红市场。这一层次市场上市要求宽松，只要上市公司向美国证监会提交经过审计的财务报告和相关文件，有三名以上的做市商愿意为其做市即可上市发行股票。

第五个层次的市场是地方性柜台交易市场，为当地小型公司提供股票发行、股权交易等服务。

以上这五个层次的市场为不同发展阶段的公司提供了多元化的融资渠道，各个层次的资本市场互相补充、互相促进，形成了一个功能完备、结构合理、层次分明的多层次资本市场体系，使其呈现出完备性、开放性、流动性的特点。

中国资本市场结构主要分为四个层次，分别是一板市场（主板市场、中小板市场）、二板市场（创业板市场）、三板市场（新三板市场）和区域性股权交易市场。

通过表6-13可以看出，中国资本市场初具规模，但仍存在不少问题：①各个板块发展不均衡，结构层次不明显，无法发挥应有功能。首先，二板市场和主板市场的上市门槛和交易标准差异不大，无法发挥二板市场应有功能。主板市场和新三板市场的上市企业数量和成交量呈现出倒金字塔结构，相较于成熟资本市场仍具有一定的发展空间。其次，场外交易市场发展较慢，市场定位不够准确，管理机制和交易机制尚待进一步完善。②各层次资本市场流动性不足，退出通道受限。③四板市场起步较晚，发展缓慢。④场外市场监管缺位，信息披露机制不健全。

表 6-13 中国各层次资本市场发展情况

各省市资本市场发展情况		广东省	上海市	北京市	浙江省	江苏省
一、二版块市场	上市企业数量（家）	584	325	327	388	358
	上市企业数量占比（%）	16.61	9.20	9.30	11.04	10.18
	融资金额（亿美元）	637.56	373.16	858.67	312.42	266.20
	融资金额占比（%）	11.04	10.53	24.24	8.82	7.52
新三板市场	上市企业数量（家）	1965	1039	1706	1089	1470
	上市企业数量占比（%）	16.22	8.57	14.08	8.99	12.13
	股本（亿）	720.11	329.30	691.14	423.89	639.63
	股本占比（%）	13.88	6.35	13.32	8.17	12.33
四板市场	上市企业数量（家）	8353	9846	4199	5540	2938
	上市企业数量占比（%）	8.97	—	—	23.14	—
中介机构数量（家）	律师事务所	161	167	381	76	119
	会计师事务所	53	70	128	53	141
	投资银行	42	55	78	7	8

数据来源：各区域交易市场官网公开数据整理，四板数据更新到 2018 年 4 月，其余数据均为 2017 年 1 月数据。其中，—表示数据缺失。

因此，建议从以下几方面完善多层次资本市场：①在完善相关体制机制的同时，加强场外市场建设，推进区域性股权市场和券商柜台市场的建立和完善。需要明确一个概念，退市不意味着企业的消亡，只是退出了这个层次的交易市场，公司可以选择进入多层次资本市场中的其他层次的交易市场进行交易，要破除"退市就是企业完蛋"的观点，才能发挥多层次资本市场应有的功能。同时，不要把多层次市场变成多等级市场。从主板退市的企业可以不经过新三板交易，直接进入区域性股权市场、券商柜台交易市场，也可以与区域性市场相互融合与协作。加强对券商的外部稽核，强化券商内部控制。区域性股权市场和券商柜台市场可以作为新三板的补充，在经济发达和企业资源丰富的地方试点试行，在转入版进入规则允许的情况下，在主板退市的企业可以自主选择转入版。②进一步研究制定并出台交易所退市公司转让系统的具体实施细则，保障转让系统的有效运转。③借鉴 OTCBB 市场"软着陆"机制，建立三板市场到二板市场绿色转板机制，简化审批流程，降低企业转板成本，增加多层次资本市场流动性。④完善监管，加大惩罚力度，强化风险管理机制，加大力度培育中介机构，营造良好金融环境。

第六节 结论与展望

经过 20 多年的发展，中国 A 股市场的建设成就有目共睹，但退市难的问题却一直成为阻碍 A 股市场健康发展的恶疾，难以根治。退市机制犹如股票市场的"出口"，一旦"出口"受阻，股票市场将变成单向不断扩张的市场，市场机制难以有效发挥作用，股市也难以实现投资融资、资源合理配置的功能，相反将会进一步加剧投机风气，加大金融市场风险。另外，退市机制难以有效运行也就意味着注册制改革会受限。因此，无论是出于股票市场自身健康发展的需要还是注册制改革的现实需求，完善中国 A 股市场退市机制刻不容缓。本章以机制设计理论为理论分析工具，在阐明机制设计理论和退市机制的关系及退市机制设计须满足的信息效率规律和激励相容规律的基础上，深入分析中国现行退市机制存在的机制设计问题，通过构建相关利益主体博弈模型分析退市机制实施过程中相关利益主体的退市成本和收益，借鉴美国退市机制的机制设计经验，立足中国实际情况，为完善现行退市机制提出了有针对性的对策建议。本章结论如下：

第一，退市机制实施过程中出现的信息不对称、理性经济人追求利益最大化的行为在制度分析中不可忽视。机制设计理论强调个体利益和集体利益的统一，可以作为研究现行 A 股市场退市机制的理论基础，有助于理解中国股市退出机制失灵的深层原因。从信息效率角度来看，退市机制的执行，在很大程度上取决于监管机构对上市公司经营业绩、发展状况等信息的掌握程度，其运行效率在一定程度上受到信息量的多少、信息的真假、信息成本大小的影响。在退市机制实施过程中，运用信息效率规律要求机制设计者立足目前上市公司信息披露现状，减少信息披露过程中的信息成本，提高退市机制运行中的信息利用效率。应保障信息的获得性，多元化信息公开渠道，提高信息披露的相关性。从激励相容角度来看，需明确退市过程中涉及的相关利益主体，构建博弈模型，分析其退市成本与收益，进一步研究各利益主体是否满足激励相容原则，明确现行退市机制的问题与改善策略。

第二，通过对中国 A 股市场发展变迁脉络进行梳理，将退市机制的发展历程划分为萌芽期、探索期、形成期、完善期四个阶段，并分别介绍了不同阶段退市机制的特点与不足。以美国纽交所和纳斯达克交易所的退市机制为参照，从退市标准、退市程序以及退市实施效果三个方面，对时间维度、市场发展维度、退市类型维度三个维度下 A 股市场退市机制的发展水平进行衡量，据此进行退市机制的国际对比，对每一个类别存在的机制设计问题进行分析和经验借鉴。在对中国 A 股市场现行退市机制的分析中，得出了现有退市机制忽视信息效率规律，并出现激励不相容的情况。直接表现为退市机制存在制度缺陷、退市机制执行不严格、股票市场发行制度不合理、地方政府存在行政干预。

第三，根据机制设计理论，退市过程中涉及的相关利益主体就退市过程引发的成本与收益进行博弈。如果在博弈过程中，能有效减少信息获取难度，降低机制运行信息成本，提高信息处理效率，则退市机制将实现信息效率规律。如果各相关利益主体在追求自身利益最大化的同时，其客观结果能有效规避上市公司机会主义行为或实现不符合上市标准的上市公司及违法上市公司的强制退市或处于上市公司发展策略的主动退市，退市机制才能有效实现激励相容。对退市企业、监管机构、投资者进行主体分析，我们可以发现退市机制运行成本巨大。对上市公司而言，退市成本主要包含会计成本（DC_A）、机会成本（DC_O）、管理变革成本（DC_M）、信贷成本（DC_C）和品牌形象成本（DR_B）。对监管机构而言，退市成本主要包含债权人损失成本（DC_L）、职工安置成本（DC_E）和社会软成本（DC_S）。相关投资者将遭受来自收益性和流动性方面的净损失（DC_I）。企业选择退市或被强制退市也会带来一定的收益，主要由社会会计收益（DR_A）、社会机会收益（DR_C）和社会软收益（DR_S）组成。

第四，美国纽交所和纳斯达克交易所的退市机制的先进经验能够对完善中国 A 股市场退市机制提供借鉴。本书基于机制设计理论对中国 A 股市场退市机制的完善提出了方向和有针对性建议。基于信息效率规律提出通过完善股市退市标准，优化退市流程对退市机制的制度体系进行完善，通过激励相容规律提出完善中国 A 股市场退市机制的配套措施。强化监管和执行力度，提高违法成本；建立证券民事赔偿制度，加强对投资的保护；完善退市预警机制，建立投资者退出的缓冲渠道；加大风险观念教育，树立价值投资理念；建立退市保险制度，培育机构投资者；改革股票发行制度，正视壳资源价值；完善多层次资本市场，优化股票退出渠道。

以机制设计理论为视角研究中国股市退市机制可以从系统性、宏观性层面进行整体研究，需进一步研究的问题有：机制设计理论中的激励理论和退市机制关系的深层次研究，构建退市相关利益主体的效用函数研究新机制的激励效用，设计科学合理的指标体系并制定可量化的激励方案等。由于本人学术水平不够深厚，时间有限，对机制设计理论与中国 A 股市场退市机制的研究不够深入，希望以后有机会就上述问题及这一领域进行深入研究，为不断完善中国 A 股市场制度建设贡献绵薄之力。

附表1　上海证券交易所历年退市公司一览表

证券代码	证券简称	终止上市日期	退市原因①
600005	武钢股份	2017/2/14	1
900935	阳晨B股	2016/12/16	1
600656	*ST博元	2016/3/21	5
900950	新城B股	2015/11/23	1
600087	长　油	2014/4/11	2
600832	东方明珠	2015/5/20	1
601299	中国北车	2015/5/20	1
601268	*ST二重	2015/5/21	2
900949	东电B股	2013/11/15	1
600253	天方药业	2013/7/15	1
600991	广汽长丰	2012/3/20	1
600263	路桥建设	2012/3/1	1
600102	莱钢股份	2012/2/28	1
600631	百联股份	2011/8/23	1
600553	太行水泥	2011/2/18	1
600003	ST东北高	2010/2/26	6
600607	上实医药	2010/2/12	1
600842	中西药业	2010/2/12	1
600591	*ST上航	2010/1/25	1
600001	承德巩钛	2009/12/29	1
600357	邯郸钢铁	2009/12/30	1
600840	新湖创业	2009/8/27	1
600627	上电股份	2008/11/21	1
600786	东方锅炉	2008/3/18	3

① 退市原因编码：1表示吸收合并；2表示连续亏损；3表示私有化；4表示暂停上市后未披露定期报告；5表示重大信息披露违法、欺诈发行；6表示公司分立；7表示恢复上市申请未被核准；8表示转板退市。

第六章 中国A股市场退市机制

续表

证券代码	证券简称	终止上市日期	退市原因
600472	包头铝业	2007/12/24	1
600286	国 瓷	2007/5/21	2
600065	大庆联谊	2007/12/13	2
600296	兰州铝业	2007/4/30	1
600762	S*ST金荔	2007/11/20	7
600181	S*ST云大	2007/6/1	2
600205	山东铝业	2007/4/30	1
600002	齐鲁石化	2006/4/24	3
600092	*ST精密	2006/11/30	4
600772	*ST龙昌	2006/11/30	4
600659	花 雕	2006/3/23	4
600018	上港集箱	2006/10/20	1
600752	*ST哈慈	2005/9/22	2
600899	*ST信联	2005/9/21	2
600852	*ST中川	2005/9/16	2
600799	*ST龙科	2005/12/31	2
600788	*ST达曼	2005/3/25	4
600700	*ST数码	2005/9/20	2
600672	*ST华圣	2005/8/5	2
600670	*ST斯达	2004/9/24	2
600669	*ST鞍成	2004/9/15	2
600632	华联商厦	2004/4/6	1
600878	*ST北科	2004/9/15	2
600646	*ST国嘉	2003/9/22	2
600709	*ST生态	2003/5/23	2
600813	*ST鞍一工	2002/9/12	2
600625	水 仙	2001/4/23	2

附表2 深圳证券交易所历年退市公司一览表

证券简称	上市日期	终止上市日期	退市原因①
华北高速	1999/9/27	2017/12/25	1
欣泰电气	—	2017/6/23	5
新都退	1994/1/3	2017/7/7	2
长城信息	1997/7/4	2017/1/18	1
招商地产	1993/6/7	2015/12/30	1
招商局B	1993/6/7	2015/12/11	1
大华农	—	2015/11/2	1
*ST国恒	1996/3/20	2015/7/13	2
武钢B退	1998/4/15	2015/7/13	2
宏源证券	1994/2/2	2015/1/26	1
万科B	1993/5/28	2014/6/19	8
丽珠B	1993/7/20	2014/1/10	8
美的电器	1993/11/12	2013/9/18	1
金马集团	1996/8/19	2013/8/14	3
白云山A	1993/11/8	2013/4/26	1
*ST炎黄	1998/5/29	2013/3/27	7
*ST创智	1997/6/26	2013/2/8	7
中集B	1994/3/23	2012/12/14	8
盐湖集团	1995/3/3	2011/3/22	1
*ST本实B	1994/5/30	2009/12/4	4
攀渝钛业	1993/7/12	2009/5/6	1
长城股份	1994/4/25	2009/5/6	1
*ST托普	1995/11/1	2007/5/21	2
S湘火炬	1993/12/20	2007/4/27	1

① 退市原因编码：1表示吸收合并；2表示连续亏损；3表示私有化；4表示暂停上市后未披露定期报告；5表示重大信息披露违法、欺诈发行；6表示公司分立；7表示恢复上市申请未被核准；8表示转板退市。

续表

证券简称	上市日期	终止上市日期	退市原因
*ST 佳纸	1997/3/10	2007/4/4	2
*ST 龙涤	1998/8/25	2006/6/29	2
大明退市	1996/6/28	2006/4/21	3
扬子退市	1998/5/12	2006/4/21	3
中原退市	1999/11/10	2006/4/21	3
吉化退市	1996/10/15	2006/2/20	3
锦化退市	1997/9/15	2006/1/4	3
辽油退市	1998/5/28	2006/1/4	3
*ST 猴王	1993/11/30	2005/9/21	2
*ST 大菲	1997/5/30	2005/9/21	2
*ST 长兴	1998/10/16	2005/9/21	2
*ST 大洋 B	1995/12/21	2005/9/21	2
*ST 华信	1997/11/3	2005/7/4	2
*ST 比特	1996/11/5	2004/9/27	2
*ST 环保	1997/5/22	2004/9/24	2
*ST 石化 A	1992/5/6	2004/9/20	2
*ST 石化 B	1992/5/6	2004/9/20	2
*ST 南华	1996/12/9	2004/9/13	2
ST 鑫光	1996/6/20	2004/3/19	2
TCL 通讯	1993/12/1	2004/1/13	1
ST 五环	1996/7/15	2003/9/19	2
ST 中侨	1994/10/21	2003/5/30	2
ST 海洋	1996/12/18	2002/9/20	2
ST 九州	1996/11/26	2002/9/13	2
ST 宏业	1996/12/31	2002/9/5	2
ST 银山	1996/12/26	2002/8/20	2
PT 金田 A	1991/1/14	2002/6/14	2
PT 金田 B	1993/6/29	2002/6/14	2

续表

证券简称	上市日期	终止上市日期	退市原因
PT 南洋	1994/5/25	2002/6/3	2
PT 中浩 A	1992/6/25	2001/10/25	2
PT 中浩 B	1992/6/25	2001/10/25	2
PT 粤金曼	1996/1/23	2001/6/16	2
琼民源 A	1993/4/30	1999/7/12	5

参考文献

第一章

[1] 蔡宁伟."圈子"研究——一个聚焦正式组织内部的文献综述和案例研究[J].经济学与管理学,2008,8(13):63-67.

[2] 中国商界九个神秘圈子[J].公关世界,2013,3(6):46-49.

[3] 罗家德.辨析"圈子"现象[N].北京日报,2015-01-19(18).

[4] 梁辰.自媒体时代"圈子经济"蜕变[N].青岛日报,2013-12-(13).

[5] Park S H and Luo Y. Guanxi and organization dynamics:organization networking in Chinese firms[J]. Strategic Management Journal,2001,22(5):455.

[6] 王如鹏.简论圈子文化[J].学术交流,2009,188(11):128-132.

[7] 梁钧平.企业组织中的"圈子文化"[J].经济科学,1998,9(2):12-17.

[8] 李平.圈子、面子和竞争[J].中国地质大学学报(社会科学版),2015,15(1):120-131.

[9] 张田,罗家德.圈子中的组织公民行为[J].管理学报,2015,12(10):1442-1449.

[10] 叶生洪,谷穗子,谢仕展.社会圈子、面子意识对自我——品牌联结的调节作用[J].中南财经政法大学学报,2015(3):139-147.

[11] 许惠龙,梁钧平.探析组织内的圈子现象[J].开发技术,2012,9(2):165-171.

[12] Birly S. The role of networks in the entrepreneurial process[J]. Jou-

nal of Business Venturing,1985,9(1):107-117.

[13] Baron,Robert A,Markman,Gideon D. Beyond social capital:how social skills can enhance entrepreneurs' success[J]. Academy of Management Executive,2000,14(1):106-116.

[14]罗家德,周超文,郑孟育.组织中的圈子分析——组织内部关系结构比较研究[J].网络经济研究,2013(10):4-16.

[15]王燕,王娟.非正式组织研究综述[J].燕山大学学报,2013,14(1):136-140.

[16]赵德志.非正式组织:特征、作用与管理——基于中国文化情境的视角[J].辽宁大学学报,2012,40(4):15-19.

[17]韩旭光.论企业中的非正式组织——特征、成因、作用和自组织控制[J].管理世界,1988(5):133-136.

[18]李国梁.非正式组织运行对人力资源管理的启示[J].学术界,2016,6(6):180-187.

[19]朱方策,戴海金,钟源.非正式组织对隐性知识传播的影响研究[J].情报杂志,2010,29(2):109-111.

[20]胡钰.增强创新驱动发展新动力[J].中国软科学,2013(11):1-9.

[21]杨海娟.企业内部非正式组织中隐形知识共享机制的构建研究[J].情报理论与实践,2012,7(12):69-73.

[22]马宏亮.企业非正式群体的特点和作用[J].研究与探讨,2012,9(2):47-48.

[23]王润良,郑晓齐.非正式团体:知识传播的有效途径[J].科研管理,2001,22(4):39-45.

[24]白璇,李永强,赵冬阳.企业家社会资本的两面性[J].科研管理,2012,3(33):27-34.

[25]罗家德.关系与圈子[J].管理学报,2012,9(2):165-171.

[26]苏敬勤,张彩悦,单国栋.中国企业家圈子生成机理研究——

基于情景视角[J]. 科研管理,2017,12(38):107-116

[27]李晓敏. 中国企业家圈子生现象的制度分析[J]. 学海,2015(3):132-138.

[28]吴俊杰,盛亚,姜文杰. 企业家社会网络、双元性创新与技术创新绩效研究[J]. 科研管理,2014,2(35):43-53.

[29] Aldrich H E. Organization evolving [M]. Thousand Oak, CA: Sage,1999.

[30]段文文,褚玮,刘子静. 在社交网络下建立校友圈[J]. 现代管理,2016(12):44-45.

[31]何小杨. 我国家族企业中的"人际关系网络"——现状及制度诱因[J]. 首证券市场导报,2011(11):54-66.

[32] Saxenian A. The origins and dynamics of production networks in Silicon Valley[J]. Research Policy,1999(20):423-437.

[33]石秀印. 中国企业家成功的社会网络基础[J]. 管理世界,1998(6):187-208.

[34]赵文红,李垣,彭李军. 中国企业家成长的网络模式及转型[J]. 西安交通大学学报,2004,12(24):18-22.

[35] Bygrave, Willian D, Hofer. Theorizing about entrepreneurship. Entrepreneurship Theory and Practice,1991. 16(2):13-22.

[36] Feldman M, Francis J, Bercoviz J. Greating a Cluster While Building a Firm: Entrepreneurs and the Formation of Industrial Clusters[J]. Regional Studies,2005,39(1):129-141.

[37]李映红,黄晓晔. 影响科技型中小企业家成长的多维度因素分析[J]. 科技进步与对策,2012,6(29):142-146.

[38]徐碧琳,刘昕. 非正式组织演进路径实证研究[J]. 南开管理评论,2005,6(8):30-34.

[39]中国企业家调查系统. 中国企业家成长20年:能力、责任与精神——2013年·中国企业家队伍成长20年调查综合报告[J]. 管理世

界,2014(6):19-38.

[40] 中国企业家调查系统. 中国企业创新动向指数:创新的环境、战略与未来——2017·中国企业家成长与发展专题调查报告[J]. 管理世界,2017(6):37-50.

[41] 刘芳,梁耀明,王浩. 企业家能力、关键资源获取与新创企业成长关系研究[J]. 科技进步与对策,2014,4(31):85-89.

[42] 李博,闫存岩. 中国企业家成长模式分析——基于企业家资本角度[J]. 经济问题,2006(5):43-45.

[43] 李博,邢敏. 转型时期中国企业家成长模式的实证研究[J]. 山西财经大学学报,2006,6(28):85-91.

[44] 刘平青. 企业家成长三维机制与家族企业家[J]. 经济管理,2002(2):38-45.

[45] 陈钦约. 企业家社会网络嵌入机制研究[J]. 中央财经大学学报,2009(9):77-80.

[46] 吴海滨,李垣,谢恩. 基于组织互动和个人关系的联盟演化模型[J]. 科研管理,2004,25(1):54-60.

[47] 黄荣贵,孙小逸. 社会互动、低于认同与人机信任——以上海为例[J]. 社会科学,2013(6):86-94.

[48] 李涛. 社会互动、信任与股市参与[J]. 经济研究,2006(1):34-45.

[49] 赵曙明. 论企业家成长的社会制度与环境、学习能力和社会责任[J]. 南大商学评论,2004(3):3-15.

[50] 吴向鹏,高波. 非市场互动、关系网络与企业家成长[J]. 山西财经大学学报,2008,1(30):62-67.

[51] 蔡宁,刘志勇. 企业家成长:产业演化与组织创新[J]. 经济管理,2003(14):16-22.

[52] Yin R K. The case Study anthology [M]. SAGE Publications, Incorporated,2004.

[53] Yin R K. Case Study：Design and Methods[M]. CA：Sage Publications Inc,2008.

[54]阮德信.制度变迁与企业家成长[J].社会科学研究,2003(1)：103-106.

[55]王大刚,闫晋斐.影响企业家成长因素的研究综述,第四届中国管理学年会,2009-11-14.

[56]王润良,郑晓齐.非正式团体:知识传播的有效途径[J].科研管理,2001,4(22):39-45.

[57] Barney J, Zhang S. The Future of Chinese Management Study：A theory of Chinese management versus a Chinese theory of management [J]. Management and Organization Review,2009,5(1):15-28.

[58]陈翊.给予社会资本的企业家群体研究[J].商业研究,2013,6(434):83-88.

[59]李孔岳.关系格局、关系运作与私营企业组织演变[J].中山大学学报,2007,1(47):111-115.

[60]蔡宁,刘志勇.企业家成长环境及其启示[J].外国经济与管理,2003,10(25):2-7.

[61]王素娟,徐向艺.企业家异质性人力资本、收入分配与企业成长研究[J].中国海洋大学学报,2014(5):73-78.

[62]吴铜虎.温州民营企业家成长机制研究[J].商业经济研究,2015(15):96-48.

[63]梁强,邹立凯,宋丽红,等.组织印记、生态位与新创企业成长[J].管理世界,2017(6):141-154.

[64]吴志霞,潘松挺.产业集群与企业家的互动发展.技术经济与管理研究[J].2005(4):112-113.

[65]黄泰岩,牛飞亮.西方企业网络理论与企业家的成长[J].中国工业经济,1999(2):75-78.

[66]刘新民,董啸,丁黎黎.企业家集群创新:经济发展驱动的内

核[J].科学管理研究,2015,6(33):84-87.

[67]苏敬勤,刘静.案例研究规范性视角下二手数据可靠性研究[J].管理学报,2013,10(10):1405-1418.

[68]张维迎,盛斌.企业家——中国经济增长的国王[M].上海:上海人民出版社,2014.

第二章

[1]Stein J C. Rational Capital in an Irrational World [J]. Journal of Business,1996,69(4):429-455.

[2]Shleifer A,Vishny R W. Stock Market Driven Acquisitions [J]. Journal of Financial Economics,2003,70(3):295-311.

[3]Dong M,Hirshleifer D and Richardson,S. Does Investor Misvaluation Drive the Takeover Market [J]. Journal of Finance, 2006, 61(2): 725-762.

[4]Ritter J R, Harvey C R. The Theory and Practice of Corporate Finance: Evidence from the Field [J]. Journal of Financial Economics 2001,60(2):187-243.

[5]Fama E F,Fench K R. Common Risk Factors in Returns on Stock and Bonds [J]. Journal of Financial Economics,1993(33):3-56.

[6]Eisenhardt K M and Graebner M E. Theory Building From Cases: Opportunities and Challenges [J]. Acade - my of Management Journal,2007,50(1):25-32.

[7]Bayar O,Chemmanur T J and Liu M H. A Theory of Capital Structure and Security Issurance under Heterogeneous Beliefs[R]. 2010.

[8]Brown S and Warner J. Measuring Security Price Peformance [J]. Journal of Financial Economics,1980,8(3):205-258.

[9]Heitzman, Shane and Sandy Klasa. Informend Trading Reactions to New Private Information and Stock Prices: Evidence From Nonpublic Merger

Negotiations, Working Paper,2011.

[10]Jarrell A, Gregg and Annette B,Poulsen. Stock Trading Before the Announcement of Tender Offers:Insider Trading or Market Anticipation [J]. Journal of Law Economics,and Organzations,1989 ,8(5) :225 – 248.

[11]Jensen,C Michael and Richard S Ruback. The Market for Corporate Control :the Science Evidence [J] . Journal of Financial Economics, 1983, 7 (6): 5 –50 .

[12]Keown J,Arthur and John M. Pinkerton, Merger Announcement and Insider Trading Activity :an Empirical Investigation [J]. Journal of Science , 6(8) :855 –869.

[13] Martynova Marina and Luc Renneboog. A Century of Corporate Takeovers: What have We learned and Where do We Stand ? [J]. Journal of Banking and Finance, 2008, 9(6): 2148 – 2177.

[14]Pound John and Richard Zeckhauser. Clearly Heard on the Street : the Effect of Takeover Rumors on Stock Prices [J]. Journal of Business, 1990:291 –308.

[15]Sanders W, Ralph and Johns S,Zdanowicz. Target Firm Abnormal Returns and Trading Volumes Around the Inatiation of Change in Control Transactions [J]. Journal of Financial and Quantitative Analysis, 1992, 75 (4) :109 –129.

[16]Ang J S ,Cheng Y. Direct Evidence on the Market Driven Acquisition Theory [J]. Journal of Financial Research, 2006, 29(2): 199 – 216.

[17]Harford J. What Drives Merger Waves[J] . Journal of Financial Economics, 2005, 77(3): 529 – 360.

[18]Bris, Arturo. Do Insider Trading Laws Work [J]. European Financial Management, 2005: 267 – 312.

[19]Diether K B,Malloy C J, Scherbina A. Difference of Opinion and the Cross Section of Stock Returns [J]. Journal of Science, 2002 (5): 211

3 - 2141.

[20] Mulhern J H and A L Boone. Comparing Acquissitions and Divestitures[J]. Journal of Business ,2000(73):287 - 329.

[21]邓路,周宁. 市场时机、反向收购及其经济后果——基于"山煤国际"的案例研究[J]. 中国工业经济,2015(1):147 - 159.

[22]邵新建,贾中正,等. 借壳上市、内幕交易与股价异动[J]. 金融研究,2014(5):126 - 142.

[23]邓路. 上市公司定向增发融资行为研究[M]. 北京:中国经济出版社,2012.

[24]邓路,廖明清. 上市公司定向增发方式选择研究:基于投资者异质信念视角[J]. 会计研究,2013(7):56 - 62.

[25]陈雨桃,冯建. 股票发行注册制对壳资源价值的影响[J]. 会计之友,2015(6):13 - 17.

[26]史青春,周静婷. 市场传闻、澄清公告与股价波动[J]. 金融研究,2015(11):22 - 36.

[27]程文莉,何文伟. 退市压力下ST公司摘帽绩效的实证研究[J]. 会计之友,2014(2):53 - 59.

[28]孙晔,罗党论. 政府竞争、资本配置与上市"壳资源"转让[J]. 管理科学,2011(2):11 - 20.

[29]李哲,何佳. 支持、重组与ST公司的"摘帽"之路[J]. 南开管理评论,2006(6):39 - 44.

[30]周业安,韩梅. 上市公司内部资本市场研究——以华联超市借壳上市分析为例[J]. 管理世界,2003(11):118 - 143.

[31]陈冬,范蕊. 谁动了上市公司的壳？——地方保护主义与上市公司壳交易[J]. 金融研究,2016(6):176 - 190.

[32]云昕,辛玲. 优酷土豆并购案例分析[J]. 管理评论,2015(9):231 - 240.

[33]杨小青. 反向购买会计问题研究[D]. 长沙:长沙理工大学论

文,2013.

[34]侯芳芳. 我国企业借壳上市方式之绩效影响的分析[D]. 上海:东华大学论文,2016.

[35]操寰. 借壳上市相关问题研究[D]. 北京:财政部财政科学研究所论文,2011.

[36]赵昌文. 壳资源研究——中国上市公司并购理论与案例[M]. 成都:西南财经大学出版社,2001.

[37]冯福根,吴林江. 国上市公司并购绩效的实证研究经济研究[J]. 经济研究,2001(1):54-68.

[38]姜迎军. 借壳上市中企业合并会计方法的选择[D]. 上海:复旦大学论文,2009.

[39]李佩晨. 金融危机下企业借壳上市动因与绩效研究[D]. 南京:南京理工大学论文,2010.

[40]邱群. 房地产企业借壳上市财务绩效研究[J]. 财经界,2013(27):90-92.

[41]贾睿智. 上市公司并购绩效的实证研究[D]. 成都:西南财经大学论文,2014.

[42]彭伟. 上市公司壳资源价值研究[D]. 长沙:中南大学论文,2003.

[43]陈晋平. 买壳上市框架内的控股权转移:理论与实证[M]. 北京:中国财政经济出社,2005.

[44]马超. 不同支付方式下的公司并购绩效实证研究[D]. 北京:中央民族大学论文,2013.

[45]安德鲁·坎贝尔,凯瑟琳·卢克斯. 战略协同[M]. 北京:机械工业出版社,2000.

[46]苟守奎. 基于财务分析法的企业并购绩效评价的研究[J]. 投资研究,2006(3):35-38.

[47]李蕾,宋志国. 基于因子分析法的我国上市公司并购绩效实证研究[J]. 技术经济与管理研究,2009(6).

[48]刘博．基于因子分析法的我国上市公司并购绩效的实证研究[D]．成都：西南财经大学论文,2010．

[49]吴志军．房地产上市公司资产重组绩效的实证分析[J]．经济管理,2006(10)．

[50]惠波．房地产上市企业融资结构研究[D]．西安：西安建筑科技大学论文,2007．

[51]刘建国,杨卫东．房地产行业上市公司融资结构与公司绩效实证浅析[J]．华东理工大学学报(社会科学版),2009(1)．

[52]咸美峰．市场择时理论与公司资本结构的实证研究[D]．南京：南京航空航天大学,2011．

[53]吴斌,何建敏．基于Shapley值的壳资源溢价影响因素的实证研究[J]．数理统计与管理,2012(1):157-163．

[54]景泽京,扈文秀．信息不对称下的壳公司并购对价模型[J]．系统工程,2013(7):15-20．

[55]石水平．控制权转移、超控制权与大股东利益侵占[J]．金融研究,2010(4):160-176．

[56]许艳芳,叶美秀．社会资本、隐形控制与掏空[J]．管理案例研究与评论,2014(4):106-117．

第三章

[1] Dyck A L, Zingales. Private Benefits of Control: An International Comparison [J]. Journal of Finance, 2004, (LIX): 537-600.

[2] Hansen B E. Sample Splitting and Threshold Estimation [J]. Econometrica, 2000, (68): 575-603.

[3] Shleifer A and Vishny R. A Survey of Corporate Governance [J]. The Journal of Finance, 1997, 52(2): 737-783.

[4]陈海声,梁喜．投资者法律保护、两权分离与资金占用[J]．南开管理评论,2010(5):53-60．

[5] 邓建平,曾勇,何佳. 改制模式、资金占用与公司绩效[J]. 中国工业经济,2007(1):104-112.

[6] 董秀良,吴仁水,张婷. 通货膨胀率与股票收益率关系——基于门槛回归模型的再检验[J]. 数理统计与管理,2013(1):155-164.

[7] 杜兴强,曾泉,杜颖洁. 政治联系类型与大股东资金占用——基于民营上市公司的实证研究[J]. 经济与管理研究,2009(2):5-11.

[8] 杜兴强,郭剑花,雷宇. 大股东资金占用、外部审计与公司治理[J]. 经济管理,2010(1):111-117.

[9] 高雷,张杰. 公司治理、资金占用与盈余管理[J] 金融研究,2009(5):121-140.

[10] 洪金明,徐玉德,李亚茹. 信息披露质量、控股股东资金占用与审计师选择——来自深圳A股上市公司的经验证据[J]. 审计研究,2011(2):107-112.

[11] 惠男男. 我国上市公司大股东资金占用问题研究[D]. 杭州:浙江大学论文,2006:1-76.

[12] 姜国华,岳衡. 大股东占用上市公司资金与上市公司未来回报关系的研究[J]. 管理科学,2005(9):119-126.

[13] 黎来芳,王化成,张伟华. 控制权、资金占用与掏空——来自中国上市公司的经验数据[J]. 中国软科学,2008(8):121-127.

[14] 李瑞茜,白俊红. 政府R&D资助对企业技术创新的影响——基于门槛回归的实证研究[J]. 中国经济问题,2013(2):11-23.

[15] 李增泉,孙铮,王志伟. 掏空与所有权安排——来自我国上市公司大股东资金占用的经验数据[J]. 会计研究,2004(12):3-13.

[16] 李增泉,余谦,王晓坤. 掏空、支持与并购重组——来自中国上市公司的经验证据[J]. 经济研究,2005(1):95-105.

[17] 连玉君,程建. 不同成长机会下资本结构与经营绩效之关系研究[J]. 当代经济科学,2006(2):97-103.

[18] 梁上坤,陈冬华. 大股东会侵犯管理层利益吗?——来自资金

占用与管理层人员变更的经验证据[J].金融研究,2015(3):192-206.

[19] 林秀清,赵振宗.大股东资金占用和公司绩效:来自其他应收款的证据[J].上海金融学院学报,2007(1):73-79.

[20] 卢平和.大股东如何掏空上市公司[J].中国经济周刊,2004(27):28-29.

[21] 倪慧萍,赵珊.控股股东增持、减持与资金占用[J].证券市场导报,2013(4):62-72.

[22] 唐清泉,罗党论,王莉.大股东的隧道挖掘与制衡力量——来自中国市场的经验证据[J].中国会计评论,2005(1):63-86.

[23] 唐宗明,蒋位.中国上市公司大股东侵害度实证分析[J].经济研究,2002(4):44-50.

[24] 王鹏,周黎安.控股股东的控制权、所有权与公司绩效:基于中国上市公司的证据[J].金融研究,2006(2):88-98.

[25] 杨德明,林斌,王彦超.内部控制、审计质量与大股东资金占用[J].审计研究,2009(5):74-81.

[26] 赵玉芳,夏新平,刘小元.定向增发、资金占用与利益输送——来自中国上市公司的经验证据[J].投资研究,2012(12):60-70.

[27] 周晓苏,张继袖,唐洋.控股股东所有权、双向资金占用与盈余质量[J].财经研究,2008(2):109-120.

[28] 周中胜,陈俊.大股东资金占用与盈余管理[J].财贸研究,2006(3):128-135.

[29] 朱松,陈超,马媛.双向资金占用与上市公司资本投资[J].南开管理评论,2010(1):116-124.

第四章

[1] Bernanke B, Gertler M. Financial Fragility and Economic Performance [J]. Quarterly Journal of Economics, 1990, 105(1): 87-114.

[2] Bushee B J, Core J E, Guay W, et al. The Role of the Business

Press as an Information Intermediary [J]. Journal of Accounting Research, 2010, 48(1): 1 – 19.

[3] Chen C W, Pantzalis C, Park J C. Press Coverage and Stock Price Deviation from Fundamental Value [J]. Journal of Finance Research, 2013, 36(2): 175 – 214.

[4] Core J E, Guay W, Larcker D F. The Power of the Pen and Executive Compensation [J]. Journal of Financial Economics, 2008, 88(1): 1 – 25.

[5] Djankov S, McLiesh C, Nenova T, et al. Who Owns the Media? [J]. Journal of Law and Economics, 2003, 46(2): 341 – 382.

[6] Dyck A, Morse A, Zingales L. Who blows the Whistle on Corporate Fraud [J]. Journal of Finance, 2010, 65(6): 2213 – 2253.

[7] Dyck A, Volchkova N, Zingales L. The Corporate Governance Role of the Media: Evidence from Russia [J]. Journal of Finance, 2008, 63(3): 1093 – 1135.

[8] Dyck A, Zingales L. Private Benefits of Control: An International Comprison [J]. The Journal of Finance, 2004, 59(2): 537 – 600.

[9] Dyck A, Zingales L. The Corporate Governance Role of the Media [R]. National Bureau of Economic Research, 2002.

[10] Fama E F, Jensen M C. Separation of Ownership and Control [J]. Journal of Law and Economics, 1983, 26(2): 301 – 325.

[11] Fama E F. Agency Problems and the Theory of the Firm [J]. The Journal of Political Economy, 1980: 288 – 307.

[12] Fang L, Peress J. Media Coverage and the Cross – Section of Stock Returns [J]. The Journal of Finance, 2009, 64 (5): 2023 – 2052.

[13] Francis J, La Found R, Olsson P M, et al. Costs of Equity and Earnings Attributes [J]. The Accounting Review, 2004, 79 (4): 967 – 1010.

[14] Haw I M, Hu B, Hwang L S, et al. Ultimate Ownership, Income Management, and Legal and Extra – Legal Institutions [J]. Journal of Ac-

counting Research, 2004:412 – 462.

[15] Jensen M C, Meckling W H. Theory of the Firm: Managerial Behavior, Agency Costs and Ownership Structure [J]. Journal of Financial Economics, 1976, 3(4): 305 – 360.

[16] Jensen M C. Agency Cost of Free Cash Flow, Corporate Finance, and Takeovers [J]. Corporate Finance, and Takeovers. American Economic Review, 1986, 76 (2).

[17] Joe J R, Louis H, Robinson D. Managers' and Investors' Responses Media Exposure of Board Ineffectiveness [J]. Journal of Finance and Quantitative Analysis, 2009, 44(03): 579 – 605.

[18] Joe J R. Why Press Coverage of a Client Press Influences the Audit Opinion [J]. Journal of Accounting Research, 2003, 41(1): 109 – 133.

[19] Kim O, Verrecchia R E. Market Liquidity and Volume around Earnings Announcements [J]. Journal of Accounting and Economics, 1994, 17 (1): 41 – 67.

[20] La Porta R, Lopez – de – Silanes F, Shleifer A. Corporate Ownership around the World [J]. Journal of Finance, 1999, 54(2): 471 – 517.

[21] Miller G S. The Press as a Watchdog for Accounting Fraud [J]. Journal of Accounting Research, 2006, 44(5): 1001 – 1033.

[22] Mitchell D W and Speaker P J. A Simple, Flexible Distributed Lag Technique: The Polynomial Inverse Lag [J]. Journal of Econometrics, 1986 (31): 31 – 35.

[23] Pistor K, Xu C. Governing Stock Markets in Transition Economies: Lessons from China [J]. American Law and Economics Review, 2005, 7 (1): 184 – 210.

[24] Rafael La Porta, Florencio Lopez – de – Silanes, Andrei Shleifer, Robert Vishny. Investor Protection and Corporate Governance [J]. Journal of Financial Economics, 2000, 58 (1 – 2): 3 – 27.

[25]Shleifer A, Vishny R W. A Survey of Corporate Governance [J]. Journal of Finance, 1997, 52(2): 737 – 783.

[26] Tetlock P C, Saar – Tsechansky M, Macskassy S. More than words: Quantifying Language to Measure Firm's Fundamentals [J]. The Journal of Fiannace, 2008, 63(3): 1437 – 1467.

[27]Tetlock P C. Giving Content to Investor Sentiment: The Role of Media in the Stock Market [J]. The Journal of Finance, 2007, 62(3):1139 – 1168.

[28]Thomas Hemmer. Risk – free Incentive Contracts: Eliminating Agency Cost Using Option – based Compensation Schemes [J]. Journal of Accounting and Economics, 1993, 16 (4): 447 – 473.

[29]醋卫华,李培功. 媒体监督公司治理的实证研究[J]. 南开管理评论, 2012(1): 33 – 42.

[30]戴亦一,潘越,刘思超. 媒体监督、政府干预与公司治理：来自中国上市公司财务重述视角的证据 [J]. 世界经济, 2011 (11): 121 – 144.

[31]何贤杰,王孝钰,赵海龙,等. 上市公司网络新媒体信息披露研究:基于微博的实证分析[J]. 财经研究, 2016 (3): 16 – 27.

[32]贺建刚,魏明海,刘峰. 利益输送、媒体监督与公司治理：五粮液案例研究[J]. 管理世界, 2008 (10): 141 – 151.

[33]李明辉. 股权结构、公司治理对股权代理成本的影响——基于中国上市公司2001—2006年数据的研究[J]. 金融研究, 2009 (2): 149 – 168.

[34]李培功,沈艺峰. 媒体的公司治理作用：中国的经验证据[J]. 经济研究, 2010 (4): 14 – 27.

[35]李培功,徐淑美. 媒体的公司治理作用——共识与分歧[J]. 金融研究, 2013(4): 196 – 206.

[36]李寿喜. 产权、代理成本和代理效率[J]. 经济研究, 2007 (1): 102 – 113.

[37]梁红玉,姚益龙,宁吉安. 媒体监督、公司治理与代理成本[J]. 财经研究, 2012, 38 (7): 90 – 100.

[38]逯东,付鹏,杨丹. 媒体类型、媒体关注与上市公司内部控制质量[J]. 会计研究,2015(4):78-85+96.

[39]吕景胜,邓汉. 全流通条件下上市公司股权治理结构对代理成本的影响研究——基于2009年中小板制造类上市公司的经验数据分析[J]. 中国软科学,2010(11):136-143.

[40]罗进辉. 媒体报道的公司治理作用——双重代理成本视角[J]. 金融研究,2012(10):153-166.

[41]罗炜,朱春燕. 代理成本与公司自愿性披露[J]. 经济研究,2010(10):143-155.

[42]平新乔,范瑛,郝朝艳.中国国有企业代理成本的实证分析[J]. 经济研究,2003(11):42-53+92.

[43]秦彬,肖坤. 我国上市公司股权结构对股权代理成本影响的实证研究[J]. 中国软科学,2008(2):109-114+143.

[44]饶育蕾,王攀. 媒体关注度对新股表现的影响——来自中国股票市场的证据[J]. 财务与金融,2010(3):1-7.

[45]沈艺峰,杨晶,李培功. 网络舆论的公司治理影响机制——基于定向增发的经验证据[J]. 南开管理评论,2013(16):80-88.

[46]宋力,韩亮亮. 大股东持股比例对代理成本影响的实证分析[J]. 南开管理评论,2005(1):30-34.

[47]吴晓辉,Qi Zeng. 资本自由化、内部资本配置与代理成本[J]. 管理科学学报,2012(10):59-74.

[48]谢劼. 董事长与总经理:两职的分离与合一探索[J]. 金融与经济,2006(8):31-32.

[49]谢俊,蒋恋,汤中文.激励、监督与股权代理成本——基于中国企业集团的实证分析[J].广东商学院学报,2008(4):27-33.

[50]熊艳,李常青,魏志华. 媒体"轰动效应":传导机制、经济后果与声誉惩罚—基于"霸王事件"的案例研究[J]. 管理世界,2011(10):125-140.

[51]严晓宁. 媒体在上市公司治理中的角色和功能[J]. 经济管理, 2008, 30(9): 72-76.

[52]晏艳阳, 陈共荣. 我国上市公司的资本结构与代理成本问题分析[J]. 会计研究, 2001(9): 28-33.

[53]杨德明, 赵璨. 媒体监督、媒体治理与高管薪酬[J]. 经济研究, 2012(6): 116-126.

[54]于忠泊, 田高良, 齐保垒, 等. 媒体关注的公司治理机制——基于盈余管理视角的考察[J]. 管理世界, 2011(9): 127-140.

[55]曾庆生, 陈信元. 何种内部治理机制影响了公司权益代理成本——大股东与董事会治理效率的比较[J]. 财经研究, 2006(2): 106-117.

[56]张欣, 宋力. 股权结构对代理成本影响的实证分析[J]. 数理统计与管理, 2007(1): 132-136.

[57]张兆国, 何威风, 闫炳乾. 资本结构与代理成本——来自中国国有控股上市公司和民营上市公司的经验证据[J]. 南开管理评论, 2008(1): 39-47.

[58]郑志刚. 法律外制度的公司治理角色——一个文献综述[J]. 管理世界, 2007(9): 136-148.

第五章

[1]安春梅, 付淑霞. 现代金融学[M]. 武汉: 武汉理工大学出版社, 2007.

[2]董捷. 我国绿色金融发展的现状、问题和对策[J]. 工业技术经济, 2013(3): 156-160.

[3]苗桂铭. 绿色金融与绿色经济发展之间的关系[J]. 环球市场信息导报, 2017(9): 45-45.

[4]董昕. 我国绿色金融发展面临的主要问题[J]. 经济研究参考, 2015(66): 22-23.

[5]White M A. Environmental Finance: Value And Risk In An Age Of

Ecology[J]. Business Strategy and the Environment, 1996, 5(3):198 – 206.

[6]Salazar J. Environmental Finance: Linking Two World[Z]. Presented at a Workshop on Financial Innovations for Biodiversity Bratislava,1998,(1):2 – 18.

[7]Cowan E. Topical Issues In Environmental Finance[Z]. Research Paper Was Commissioned by the Asia Branch of the Canadian International Development Agency,1999(1):1 – 20.

[8]Labatt S, White R. Environmental Finance: A Guide to Environmental Risk Assessment and Financial Products[C]. Transactions of the Cryogenic Engineering Conference: Advances in Cryogenic Engineering. 2002: 1223 – 1230.

[9]安伟. 绿色金融的内涵、机理和实践初探[J]. 经济经纬,2008(5):156 – 158.

[10]天大研究院课题组,王元龙. 构建中国绿色金融体系的战略研究[J]. 经济研究参考,2011(39):2 – 25.

[11]张承惠,谢孟哲,张丽平,等. 发展中国绿色金融的逻辑与框架[J]. 金融论坛,2016(2):17 – 28.

[12]Marcel Jeucken. Sustainable Finance and Banking: The Financial Sector and the Future of the Planet[M]. London: Earths Can Publications Ltd, 2001.

[13]Graedel T E, Allenby B R. Industrial Ecology[M]. 北京:清华大学出版社,2004.

[14]于永达,郭沛源. 金融业促进可持续发展的研究与实践[J]. 环境保护,2003(12):50 – 53.

[15]王卉彤,陈保启. 环境金融:金融创新和循环经济的双赢路径[J]. 上海金融,2006(6):29 – 31.

[16]何建奎,江通,王稳利."绿色金融"与经济的可持续发展[J]. 生态经济,2006(7):78 – 81.

[17]邓常春. 环境金融:低碳经济时代的金融创新[J]. 中国人口·

资源与环境,2008(18):125-128.

[18]董昕.绿色金融:现存问题及体系构建[J].当代经济管理,2015,37(9):94-97.

[19]崔文馨,胡援成.商业银行绿色金融信贷模式剖析——基于兴业银行的案例视角[J].武汉金融,2014(12):9-12.

[20]代玉簪,郭红玉.商业银行绿色金融:国际实践与经验借鉴[J].金融与经济,2015(1):45-49.

[21]麦均洪,徐枫.基于联合分析的我国绿色金融影响因素研究[J].宏观经济研究,2015(5):23-37.

[22]曹干卿.绿色金融视角下商业银行个人金融业务的转型发展[J].国际金融,2016(12):28-31.

[23]殷红,马素红,等.商业银行构建绿色金融战略体系研究[J].金融论坛,2017(1):3-16.

[24]翁智雄,葛察忠,段显明,等.国内外绿色金融产品对比研究[J].中国人口·资源与环境,2015,25(6):17-22.

[25]Barber B M, Lee Y T, Liu Y J, et al. Just How Much Do Individual Investors Lose by Trading?[J]. Review of Financial Studies, 2005, 22(2):609-632.

[26]王惟希.声誉对商业银行公司价值影响研究[D].长沙:湖南大学论文,2013.

[27]侯军霞.我国上市银行绩效对银行股价的影响研究[D].郑州:郑州大学论文,2014.

[28]Chami R, Cosimano T F, Fullenkamp C. Managing Ethical Risk: How Investing in Ethics Adds Value[J]. Journal of Banking and Finance, 2002(26):1697-1781.

[29]Thompson P, Cowton C J. Bringing the environment into bank lending: implications for environmental reporting[J]. British Accounting Review, 2004,36(2):197-218.

[30] Jeucken J. Sustainable Finance and Banking[M]. USA: The Earths Can Publication,2006.

[31]Scholtens B, Dam L. Cultural Values and International Differences in Business Ethics[J]. Journal of Business Ethics, 2007, 75(3):273-284.

[32]Climent F, Soriano P. Green and Good? The Investment Performance of US Environmental Mutual Funds[J]. Journal of Business Ethics,2011(2):275-287.

[33]杜莉,张鑫. 绿色金融、社会责任与国有商业银行的行为选择[J]. 吉林大学社会科学学报,2012(5):82-89.

[34]于岩熙,王吉恒. 构建我国农村商业银行绿色信贷体系的意义及路径选择[J]. 对外经贸,2015(2):90-91.

[35]汪江. 绿色金融:一个对商业银行有战略意义的发展方向[J]. 国际金融,2016(8):18-22.

[36]何凌云,吴晨,钟章奇,等. 绿色信贷、内外部政策及商业银行竞争力——基于9家上市商业银行的实证研究[J]. 金融经济学研究,2018(1).

[37]马浩文. 公众投资者绿色投资行为影响因素研究[D]. 镇江:江苏大学论文,2017.

[38]苏雯. 商业银行环境风险分析与对策研究[J]. 铜陵学院学报,2010,9(1):28-29.

[39]黄民礼. 信息不对称、主体行为与环境规制的有效性——以中国工业废水治理为例[D]. 广州:暨南大学论文,2008.

[40]张瑞萍. 公司权力论:公司的本质与行为边界[M]. 北京:社会科学文献出版社,2006.

[41]吴军红. 经济转型时期的企业社会责任研究[D]. 南京:南京师范大学论文,2012.

[42]田虹. 企业社会责任及其推进机制[M]. 北京:经济管理出版社,2006.

[43]所晓磊. 我国商业银行转型与可持续发展探索——我国商业银行发展绿色金融的路径选择[J]. 金融发展研究, 2016(11):83-84.

[44]王玲, 朱占红. 事件分析法的研究创新及其应用进展[J]. 国外社会科学, 2012(1):138-144.

[45]蔡丛光. 上市公司内部控制信息披露研究[M]. 成都:西南财经大学出版社, 2013.

[46]何苗. 中国上市公司并购短期绩效实证研究[D]. 北京:对外经济贸易大学论文, 2010.

[47]高炜宇, 谢识予. 高等计量经济学[M]. 北京:高等教育出版社, 2002.

第六章

[1] DeAngelo H, DeAngelo A and Rice E. Going private: minority freeze outs and stockholder, wealth. Journal of Law and Economics 1984(27): 367-401.

[2] Karolyi A. The world of cross-listings and cross-listings of the world: challenging conventional wisdom. Review of Finance 2006, 10(1): 99-152.

[3] Kashefi Pour E and Lasfer M. Why do companies delist voluntarily from the stock market? Journal of Banking and Finance 2013(37): 4850-4860.

[4] Bharath S T and Dittmar A K. Why do firms use private equity to opt out of public markets? Review of Financial Studies 2010(23): 1771-1818.

[5] Lehn K and Poulsen A. Free cash flow and stockholder gains in going private transactions. Journal of Finance 1989(44): 771-787.

[6] Doidge C, Karolyi A and Stulz R M. The US. left behind? Financial globalization and the rise of IPOs outside the US. Journal of Financial Economics 2013(110): 546-573.

[7] Chaplinsky S and Ramchand L. What drives delistings of foreign

firms from US Exchanges? Journal of International Financial Markets, Institutions and Money 2012(22): 1126 – 1148.

[8] Bessler W, Kaen F Kurmann R and Zimmermann J. The listing and delisting of German firms on NYSE and NASDAQ: were there any benefits? Journal of International Financial Markets, Institutions & Money 2012(22): 1024 – 1053.

[9] Leuz C, Triantis A and Wang T Y. Why do firms go dark? Causes and economic consequences of voluntary SEC deregistrations. Journal of Accounting and Economics 2008(45): 181 – 208.

[10] Thomsen S and Vinten F. Delistings and the costs of governance: a study of European stock exchanges 1996 – 2004. Journal of Management and Governance 2014(18): 793 – 833.

[11] Hansen B, Pownall G and Wang X. Rev Account Stud 2009(14): 401. https://doi.org/10.1007/s11142 – 009 – 9094 – 7.

[12] Gao X, Ritter J R and Zhongyan Z. Where have all the IPOs gone? Journal of Financial and Quantitative Analysis 2013, 48(6): 1663 – 1692.

[13] Bartlett R. Going private but staying public: reexamining the effect of Sarbanes – Oxley on firms′ going – private decisions. The University of Chicago Law Review 2009 76(1): 7 – 44.

[14] Chen, K C W and Schoderbek M P. The role of accounting information in security exchange delisting. Journal of Accounting and Public Policy 1999 31(1): 31 – 57.

[15] Sanger G, Cand Peterson J D. An empirical analysis of common stock delisting. Journal of Financial and Quantitative Analysis 1990(25): 261 – 273.

[16] Sannajust A Motivations and performance of public to private operations: an international study. Journal of Modern Accounting and Auditing 2010 6(9): 1 – 19.

[17] Peristiani S and Hong G. Pre – IPO financial performance and aftermarket survival. Current Issues in Economics and Finance 2004 10(2):1 – 8.

[18] Li J and Zhou J. Earning management and delisting risk of initial public offering. Working Paper, Simon school, University of Rochester, 2006.

[19] 李永森. 资本市场规范发展与制度创新[J]. 中国金融, 2018(2):34 – 36.

[20] 李自然, 成思危. 完善中国上市公司的退市制度[J]. 金融研究, 2006(11):17 – 32.

[21] 李曦. 浅析中国证券市场中上市公司的退市制度[D]. 西安:西北大学论文, 2014.

[22] 刘川. 退市新规对ST公司业绩的影响研究[D]. 石家庄:河北经贸大学论文, 2015.

[23] 史天瑜. 基于我国退市制度的上市公司真实盈余管理与长期业绩相关性研究[D]. 上海:上海大学论文, 2016.

[24] 王贞力, 林建宇. 论上市公司新退市制度对中国证券市场的影响[J]. 经济视角, 2016(2):68 – 77.

[25] 朱宝琛, 肖钢:将严格实施上市公司退市制度规章[N]. 证券日报, 2014 – 06 – 17(A01).

[26] 翟浩. 上市公司退市:理论分析和制度构建[D]. 上海:华东政法大学论文, 2012.

[27] 李静. 退市制度、公司治理与中小股东利益保护——基于南纺股份的案例[J]. 财会通讯, 2016(23):73 – 76 + 129.

[28] 刘纪鹏. 退市新规有利于净化股市生态[J]. 经济, 2018(8):12.

[29] 贾天明, 雷良海. 中国特殊性退市制度达到政策性效果了吗?——基于中国1998—2013年209家ST上市公司的实证分析[J]. 预测, 2016(1):62 – 67 + 74.

[30] 叶慧丹. 资本市场监管规则能有效遏制财务舞弊吗?——以ST博元为例[J]. 财会通讯,2017(5):88-92+129.

[31] 张妍妍. 上市公司重组对摘帽的影响分析——基于ST公司摘帽的证据[J]. 西南民族大学学报(人文社科版),2018,39(5):133-136.

[32] 陶启智,孙弋程,李浩宇. 退市法律制度演进的负面影响——基于2001—2014年ST公司的实证分析[J]. 社会科学研究,2017(4):70-77.

[33] 冯科,李钊. 中国退市制度实施效果的实证研究——基于ST板块"摘帽"现象的分析[J]. 北京工商大学学报(社会科学版),2014(5):78-88.

[34] 董登新. 透过*ST星美,考问A股退市制度[J]. 金融博富,2011(5):54-55.

[35] 汪寒寒. 中国上市公司退市制度研究[D]. 昆明:云南师范大学论文,2013.

[36] 张燕. 中国上市公司退市制度的完善[D]. 成都:西南交通大学论文,2014.

[37] 王慧. 中国股票退市制度缺陷及完善对策[J]. 知识经济,2015(2):96+98.

[38] 王蕴哲. 退市制度的国际经验[J]. 中国金融,2016,(12):55-56.

[39] 尹玉. 聚美优品私有化退市动因及影响研究[D]. 马鞍山:安徽工业大学论文,2017.

[40] 马玉娜. 新退市制度背景下欣泰电气强制退市案例研究[D]. 兰州:兰州大学论文,2017.

[41] 李静. 退市制度、公司治理与中小股东利益保护——基于南纺股份的案例[J]. 财会通讯,2016(23):73-76+129.

[42] 倪勇. 中国股票市场退出机制研究[D]. 上海:复旦大学论文,2004(11).

[43] 周立伟. 三解退市新规[J]. 纺织科学研究,2014

(11):82-83.

[44] 冯芸,刘艳琴.上市公司退市制度实施效果的实证分析[J].财经研究,2009(1):133-143.

[45] 林钟高,肖婷.非经常性损益与盈余管理研究——基于ST和PT公司的实证研究[J].财政监督,2012(14):3-7.

[46] 许长新.境外上市公司的退市规定及其对中国的启示[J].世界经济与政治论坛,2001(1):34-37.

[47] 张妍妍.中印上市公司退市机制比较研究[J].南亚研究季刊2011(1):72-77.

[48] 吴彧.中美证券市场退市与再上市的制度解析与案例研究[D].杭州:浙江工业大学论文,2015.

[49] 彭博,陶仲羚.中美退市制度及实施效果比较研究[J].现代经济探讨,2016(10):88-92.

[50] 黎尔平,梁楠.韩国退市机制改革借鉴与启示[J].财会通讯,2018(5):123-126+129.

[51] 倪馨.退市制度供给与变迁中的政府行为[J].管理世界,2009(11):168-169.

[52] 丁丁,侯凤坤.上市公司退市制度改革:问题、政策及展望[J].社会科学,2014(1):109-117.

[53] 张校闻.上市公司退市制度的法律研究[D].北京:中央民族大学论文,2012.

[54] 张力上,冉筱奇.中国大陆资本市场强制性退市制度的研究[J].金融教育研究,2016(3):3-8+57.

[55] WEI SHUANGYING.我国创业板市场退市制度创新策略研究[D].长春:吉林大学论文,2016.

[56] 李文俊.机制设计理论的产生发展与理论现实意义[J].学术界,2017(7):236-245+328.

[57] 田国强.如何实现科学有效的体制机制重构与完善——机制

设计理论视角下的国家治理现代化[J].人民论坛,2014(26):17-21.

[58] 梅光亮,秦侠,方桂霞,陈任,刘小涛,胡志.机制设计理论视角下我国艾滋病防控机制完善思考[J].医学争鸣,2017,8(5):70-73.

[59] 李成艾,沈烈.高校财务报账制度的困境、根源与调适——基于机制设计理论的视角[J].财会月刊,2017(19):16-20.

[60] 曲丽丽,王刚毅.农业经营主体关系机理模型构建与路径研究——基于激励约束机制设计理论[J].江西社会科学,2016,36(8):46-53.

[61] 李勇.基于机制设计理论下的乡村治理改革研究[D].南昌:江西财经大学论文,2016.

[62] 贺夏蓉.机制设计理论视角下"一把手"监督的制度设计理念分析[J].中国地质大学学报(社会科学版),2014,14(6):147-151.

[63] 汪勋杰,郭贯成.产业用地低效退出的理论分析与机制设计[J].财贸研究,2013,24(5):9-17.

[64] 姜田龙.用机制设计理论规制人际根脉干扰公正选人问题研究[J].领导科学,2013(24):40-42.

[65] 韩远哲.中国股票市场退市制度研究[D].沈阳:辽宁大学论文,2016.

[66] 刘艳琴.中国上市公司退市制度研究[D].上海:上海交通大学论文,2008.

[67] Shunway Tyler and Warther Vincent. The Delisting Bias in CRSP Nasdaq DATA and Its Implication for the SIZE Effect. of Finance[J],1999,Vol. LIV:2361-2379.